Hermann Haarmann

„Pleite glotzt euch an. Restlos"

Hermann Haarmann

unter Mitarbeit von Andrea Klein

„Pleite glotzt euch an. Restlos"

Satire in der Publizistik der Weimarer Republik. Ein Handbuch

Westdeutscher Verlag

Eine Veröffentlichung des Instituts für Kommunikationsgeschichte und angewandte Kulturwissenschaften (IKK) der Freien Universität Berlin

Alle Rechte vorbehalten
© Westdeutscher Verlag GmbH, Opladen/Wiesbaden, 1999

Der Westdeutsche Verlag ist ein Unternehmen der Bertelsmann Fachinformation GmbH.

Das Werk einschließlich aller seiner Teile ist urheberrechtlich geschützt. Jede Verwertung außerhalb der engen Grenzen des Urheberrechtsgesetzes ist ohne Zustimmung des Verlags unzulässig und strafbar. Das gilt insbesondere für Vervielfältigungen, Übersetzungen, Mikroverfilmungen und die Einspeicherung und Verarbeitung in elektronischen Systemen.

www.westdeutschervlg.de

Höchste inhaltliche und technische Qualität unserer Produkte ist unser Ziel. Bei der Produktion und Verbreitung unserer Bücher wollen wir die Umwelt schonen: Dieses Buch ist auf säurefreiem und chlorfrei gebleichtem Papier gedruckt. Die Einschweißfolie besteht aus Polyäthylen und damit aus organischen Grundstoffen, die weder bei der Herstellung noch bei der Verbrennung Schadstoffe freisetzen.

Umschlaggestaltung: Horst-Dieter Bürkle, Darmstadt
Umschlagbild: George Grosz („Straße in Berlin", um 1925) © VG Bild-Kunst, Bonn 1998
Druck und buchbinderische Verarbeitung: Rosch-Buchdruck, Scheßlitz
Printed in Germany

ISBN 3-531-13295-4

Inhalt

„Pleite glotzt euch an. Restlos"
Vorbemerkung 7

Satire in der Publizistik der Weimarer Republik
Eine (kommunikationsgeschichtliche) Einführung 15

I. Augenblicke
Bürgerschreck und Bohemien (Grosz, Einstein
und Heartfield) 41
Dokumentation 57

II. Einblicke
Die literarische Satire (Kästner und Tucholsky,
mit einem Exkurs zum Kabarett) 73
Dokumentation 97

III. Wechselblicke
Zeitschriften und Magazine 123
Dokumentation 149

IV. Ausblicke
Satire im Exil 169
Dokumentation 187

Anhang
Texte zur Satire (Tucholsky, Kerr, Lukács, Kästner) 201
Bibliographie 221
Abbildungsnachweise 229
Personenregister 233
Sachregister 239

Zu den Autoren 243

„Pleite glotzt euch an. Restlos"
Vorbemerkung

Als mit dem Ende des Ersten Weltkriegs desillusionierte Soldaten und Arbeiter in Deutschland an den Grundfesten von Staat und Gesellschaft rütteln, Räterepubliken für eine kurze Zeit nur, da sie alsbald blutig niedergeschlagen werden, als realgeschichtliche Perspektive sich behaupten, wird von dem Sozialdemokraten Philipp Scheidemann die Republik ausgerufen, bevor der revolutionäre Elan größere Massen ergreifen kann. Jetzt melden sich jene Intellektuellen, Literaten und Künstler zu Wort, denen die Errichtung einer sozialistischen oder gar kommunistischen Gesellschaft am Herzen liegt. Enttäuschte Hoffnung steigert sich zu ohnmächtiger Wut:

> *Wir klagen an: Regierungssozialisten*, ihr habt das *Blut* der Arbeiter von Anleihe zu Anleihe *verpumpt*.
> *Regierungssozialisten*, ihr habt die *Revolution verraten*!
> *Regierungssozialisten*, ihr verspracht Frieden: ihr habt ihn erschwert, da ihr die *Bestrafung der Schuldigen* verhindert habt; während die sichtbaren Führer der Massen durch eure Mietlinge feig erschlagen wurden.
> Nationalversammlung der Wasserleichen, Meeting der bremsenden Jammergreise; quasselnd quollen ihre flinken Münder aus vierjährigem Blutschlamm auf. *Pleite.*[1]

Der Start der ersten Republik auf deutschen Boden gestaltet sich schwierig: von der Linken als halbherzig und reformerisch abgelehnt, von der Rechten als zu revolutionär gehaßt und bekämpft – keine gute Voraussetzung für das Gedeihen der jungen Weimarer Republik, die, zumal mit Blick auf ihr schnelles Ende mit dem Machtantritt der Nationalsozialisten, kaum Zeit hat, ihr eigenes politisches Profil zu entwickeln. Für viele Zeitgenossen wie besonders für Historiker ist die Zeitspanne von 1919 bis 1933 oft nur ein Intermezzo zwischen Kaiserreich und Drittem Reich. Der Geschichte der Weimarer Republik widerfährt allerdings kaum gerechte Darstellung, wenn sie derart reduziert wird auf die bloße Vorgeschichte des deutschen Faschismus. Die politischen wie die kulturellen Leistungen werden so verkleinert, gleichsam

---

[1] Carl Einstein, Pleite glotzt euch an. Restlos, in: Die Pleite, Nr. 1 (1919), S. 2, Wiederabdruck in: Carl Einstein, Werke. Berliner Ausgabe, Bd. 2: 1919 – 1928, hrsg. von Hermann Haarmann und Klaus Siebenhaar unter Mitarbeit von Steffen Damm, Katharina Langhammer, Martin Mertens und Rainer Wieland, Berlin 1996, S. 15.

zurechtgestutzt, um letztlich einen in sich stimmigen und stringenten Weg in die deutsche Katastrophe abzugeben. Doch die Entwicklung der Weimarer Republik sieht anders aus, vielfältig, dynamisch, sprunghaft. Kontinuität und Bruch – so können wir heute feststellen – sind die bestimmenden Merkmale des Jahrhunderts zwischen 1900 und 2000.

Heute gelten die sogenannten Goldenen Jahre inzwischen als Synonym für die Weimarer Zeit. Das hier in Rede stehende Phänomen der Satire in der Publizistik gehört in dieses Feld, markiert es doch in besonders signifikanter Weise die historischen, politischen und kulturellen Signaturen eines Zeitabschnittes, indem diese bewußt überzeichnet werden. Für die Weimarer Republik scheint nachgerade die Satire das Brennglas zu sein, unter dem die Schnittpunkte von geschichtlicher Basis und ideologischem Überbau sich zu erkennen geben. In der Verzerrung liegt die Chance zur schonungslosen Aufklärung über die Zeitläufte. Die Struktur der gesellschaftlichen Verfaßtheit gerät in den Blick. Die Satire wirkt als Seismograph, indem sie auf feine, auch untergründige Tendenzen nicht nur reagiert, sondern sie fast prophetisch annonciert.

Die Grundstimmung der Satire in der Publizistik der Weimarer Republik ließe sich als kritisch reserviert bis pessimistisch konstruktiv umschreiben. Die Skepsis gegenüber der jungen Republik ist allgemein. Ausgangspunkt solch eigentümlicher Gemeinsamkeit in den unterschiedlichsten Lagern und Mentalitäten ist die gescheiterte Revolution von 1918/19. „Mit dieser steckengebliebenen Revolution mochte – und mag – sich keine der großen politischen Richtungen identifizieren. So, wie sie verlief und endete, hatte kaum jemand in Deutschland diese Revolution gewollt."[2] Nur ganz wenige sind davon überzeugt, daß ein Engagement für die gesellschaftliche Neuorientierung trotzdem lohnt. Der Berliner Theaterkritiker Alfred Kerr erhebt seine mahnende Stimme schon 1925, indem er das Zurückweichen vor den Feinden der Republik anprangert. Mehr noch: Sozusagen im Windschatten und gestützt durch empirisches Material von Emil J. Gumbel[3] geißelt er die Blind-

---

[2] Eberhard Kolb, 1918/19: Die steckengebliebene Revolution, in: Wendepunkte deutscher Geschichte 1848 – 1945, hrsg. von Carola Stern und Heinrich A. Winkler, Frankfurt a. M. 1979, S. 108.

[3] Der Statistiker Prof. Dr. Emil Gumbel beschäftigt sich mit der Verfolgung und Verurteilung der an den politischen Aufständen zu Beginn der Weimarer Republik Beteiligten und kann empirisch belegen, wie unnachgiebig mit Befürwortern und Kämpfern der Räterepublik umgegangen wurde (vgl. dazu z.B. Hansjörg Viesel [Hrsg.], Literaten an der Wand. Die Münchner Räterepublik und die Schriftsteller, Frankfurt a. M. 1980), während militante Gegner von rechts zumeist unbehelligt blieben. Gumbels öffentliche Auftritte – u.a. bei Versammlungen in der Piscator-

heit auf dem rechten Auge der Justitia. „Der erste, bescheidne Versuch einer deutscher Republik scheint noch nicht ganz misslungen – doch droht er zu misslingen. Diese Republik unterliess es: die Gegenpartei den Herrn spüren zu lassen. Das erbärmlichste Justizunrecht konnte darum hochkommen: weil in der deutschen Republik auch der feigste gemerkt hat: sie lässt mit sich spielen (Es ist eine Republik, deren Nase gross sein muß, weil soviele darauf tanzen.)."[4] Erst in dem Moment, wo das Ende der Weimarer Republik besiegelt ist, beginnt ein Umdenken – zu spät! Daß die Intellektuellen – den einen geht der Neuanfang nicht weit genug, den anderen geht er schon zu weit – dem republikanischen Experiment mit Reserve begegnen, ist historisch belegt. Ebenso die kräftezehrenden, blutigen Auseinandersetzungen zwischen den beiden Arbeiterparteien, SPD und KPD, die insofern Anteil am Sieg des Nationalsozialismus haben, weil sie sich gegenseitig bekriegen. Aktive Verteidiger der Republik sind nur wenige auszumachen. „Die Machtergreifung ist zu keinem Zeitpunkt vor dem 30. Januar 1933 unabwendbar gewesen, ja, sie hätte bei entschlossener Gegenwehr auch dann noch gestoppt werden können."[5]

Die Angriffe von links und rechts setzen der Republik zu. „Das parlamentarische System von Weimar ist nicht erst durch Hitler zum Einsturz gebracht worden. Dieser war vielmehr entscheidender Nutznießer der innerlichen Abkehr fast aller relevanten politischen Kräfte von der Weimarer Verfassungsordnung."[6] Zivilisationskritisch ließe sich der Grund für die durchgängige Geringschätzung, partei- und gruppenübergreifend, unter zwei Beschreibungskategorien zusammenfassen: Bankrott und Schiebung als Synonym für die Weimarer Republik. „Pleite glotzt euch an. Restlos" variiert die fett gesetzte Überschrift auf der 2. Seite der 1. Ausgabe von *Die Pleite* und

---

Bühne am Nollendorfplatz („Gumbel ließ Zahlen sprechen: Kapp-Putsch 5000 Jahre Gefängnis und Zuchthaus für proletarische Kämpfer, 5 [fünf] Jahre für die Anstifter des Putsches", aus: Amnestiekundgebung bei Piscator, in: Die Rote Fahne, 24. Oktober 1927) – führten dazu, daß Gumbel schon vor 1933 auf Druck nationalistisch gesinnter und organisierter Studenten seinen Lehrstuhl in Heidelberg aufgeben mußte.

[4] Alfred Kerr, Politisch talentlos. Vorlesung in der Stadthalle (1925, 1. Februar), in: A. K., Die Diktatur des Hausknechts, Bruxelles 1934, S. 100.
[5] Wolfgang J. Mommsen, 1933: Die Flucht in den Führerstaat, in: Wendepunkte deutscher Geschichte 1848 – 1945, S. 115.
[6] Hans Mommsen, Der lange Schatten der untergehenden Republik, in: H.M., Der Nationalsozialismus und die deutsche Gesellschaft. Ausgewählte Aufsätze. Zum 60. Geburtstag hrsg. von Lutz Niethammer und Bernd Weisbrod, Reinbek bei Hamburg 1991, S. 364.

trifft die Stimmung im Lande sehr genau. Der Zorn gegen die Verantwortlichen in Staat und Regierung mündet in Politikverdrossenheit. Die Profiteure sind schnell ausgemacht. „Die formale Demokratie ist die für Schieber geeignetste Staatsform; sie gewährt das Recht auf freie Erstapelung größter Gewinne."[7] Die Weimarer Republik – ein Tummelplatz für Kriegsgewinnler, Bankrotteure, Hochstapler und Schwindler.[8] Der große Bluff regiert, die Chance auf einen wirklichen Neubeginn ist verspielt.

Verständlich, daß die Satire blüht. Die Zeitungen, Zeitschriften und Magazine sind voll davon; die Kleinkunst – von der politischen Revue bis zum literarischen Kabarett – erobert sich das großstädtische Publikum. Die Zeit schreit nach Satire, und der Zeitgenosse goutiert diese Form der Kritik. In der Berliner *Funk-Stunde* vom 16. Mai 1931 legt Kerr einen Schnitt *Quer durch die Zeitsatire*.[9] Er stimmt seinen Hören gleichsam ein in die Besonderheit der Gattung, bevor er das Charakteristische der Satire in der Publizistik der Weimarer Republik beschreibt: „Vor hundert Jahren wurde die Zeitsatire von wenigen Menschen gemacht (z.Zt. Heines, Börnes); sie war sehr individuell – heute demokratisiert, d.h. sie wird massenhaft erzeugt [...]."[10] So zutreffend diese Beobachtung, es bleibt zu fragen, inwieweit das Aufkommen der Massenkommunikationsmittel die Satire und ihre Ausformungen nachhaltig beeinflußt haben. Nicht nur die quantitative Ausweitung der publizistischen Medien schlägt zu Buche, es ist darüber hinaus eine strukturelle Veränderung auszumachen. Kerr, ein ausgewiesener Kenner und Bewunderer Amerikas[11], sieht sofort die allgemeine Tendenz in der gesamtgesellschaftlichen Entwicklung: Amerikanismus. In einer kurzen Auseinandersetzung mit Walther Rathenaus Buch *Zur Kritik der Zeit* führt er dessen Bedenken und Besorgnis angesichts der fortschreitenden Mechanisierung, zu deren Synonym Henry

---

[7] Carl Einstein, Freie Bahn dem Tüchtigen. Ein Beitrag zur Demokratie, in: Der blutige Ernst, 1. Jg. (1919), Wiederabdruck in: C.E., Werke, Bd. 2, S. 39.

[8] Mit diesem Befund kann Peter Sloterdijk in seiner „Kritik der zynischen Vernunft" völlig zu Recht „von deutscher Hochstapler-Republik" sprechen und kann so die Geschichte der Weimarer Republik als „Naturgeschichte der Täuschung" beschreiben (vgl. P.S., Kritik der zynischen Vernunft, Frankfurt a. M. 1983, Bd. 2, S. 849ff.).

[9] Alfred Kerr, Quer durch die Zeitsatire, Typoskript, Alfred-Kerr-Archiv, Stiftung Archiv der Akademie der Künste Berlin, s. Anhang des vorliegenden Buches.

[10] Ebd., S. 1.

[11] Vgl. dazu Alfred Kerr, New York und London. Stätten des Geschicks, Berlin 1923, Alfred Kerr, Yankee-Land. Eine Reise, Berlin 1925, und besonders Alfred Kerr, Wohin führt Amerikanismus und Maschinisierung? In: Das Ford-Magazin, Nr. 1, 1928, S. 7.

Vorbemerkung 11

Ford und die Fließbandproduktion (Fordismus gleich Amerikanismus, Amerikanismus gleich Fordismus) stilisiert wurde, ad absurdum. Rathenau klage „ein bissl wehmütig mit solchen, die ‚Unersetzliches' und ‚Verlorenes' im Augenblick der Weltmechanisierung bewimmern".[12] Doch ganz im Gegenteil, das Antriebsaggregat des dynamischen gesellschaftlichen Fortschritts, die Maschine, müsse als moderner Heilsbringer begrüßt werden, denn der Maschine wohne „jenes hohe Glück [inne], das individuelle Werk nicht bloß in einem Exemplar, sondern in zahlenmäßig fast unbegrenzten Exemplaren zu liefern ... Ich empfinde darüber nicht Wehmut, sondern Entzücken. Die Losung heißt nicht: ‚Adieu!' – sondern ‚Willkommen!' Ich trauere nicht über den abfahrenden Bummelzug, sondern grüße den fälligen Expreß".[13] Diese ausgesprochene Diesseitigkeit des Kritikers und Literaten Alfred Kerr, der doch in seiner Kunstauffassung eher der Romantik des 19. Jahrhunderts verbunden ist, mag erstaunen, sie grundiert allerdings dessen Beobachtungsgabe insgesamt. Das heißt, Kerr ist überaus modern in seiner Analyse, während sein Schreibgestus dem klassischen Ideal anverwandelt bleibt. So sind und bleiben Kunstkollektive, die gerade in der Weimarer Republik erste Beweise einer neuen künstlerischen Praxis[14] vorlegen, ihm stets ein Greuel, denn Kerr ist sich sicher: „Individuell künstlerisches Wirken wird immer neuen Raum haben. Seid getrost. Keine Bange. Wer aber die Welt weiter maschinisiert, erleichtert ihr (allen Schattenseiten zum Trotz) den Daseinsprozeß. Er verdient in gewissen Sinn die Rettungsmedaille – meinethalben am ‚Band'."[15] Der Prozeß der Amerikanisierung scheint also alle Bereich des gesellschaftlichen Lebens zu überziehen. „Heut ist auch die Zeitsatire mechanisiert. Ganz Deutschland ist eine Fabrik für Zeitsatire. Mit der Entwicklung der Presse spriesst Zeitsatire empor wie Gras – wie etwas Ungenanntes, Allgemeines, nicht mehr wie ein paar seltene benannte Pflanzen."[16] Kerr bestätigt mit einer derart sachlichen Sichtweise die spätere Einschätzung Helmut Lethens, die dieser in seinen *Verhaltenslehren der Kälte* gibt: „Die Leistung des ‚Amerikanismus' der zwanziger Jahre besteht darin, Phänomene der Massengesellschaft einerseits ohne das tragische Pathos des Verlusts des Subjekts und anderseits ohne die Heroisierung in Rück- und Vorgriffen wahrnehmen zu

---

[12] Alfred Kerr, Wohin führt Amerikanismus und Maschinisierung? In: Das Ford-Magazin, Nr. 1, 1928, S. 7.
[13] Ebd.
[14] Vgl. dazu z.B. Werner Mittenzwei, Brecht und die Schicksale der Materialästhetik, in: Dialog 75. Positionen und Tendenzen, Berlin/DDR 1975, S. 9ff.
[15] Ebd., S. 8.
[16] Ebd.

lehren."[17] Quasi neutralisiert durch affektionsfreie Beschreibung der Gegenwart, verliert sich jede Betroffenheit vor der Gegenwart. „Als mitlebender Beobachter glaub ich, dass alles Politische und Soziale möglichst unpathetisch zu betrachten ist, weil das alles nur Fragen der Vorstellung, Fragen des Ordnens, vielleicht Transportfragen sind."[18] Unter der Maßgabe des alles vereinheitlichenden Amerikanismus scheint das Heraustreten aus der Front der neuen Sachlichkeit nur noch möglich durch distinktive Pointierung. Mit Kerrs Worten: „Der Satiriker, so lange er ein Dichter ist, hat natürlich das Recht zum (evtl. komischen) Pathos."[19] Daß Kerr sein Augenmerk insbesondere auf den Satiriker als Künstler richtet, zeigt eine gewisse Vorliebe fürs gehobene Niveau. So auch seine Auswahl, die dem Hörer die verschiedenen Vertreter der Zeitsatire näherbringen soll: unter ihnen Walter Mehring, Kurt Tucholsky, Erich Kästner. Allerdings stellt sich die Satire von Weimar heute dem Betrachter als Genre übergreifender dar: Man begegnet ihr im Theater, in der Kunst, der Revue, dem Kabarett, in den Zeitungen, Zeitschriften und Magazinen.

Noch heute lebt die Aussagekraft der Satire von ihrer politischen Prägnanz, ästhetischen Stimmigkeit und ihrem unverwechselbaren zeitgetränkten Gestus. Die Satire in der Publizistik der Weimarer Republik ist bedeutsamer, weil sie bestimmender Teil der „Interimsperiode zwischen dem Kriegsende 1918 und dem Kriegsbeginn 1933"[20] ist. Das vorliegende Buch versucht, diese Zeugenschaft für die Nachgeborenen zu dokumentieren und kommunikationsgeschichtlich zu kommentieren.

Von Anbeginn der Arbeit an dem Satire-Komplex galt die besondere Aufmerksamkeit der Herausgeber der notwendigen Auswahl. Denn die publizistischen Ausformungen der Satire in der Zeit der Weimarer Republik sind derart vielfältig, daß die Beschäftigung mit ihnen und mehr noch: deren Darstellung ständig auszuufern drohte. Da half nur die Beschränkung auf jene Beispiele, die die Berechtigung ihrer Aufnahme daraus ziehen sollten, daß sie die Bandbreite der Satire für den heutigen Leser wenigstens erahnen ließen. Natürlich sind sich die Autoren bei einem solchen Verfahren der Lücken bewußt, die sich auftun können. Gleichwohl hegen sie die Hoffnung, mit der

---

[17] Helmut Lethen, Verhaltenslehren der Kälte. Lebensversuche zwischen den Kriegen, Frankfurt a. M. 1994, S. 35.
[18] Kerr, Quer durch die Zeitsatire, S. 2.
[19] Ebd.
[20] Helmuth Plessner, Deutsches Philosophieren in der Epoche der Weltkriege, in: H. P., Zwischen Philosophie und Gesellschaft. Ausgewählte Abhandlungen und Vorträge, Bern 1953, S. 13.

Vorbemerkung 13

getroffenen Auslese den Kern der Satire in der Publizistik von Weimar annähernd getroffen zu haben.

Dieser Vorbemerkung folgt eine kommunikationsgeschichtlich orientierte Einführung, ehe sich dann die Kapitel I – IV den Bereichen Literatur, Kunst, Kabarett und Presse (Zeitschriften und Magazine) widmen. Die den so unterschiedenen Gattungen zugeordneten Beispiele – so unterschiedlich sie auch sind – eint ein ihnen gemeinsamer journalistischer Grundzug, der sie allesamt in die publizistische Öffentlichkeit der Weimarer Republik einfügt. Um den Gang der Abhandlungen nachvollziehbar und die vorgenommenen Interpretationen nachprüfbar zu machen, haben die Herausgeber sich entschlossen, den großen Abschnitten exemplarische Dokumente jeweils unmittelbar anzuschließen. Im Anhang finden sich neben der Bibliographie, dem Bild- bzw. Copyrightnachweis, den Namen- und Sachregistern und den bio-bibliographischen Kurzinformationen zu den Herausgebern zeitgenössische Texte zur Satire, die deren Eigenart, Intention und Handhabung erläutern wollen.

Zu danken haben die Herausgeber Regina Köthe, die sehr früh, in den Jahren 1994 und 1995, den Dokumentationsteilen zuarbeitete, Andreas Müller für Unterstützung bei der Texteinrichtung und Bildbearbeitung sowie Katja Weber für kritisches Gegenlesen des Manuskripts und weiterführende, sehr nützliche Anregungen. Ohne das Engagement von Alexandra Schichtel wäre die Drucklegung im Westdeutschen Verlag sicherlich nicht so unkompliziert verlaufen, wie es dank Ihres unermüdlichen Einsatzes dann der Fall gewesen ist.

Berlin, Juni 1999   *Hermann Haarmann*
                                              Andrea Klein

Satire in der Publizistik der Weimarer Republik.
Eine (kommunikationsgeschichtliche) Einführung

> Das älteste Sprichwort ist wohl: Allzuviel ist ungesund.
>
> Georg Christoph Lichtenberg

Es handelt sich um ein literarisch-publizistisches Gebilde, mit dem sich alle Wissenschaft schwertut. Sein Status als poetische Darstellungsform sicherte ihm das Interesse der Ästhetik und Literaturwissenschaft. Allein, auch diese gestandenen Disziplinen scheinen vor der poetologischen Einordnung zu kapitulieren: so zahlreich die Beispiele in der Literatur, so zahlreich die begrifflichen Klärungsversuche. Was nun, wenn eine vergleichsweise junge Wissenschaft, wie die der traditionellen Publizistik beigegebene Kommunikationswissenschaft, sich diesem Gegenstand nähern will – mit der Maßgabe einer kommunikationsgeschichtlichen Pointierung?

Die Satire[1] lebt ganz offensichtlich von der Vielfalt ihrer Möglichkeiten. Seit alters her stellt sie sich zur Verfügung, wenn es gilt, mit scharfer Zunge und kritischem Blick jene Unzulänglichkeiten in der Welt anzuprangern, die zu den Selbstverständlichkeiten menschlicher Existenz gehören, denn niemand ist ohne Fehl. Doch da schon ist Einhalt geboten. Es ist gerade nicht das Unabänderliche, der „unschuldige natürliche Fehler"[2] zum Beispiel, das das Hohngelächter der Zeitgenossen auf sich ziehen sollte. Die Richter der deutschen Sprache und Poesie sind sich – insbesondere seit dem 18. Jahrhundert – einig, daß nichts und niemand der satirischen Betrachtung unterzogen

---

[1] Vgl. das Stichwort „Satire" in Gero von Wilperts Sachwörterbuch der Literatur, Stuttgart (6., verbesserte und erweiterte Aufl.) 1979, S. 714ff. oder im von Joachim Ritter u.a. herausgegebenen Historischen Wörterbuch der Philosophie. In beiden Texten wird übrigens auf die offensichtlich falsche etymologische Ableitung aus dem griechischen „Satyros" hingewiesen, das allerdings die lateinische Schreibweise beeinflußt haben dürfte. „Wahrscheinlich war ‹satura› ein Küchenausdruck mit der Bedeutung: ‚Füllsel' oder ‚Pastete aus mancherlei Ingredienzen'" (Historisches Wörterbuch, hrsg. von J.R. und Karlfried Gründer, Darmstadt 1992, Bd. 8: R – Sc, Spalte 1171). Vgl. dazu auch die Gattungsbezeichnung ‚Farce', die einen ähnlichen, kulinarischen Bezug hat.

[2] Johann Christoph Gottsched, Versuch einer Critischen Dichtkunst vor die Deutschen. Des II. Teils VI. Capitel: Von Satiren [1730], in: Satiren der Aufklärung, hrsg. von Gunter Grimm, Stuttgart 1975, S. 125.

werden dürfe, was, jenseits subjektiver oder gesellschaftlicher Beschaffenheit, bloß der unzulänglichen, unbeeinflußbaren Natur geschuldet ist. „Ein Höckerichter, Lahmer, Einäugigter, u.d.g. müssen von keinem rechtschaffenen Poeten ihrer Gebrechen halber verspottet werden. Noch thörichter wäre es, jemanden seine lange oder kurtze Person vorzurücken: gerade als ob es in eines Menschen Vermögen stünde, seiner Länge etwas zuzusetzen oder abzunehmen. Ja, wenn ein kleiner Kerl sich gar zu hohe Absätze machte, oder desto höhere Perrücken trüge, um grösser zu scheinen, als er ist: oder wenn ein langer Mensch krum und gebückt einher gienge, um kleiner auszusehen; So wäre beydes werth ausgelacht zu werden."[3]

Im Hintergrund dieser Anweisung läßt sich unschwer ein wirkungsästhetischer Gedanke erkennen, den die Aufklärer zu ihrer Maxime erhoben haben: einen Erkenntnisprozeß zu initiieren, an dessen Ende die „Entlarvung des Kleinlichen, Schlechten, Ungesunden im Menschenleben"[4] stehen soll.

Die Dämonen des Lachens, in: Songes drolatiques de Pantagruel, Paris (1565)

Um allerdings aus dem Lachen Nutzen zu ziehen für die Gesundung der gesellschaftlichen Verhältnisse, in denen die Menschen miteinander verkehren, sollte der Gegenstand der vergnüglichen Rezeption gar trefflich gewählt sein. „Es gehört aber auch sonst ein reifes Urtheil und eine gute Einsicht in alles, was wohl oder übel steht, vor einen satirischen Dichter. Denn nicht nur das moralische Böse; sondern auch alle andre Ungereimtheiten in den Wissenschaften, freyen Künsten, Schrifften, Gewohnheiten und Verrichtungen der Menschen laufen in die Satire."[5] Es ist mithin die in Aussicht gestellte Nützlichkeit der Satire, die über die Qualität des Autors richtet. „Der redliche

---

[3] Ebd.
[4] Von Wilpert, Sachwörterbuch der Literatur, S. 714.
[5] Gottsched, S. 124.

Satirist"[6] schreibt in Verantwortung vor der Wahrheit – und für den Adressaten, den er „durch Lachen bessern"[7] will. Was Gotthold Ephraim Lessing hier der Komödie abverlangt, ließe sich ohne weiteres erweitern zu einem Gesetz, das auch für die Satire gelten dürfte, die eine insgesamt in Form und Inhalt freiere, wenngleich durchaus keine unbestimmte, Gattung darstellt als die der Komödie. Lachen, auslachen, verlachen sind Nuancierungen, die die Affekte der Rezipienten zu beschreiben suchen und gleichzeitig den intendierten Wirkungsmodus benennen. Noch Walter Benjamin weiß, daß gerade das Lachen ein überaus erfolgversprechender Auslöser sei für Einblicke in die seltsam abstruse menschliche Gesellschaft. Selbst Paul Feyerabend begründet seine philosophischen Gedanken über den freien Menschen unter anderem und ganz lapidar mit dem Satz: „Das Scherzen, die Unterhaltung, die Illusion, nicht die ›Wahrheit‹ macht uns frei."[8] Und als Odo Marquard den Satiriker Bernhard-Viktor von Bülow, alias Loriot, zu lobpreisen hat, führt er aus: „Lachen ist ein Denken; und Denken – merkende Vernunft und also Philosophie – ist die Fortsetzung des Lachens unter Verwendung des Lachmuskels Gehirn als Mittel. Das gilt nicht vom rohen Auslachen."[9] Die Satire klärt auf, beschreibt kritisch und gar manches Mal politisch motiviert die Zeitläufte, die Haupt- und Staatsaktionen, ihre Nutznießer und Opfer. Des Anspruchs auf Besserung, auf Erziehung des Menschengeschlechts muß sie dabei durchaus nicht entraten! Es ist der Widerspruch zwischen realer Unvollkommenheit und angenommener Idealität menschlicher Gesellschaft, der durchs Lachen den Abstand zum Ideal zu Bewußtsein bringen soll. „Satirisch ist der Dichter, wenn er die Entfernung von der Natur und den Widerspruch der Wirklichkeit mit dem Ideal (in der Wirkung auf das Gemüt kommt beides auf eins hinaus) zu seinem Gegenstande macht. Dies kann er aber sowohl ernsthaft und mit Affekt als scherzhaft und mit Heiterkeit ausführen, je nachdem er entweder im Gebiete des Willens oder im Gebiete des Verstandes verweilt. Jenes geschieht durch die *strafende* oder pathetische, dieses durch die

---

[6] Johann Georg Sulzer, Allgemeine Theorie der schönen Künste. Zweyter Theil, Artikel »Satire«. Lexikon ästhetischer Begriffe [Leipzig 1774], in: Satiren der Aufklärung, a.a.O., S. 198.
[7] Gotthold Ephraim Lessing, Hamburgische Dramaturgie [29. Stück, 7. August 1767]. Mit e. Nachwort von Hans Joachim Schrimpf, München 1966, S. 119.
[8] Paul Feyerabend, Erkenntnis für freie Menschen. Veränderte Auflage, Frankfurt a. M. 1980, S. 239.
[9] Odo Marquard, Loriot lauréat, in: O.M., Skepsis und Zustimmung. Philosophische Studien, Stuttgart 1994, S. 95.

scherzhafte Satire."[10] Ob man nun den von Friedrich Schiller vorgeschlagenen Einteilungen der Satire folgen will oder nicht, sehr treffend charakterisiert er in seiner Abhandlung *Über naive und sentimentalische Dichtung*: „In der Satire wird die Wirklichkeit als Mangel dem Ideal als der höchsten Realität gegenübergestellt."[11] Wobei übrigens nicht einmal nötig sein müsse, das Ideal überhaupt darzustellen, wenn nur die Vorführung eben des Mangels hinreichend geleistet würde. Die Betonung der mangelhaften Wirklichkeit läßt die Satire zum Erziehungsmodell werden, das die Behandlung der Fehler und Fehlerhaftigkeit ins Zentrum rückt und die menschlichen Verfehlungen – sozusagen als reale und potentielle Mängelliste – der Gesellschaft beständig vor Augen hält. Ungewißheit herrscht allerdings darüber, ob das angestrebte pädagogische Ziel erreicht wird: „Man belustiget sich wohl an der lächerlichen und spöttischen Vorstellung der Laster; daß aber andere dadurch sollten bewogen werden, selbige abzulegen, daran zweiffelt man sehr."[12] Diese Reserve führte und führt dazu, gediegeneren (ästhetischen) Formen den Vorzug zu geben: Die Tragödie beansprucht das Privileg wirkungsästhetischer Potenz vor allen anderen Gattungen. Tragische, das Gemüt offensichtlich stärker aufwühlende Gegenstände und deren Dramatisierung erhalten so den Ausweis größerer Nützlichkeit, denn im Erschauern und in der Furcht vorm Schrecklichen, das als Unglück der Menschheit droht, vermuten die Pragmatiker unter den Rezeptionsästhetikern eine stärkere, subjektive Anrührung, die als Erkenntnisschub zu Buche schlägt. „Das Leiden des Tugendhaften rührt uns schmerzhafter als das Leiden des Lasterhaften."[13] Wieder einmal und sozusagen stellvertretend für die Wortführer eines idealistischen Kunstideals bekennt Schiller sich zur poetologischen Präferenz der Tragödie – zumal mit Blick auf das offensichtliche Vergnügen, das diese dem Betrachter bereite. Vergnügen? Was nicht alles ließe sich unter diesem Wort subsumieren! Daß die schönen Künste dem Zwecke dienen sollten, „Vergnügen auszuspenden und Glückliche zu machen"[14], niemandem fiele ein, hieran Zweifel zu äu-

---

[10] Friedrich Schiller, Über naive und sentimentalische Dichtung, in: F.S., Werke in drei Bänden, unter Mitwirkung von Gerhard Fricke hrsg. von Herbert G. Göpfert, München 1966, Bd. 2, S. 561.
[11] Ebd.
[12] Zedlers Universal-Lexikon, hrsg. von Johann Peter Ludewig [Leipzig 1731 – 1754], Bd. 34, Artikel Satyre, in: Satiren der Aufklärung, S. 183.
[13] Friedrich Schiller, Über den Grund des Vergnügens an tragischen Gegenständen, in: F.S., Werke, Bd. 2, S. 345.
[14] Ebd.; das Ziel, „Glückliche [nicht: glücklich – H.H.] zu machen", verweist einmal mehr auf das hohe Ideal der klassischen Theorie der schönen Künste und formu-

ßern. Die Dignität, „Vergnügen auszuspenden", die allein der Tragödie zugebilligt wird, provoziert jedoch Einspruch. Denn warum nicht den Genres, die durchaus einer gewissen Leichtigkeit, „Vergnügen auszuspenden", frönen, ebenfalls Erziehungsabsichten und -erfolge zubilligen?!

Vielleicht hat es in diesem Bewertungsgerangel die Satire einfacher. Sie tritt nicht an gegen die Komödie, geschweige die Tragödie; sie erschleicht sich keineswegs die Weihen höherer Kunst; sie begibt sich freiwillig auf den Boden der prosaischen Literatur und hat damit vielfältige Optionen auf vielfältige Formen. Sie ist weltzugewandt in einem sehr direkten Sinne. Ihr Blick richtet sich auf Tatsachen; sie untersucht die Gesellschaft und ihre Verfaßtheit, beschreibt ungeschminkt und offen aggressiv, aber auch und ganz besonders mit dem Mittel des Spotts, Hohns oder der Verächtlichmachung die Wirklichkeit und ihre Protagonisten. Der ihr allzu gern gemachte Vorwurf, alles und jeder allein aus dem Blickwinkel absoluter Negativität zu betrachten und deshalb in Zersetzung sich zu ergehen, verfängt nicht. Gerade die Schärfe, mit der dementiert, widersprochen und kritisiert wird, zeigt doch den Grad ihrer Treffsicherheit und befördert damit die Legitimation der Satire, derweil die Betroffenen Gleichgültigkeit vorspiegeln, weil die Ausschließlichkeit, mit der alles nur negativ gezeichnet, mithin völlig überzeichnet an den Pranger gestellt werde, keinerlei ernst zu nehmende Kritik darstellen würde, geschweige, daß sie Kunst sei. Schützenhilfe meinen diese Kritiker von einem der bedeutendsten Philosophen des deutschen Idealismus zu erhalten.

Georg Wilhelm Friedrich Hegels frühes Verdikt nämlich, daß die Satire „weder wahrhafte Poesie noch wahrhafte Kunstwerke"[15] produziere, hat lange nachgewirkt, ohne daß ihr Urheber dies allerdings erahnen konnte. Hier wird sehr gern und unter der Hand uminterpretiert und erweitert. Hegel formuliert im Horizont der idealistischen Kunstauffassung. Die Neigung zum abstrakten Gegensatz, der in „der entarteten Äußerlichkeit" sich gefalle, belasse die Satire im „Mißklang der eigenen Subjektivität".[16] Sie sei eine Übergangsform, die nicht eigentlich fortschreite zur Wahrheit, weil sie in der

---

liert eine ästhetische Pädagogik, die die Vervollkommnung des Menschen will und dabei vermeintlich niedrigere Formen der Lachkultur (Michail Bachtin) auszuschließen trachtet.

[15] Georg Friedrich Wilhelm Hegel, Vorlesungen über die Ästhetik II, in: G.W.F.H., Werke in zwanzig Bänden, Redaktion Eva Moldenhauer und Karl Markus Michel, Frankfurt a. M. 1970, Bd. 14, S. 123.

[16] Ebd.

Vordergründigkeit bloßer „Verdrießlichkeit um die umgebende Welt"[17] verharre. Diese Einseitigkeit setze „an die Stelle der poetischen Versöhnung ein prosaisches Verhältnis"[18] von Kunst und Welt. Die radikale Entgegensetzung, wodurch die Satire jede Teilhabe an wirklicher Kunst gleichsam sich verscherzt, führt zur Abwertung ihres Stellenwerts im Kanon der klassischen Ästhetik. Die Befreiung von den Regeln einer idealistischen Kunstauffassung birgt jedoch auch Möglichkeiten produktiver Kritik, auf die zu verzichten jeder Satiriker ablehnen würde.

Bei Hegel erfährt auch die der Satire subordinierte Ironie, das poetologische Hauptgeschäft der Romantiker, eine ähnliche Zurichtung wie die Satire. In der Ironie liege „jene absolute Negativität, in welcher sich das Subjekt im Vernichten der Bestimmtheiten und Einseitigkeiten auf sich selbst bezieht".[19] Als „allseitige Vernichtungskunst" gerät ihm die Ironie wegen „der inneren unkünstlerischen Haltungslosigkeit" sozusagen zur Nebenlinie der Satire. Beide Formen verblieben in der Beschränktheit bloßer Äußerlichkeit. Ironie allerdings, darauf hat Peter Szondi in einem luziden Essay hingewiesen, meint ganz anderes: Ironie stehe für schriftstellerische Souveränität, umschreibe des Literaten „Abstandnahme und Umwertung".[20] Ironie – mithin Ausweis künstlerischer Kompetenz! Wenn nun Jean Paul in der *Vorschule der Ästhetik* erklärt, die Satire schlage so „scharf" aus, daß man „in der Stimmung gestört"[21] werde, dann scheint er die Hegelsche Ansicht zur Satire vorweggenommen zu haben. Das wohltemperierte Gemüt fungiert hier ganz offensichtlich als Richtschnur, markiert den Rahmen der angestrebten Rezeption. Was darüber hinaus geht, verläßt und verletzt den ästhetischen Bezirk: „Das satirische Reich ist, als die Hälfte des moralischen, kleiner, weil man nicht willkürlich verhöhnen kann."[22] Innerhalb der poetologischen Nomenklatur fällt die Satire auch hier zurück auf einen niederen Platz, darin dem Scherz durchaus ähnlich. Denn der Scherz kennt „kein anderes Ziel als

---

[17] Ebd., S. 124.
[18] Ebd., S. 120.
[19] Georg Friedrich Wilhelm Hegel, Vorlesungen über die Ästhetik I, in: G.F.W.H., Werke in zwanzig Bänden, Bd. 13, S. 211.
[20] Peter Szondi, Friedrich Schlegel und die romantische Ironie. Mit einer Beilage über Tiecks Komödien, in: P.S., Satz und Gegensatz. Sechs Essays, Frankfurt a. M. 1976, S. 17.
[21] Jean Paul, Vorschule der Ästhetik. Kleine Nachschule zur ästhetischen Vorschule, hrsg. und kommentiert von Norbert Miller, Nachwort von Walter Höllerer, München 1963, S. 116.
[22] Ebd.

Eine (kommunikationsgeschichtliche) Einführung 21

sein eigenes Dasein".[23] Die jeweilige Selbstbeschränkung aufs einseitig Negative verhindert also jede ernsthafte Versöhnung der Gegensätzlichkeiten durch Poesie. Erstaunlich modern jedoch die Einsicht Jean Pauls, wenn er, die Präponderanz der Satire betreffend, notiert: „Je unpoetischer eine Nation oder Zeit ist, desto leichter sieht sie Scherz für Satire an, so wie sie nach dem vorigen umgekehrt die Satire mehr in Scherz verwandelt, je unsittlicher sie wird."[24] Scherz, Satire, Ironie erheischen tiefere Bedeutung durch die gesellschaftlichen Umstände, die zu kommentieren sie beanspruchen. So ist es denn kaum verständlich, wenn Hegel apodiktisch feststellt: „Heutigentags wollen keine Satiren mehr gelingen. Cotta und Goethe haben Preisaufgaben auf Satiren gestellt; es sind keine Gedichte dieser Gattung eingegangen. Es gehören feste Grundsätze dazu, mit welchen die Gegenwart in Widerspruch steht, eine Weisheit, die abstrakt bleibt, eine Tugend, die in starrer Energie nur an sich selbst festhält und sich mit der Wirklichkeit wohl in Kontrast bringen, die echte poetische Auflösung jedoch des Falschen und Widerwärtigen und die echte Versöhnung im Wahren nicht zustand bringen kann."[25]

Was bislang eher nach den Regeln der überkommenen Poetiken entwickelt wurde, sollte zugleich auch kommunikationstheoretisch bzw. kommunikationsgeschichtlich gegründet werden. Daß dieser Einstieg nötig war, zeigen die Versäumnisse, die die Kommunikationswissenschaft sich auf dem Feld der publizistischen Satire hat zuschulden kommen lassen. Die Satire in der Publizistik, ganz zu schweigen von der Satire in der Publizistik der Weimarer Republik, ist ein blinder Fleck.[26] Teilbereiche sind von den klassischen Fächern der philosophischen Fakultät, in erster Linie von der Kunstgeschichte und auch von der Literaturwissenschaft, untersucht worden; allein – es sind und bleiben fachspezifische Unternehmungen, die eine vergleichende Sichtweise auf ein gesellschaftlich umfassendes, Fachgrenzen sprengendes Phä-

---

[23] Ebd.
[24] Ebd., S. 117.
[25] Hegel, Vorlesungen über die Ästhetik II, S. 125f.
[26] Vgl. dazu den vorläufigen Forschungsbericht von Ursula E. Koch, Die Berliner politisch-satirische Presse von 1848 bis 1890 als Zeit-Kommunikation, in: Manfred Bobrowsky, Wolfgang R. Langenbucher (Hrsg.), Wege zur Kommunikationsgeschichte, München 1987 (= Schriftenreihe der Deutschen Gesellschaft für Publizistik- und Kommunikationswissenschaft, Bd. 13), S. 356 – 386. In ihrer reich bebilderten Monographie „Der Teufel in Berlin. Von der Märzrevolution bis zu Bismarcks Entlassung. Illustrierte politische Witzblätter einer Metropole 1848 – 1890", Köln 1991, gibt Koch am Ende des ersten Kapitels eine „Zusammenfassung und Ausblick" (S. 335 – 352), worin sie kurz und stark referierend auch auf die Weimarer Republik eingeht.

nomen wie das der Satire in der Moderne kaum interessieren.[27] Hier findet die Kommunikationsgeschichte eine lohnende Aufgabe, nicht nur um einen historisch bedeutsamen Bereich gesellschaftlicher Kommunikation zu untersuchen, sondern dabei zugleich ihr Selbstverständnis als hermeneutische Wissenschaft zu klären. Mit der Entwicklung der Publizistik von der Zeitungskunde zur Kommunikationswissenschaft geht spätestens seit Mitte der achtziger Jahre einher die Besinnung auf methodologische Fragen. Das Symposium in Wien vom Mai 1986 will neue *Wege zur Kommunikationsgeschichte* auftun. In großen Sektionen wird das Terrain abgesteckt, auf dem die Fachvertreter unterschiedlichster Provenienz sich bewegen. Die vorgestellten Möglichkeiten für die Kommunikationsgeschichtsschreibung sind so zahlreich wie die vortragenden Referenten. Bedeutsam sind besonders die Diskussionen um Methodenbewußtsein und Praxisfelder. Formulierungen, die die wissenschaftliche Eigenständigkeit der Disziplin bezweifeln, finden sich wenige; wobei gleichwohl irritiert, wie oberflächlich (und zumeist in der Obhut ausgewiesener Wissenschaften wie beispielsweise der Geschichtswissenschaft oder der Soziologie) an die wissenschaftstheoretische Fundierung herangegangen wird. Wenig prägnant und eher beschreibend tasten sich die Kongreßteilnehmer vor. Das Bewußtsein von der „Relevanz kommunikationshistorischer Fragestellungen" ist durchgängig. Roland Burkart koppelt daran die Notwendigkeit „ihrer Funktionalität für die Behandlung aktueller Kommunikationsprobleme. Dieser Anspruch ist ein Appell an die Kommunikationsforschung, gleichsam ständig ihr erkenntnisleitendes Interesse zu überdenken und sich zu fragen, ob und was die gewonnenen Erkenntnisse zur Lösung von aktuellen/gegenwärtigen Kommunikationsproblemen leisten".[28] Vom Nutzen des Studiums der Universalgeschichte für die Jetztgeschichte scheint auch diese junge Wissenschaft auszugehen; zugleich muß sie versuchen, den Gegenstand ihres Interesses anderen Disziplinen gegenüber abzugrenzen und zu fixieren. Während die klassischen Medien der Massenkommunikation wie Presse, Funk, Film und Fernsehen inzwischen ungefragt zum Kanon wissenschaftlicher Anstrengung gehören, schält sich für neuere Tendenzen öffentlicher Kommunikation eine gewisse Sensibilisierung heraus. Damit kommen Folgeerscheinungen, „die uns als neue Signalübertragungs-

---

[27] Eine seltene Ausnahme bildet Karl Rihas Aufsatzsammlung „Kritik, Satire, Parodie", Opladen 1992.
[28] Roland Burkart, Kommunikationstheorie und Kommunikationsgeschichte. Historische Dimensionen kommunikationswissenschaftlicher Erkenntnisziele, in: Wege zur Kommunikationsgeschichte, S. 59.

Eine (kommunikationsgeschichtliche) Einführung 23

techniken in Form von Kabel- und Satellitenfernsehen, Bildschirm-, Video- oder Teletext sowie in diversen Formen moderner Bürokommunikation entgegentreten"[29], in den Blick (inzwischen allerdings kann bzw. muß die Liste der zu behandelnden Medien um interaktive Kommunikationsformen, um internet und cyberspace erweitert werden). Hans Bohrmanns Worte auf dem Wiener Kongreß klingen da wie ein verallgemeinerndes und doch weiterführendes Resümee: „Kommunikationsgeschichte umfaßt nicht nur alle Formen und Medien menschlicher Kommunikation in der Gesellschaft, sondern auch den gesamten Prozeß der Kommunikation von der Aussageentstehung über die Inhalte und das Publikum bis zur Wirkung."[30] Wenn sich die Kommunikationsgeschichtsschreibung mit dem „gesamten Prozeß der Kommunikation" zu beschäftigen hat, weiten sich die Felder natürlich gehörig aus. Es geht dann um Kommunikationsprozesse und Kommunikationsverhältnisse, die die jeweilige Verfaßtheit der Gesellschaft markieren. Die Signifikanz für die Historizität der kommunikativen Bedingungen und Ereignisse steht folgerichtig im Zentrum der Forschungen.[31] Der historischen Dimension von Kommunikation sich anzunehmen, könnte so auch heißen, dem heute allseits beklagten Verlust des Geschichtsbewußtseins entgegenzuarbeiten. „Kommunikationsgeschichte zu betreiben, ist immer Erinnerungsarbeit: Erinnerung an vergangene, teils vergessene, teils verdrängte, teils bewußt, teils unbewußt noch

---

[29] Ebd., S. 63.
[30] Hans Bohrmann, Methodenprobleme einer Kommunikationsgeschichtsschreibung, in: Wege zur Kommunikationsgeschichte, S. 47.
[31] Vgl. dazu Herwig Walitsch' Einspruch: „Kommunikation als solche besitzt selber überhaupt keine historische Dimension, sondern ist *quasi* naturgesetzliche Voraussetzung allen Lebens und als solche ahistorisch" (H.W., Neue Positionen zur Kommunikationsgeschichte. Grundlagen, Synopse und Konsequenzen, in: Medien & Zeit. Forum für historische Kommunikationsforschung, 8. Jg., 3/93, S. 4). Die Aporie, daß Kommunikationsgeschichte „nur als Menschheitsgeschichte schreibbar" sei, verführt Walitsch dazu, eine durchaus ontische Grundvoraussetzung menschlicher Existenz, die von der unlöslichen Verknüpfung von Kommunikation und Individuum, derart zu enthistorisieren, daß zur Einführung von Historizität eine besondere Konstruktion nötig wird: die „vermittelte" Kommunikation. Es seien die Medien, allen voran das Ur-Medium der menschlichen Sprache, die Kommunikation beständig der Geschichte anverwandelten. „Kommunikation gewinnt historische Dimension dort, wo sie auf dem Umweg über Hilfsmittel stattfindet, und deren Entwicklung, präziser: deren Stand der Entwicklung gibt einer Historiographie die Möglichkeit an die Hand, Qualität und Quantität von Kommunikation zu einer bestimmten historischen Stufe zu messen. [...] Historisch ist nicht Kommunikation an sich sondern die Vermittlung und deren operative Instrumente: Kommunikationsmedien."

nachwirkende Kommunikations-Geschichten."[32] Die mnemonische Versicherung scheint gleichsam die globale Verdichtung, Beschleunigung und damit Flüchtigkeit moderner Kommunikation zu konterkarieren. In diesem Beziehungsgeflecht bedarf es eines kompetenten Kommunikators zur Bewältigung der immer komplexer werdenden gesellschaftlichen Kommunikation. Die Steigerung kommunikativer Kompetenz ist das Ziel einer kritischen Kommunikationsgeschichte.

Orientierungshilfe in diesem dynamischen Lernprozeß verspricht die Rekonstruktion geronnener, petrifizierter Kommunikationsformen. An ihnen nämlich wäre zu erfahren, welchen Grad an kommunikativer Durchdringung die jeweilige Gesellschaft erreicht hat. Sie sind Zeugen einer vergangenen, aber beileibe nicht abgeschlossenen Kultur, da ihnen gleichsam ein Kommunikationskern innewohnt, den es stets neu wiederzubeleben gilt: Die im Fortgang der Menschheitsgeschichte hervorgebrachten kulturellen Manifestationen erscheinen der je jungen Generation als Bestand objektiver Kultur, die im Prozeß der jeweils aktuellen Aneignung neuerlich versubjektiviert, d.h. in Beziehung zum Hier und Jetzt gegenwärtiger Geschichte und ihrer Agenten, d.s. die Individuen, gesetzt werden muß.[33] In einer Gesellschaft, die der permanenten Verkommunizierung ihrer Verhältnisse unterliegt und damit zur Kommunikationsgesellschaft[34] sich entwickelt, bedarf es authentischer Kommunikation, deren diskursiver Rest authentische Erfahrung zu ermöglichen verspricht. Authentisch insofern, als sie sich vorbehaltlos ihrer Zeit überantwortet, um so nicht nur teilzuhaben an der Zeit, sondern Zeit konstitutiv zu befördern. Zwei sich ergänzende kommunikative Strategien bieten sich da an: Intensivierung und Stillstellung von Kommunikation! „Durch die Steigerung von Kommunikation wird die Gesellschaft in einem Maße bewegt wie niemals zuvor. [...] Der permanente Umbau der Gesellschaft ist die Konsequenz dieser gesteigerten Kommunikation."[35] Steigerung allein jedoch kann und

---

[32] Peter Malina, Wie historisch ist die historische Kommunikationsforschung? In: Medien & Zeit, 7. Jg., 3/92, S. 13.

[33] Georg Simmel führt zur Charakterisierung dieses Tatbestandes die Unterscheidung zwischen „subjektiver" und „objektiver Kultur" ein, siehe dazu: G.S., Die Arbeitsteilung als Ursache für das Auseinandertreten der subjektiven und der objektiven Kultur, in: G.S., Schriften zur Soziologie. Eine Auswahl, hrsg. und eingel. von Heinz-Jürgen Dahme und Otthein Rammstedt, Frankfurt a. M. 1983, S. 95 – 128.

[34] Vgl. Richard Münch, Dialektik der Kommunikationsgesellschaft, Frankfurt a. M. 1991.

[35] Ebd., S. 17.

darf nicht Selbstzweck werden. Leo Löwenthal hat sehr eindringlich darauf hingewiesen, daß „[d]as Gedächtnis Orientierungspunkt [ist] für menschliches oder, besser, humanistisches Verhalten im Gegensatz zu der quasi-biologischen Von-der-Hand-in-den-Mund-Existenz, der sich der moderne Mensch selbst überantwortet zu haben scheint."[36] Im Rückgriff auf Platon versucht er, die Gesellschaft und ihre Mitglieder auf recht verstandene, d.i. dialogisch strukturierte Kommunikation einzuschwören. „Indem Plato uns mit Nachdruck darauf verweist, daß Kommunikation nur existiert in der unmittelbaren Erfahrung, unmittelbar mit sich selbst und dem Selbst des anderen, wendet er die Technik des Dialogs im Dialog an: Sokrates spricht zu Phaedrus, indem er Theuth mit Thamus sprechen läßt. Diese Technik zeigt das Kennzeichen der echten, einander zugewandten und um das Gemeinsame bemühten Konversation, das Kennzeichen des offenen Herzens und des freien Geistes als genaues Gegenteil der Vorurteile und Stereotype, mit denen die Massenkommunikation durchsetzt ist und die ihren Niederschlag finden im Lebensstil der geborgten Erfahrung des modernen Menschen."[37] Während die praktische Ausweitung der Kommunikation immer auch das zusätzliche Risiko einer „periodische[n] Überhitzung des öffentlichen Diskurses"[38] nährt, steuert die temporäre, durch die wissenschaftliche Analyse begründete „Stillstellung von Kommunikation", ihr Herausheben aus dem Fluß alltäglicher Kommunikation, dem durch kritische Reflexion entgegen. Diese Distinktion allerdings ist ein idealischer Vorgang, der nur analytisch am Gegenstand der wissenschaftlichen Neugierde zu bewerkstelligen ist. Die Rekonstruktion vergangener Kommunikationsformen löst deren Patina als bloß vergangene Substanz im hermeneutischen Nachvollzug der konkreten Kommunikationssituation auf (Kontextualisierung) und verlängert historische Kommunikation in die jeweils gegenwärtig gesellschaftliche. Hier nun kommt kritische Kommunikationsgeschichtsschreibung ins Spiel; sie tritt an, jedwede Kommunikation so zu situieren, daß gesellschaftliche Erfahrung an ihr erkennbar wird. Im Zugriff der historischen, historisierenden Kritik erscheint Kommunikation, auch als „vergangene, teils vergessene, teils verdrängte, teils bewußt, teils unbewußt noch nachwirkende", dann im Spannungsverhältnis von Kultur und Gesellschaft.

---

[36] Leo Löwenthal, Humanität und Kommunikation, in: L.L., Schriften 1: Literatur und Massenkultur, Frankfurt a. M. 1980, S. 372f.
[37] Ebd. S. 372f.
[38] Ebd.

Kulminationspunkt der dynamischen Verschränkung von Kultur und Gesellschaft in der Moderne ist die Stadt. Den Treibriemen macht die Kommunikation, will sagen: Stadt als Kristallisationszentrum kultureller und gesellschaftlicher Erneuerung lebt von der Kommunikation zwischen den verschiedenen Ständen, Klassen, Professionen, Berufen, zwischen den verschiedenen Publika. „Die dabei auftretenden Reibungen produzieren mehr Funken, sprich: Ideen, die wiederum in der wechselseitigen Kommunikation schneller zünden und sich schneller ausbreiten und schließlich wie ein Flächenbrand die ganze Kultur und Gesellschaft erfassen."[39] Unter der Maßgabe dieser Besonderheit ist heute sicherlich New York die führende Metropole. Was mit London beginnt, seine Fortsetzung mit Paris und dann Berlin findet, endet vorerst zwar mit New York. Berlin hingegen kann durchaus seinen geschichtlichen Ort im Reigen der historisch bedeutsamen und innovativen Städte besetzt halten. Der Glanz der Berliner zwanziger Jahre ist sprichwörtlich und zugleich Vergangenheit; allein nach der Wiedervereinigung Deutschlands und der nachdrücklichen Bestimmung Berlins zur Bundeshauptstadt regt sich das neue Berlin und verspricht, wieder eine Schaltstelle zwischen Ost und West, ein europäischer melting pot zu werden. Hier zehrt Berlin von glorreichen Tagen, als diese Stadt „nicht nur ein Umschlagplatz des ökonomischen Verkehrs, sondern ein Anziehungspunkt des gesellschaftlichen Lebens, der Kommunikation und der Schaffung und Aneignung von Kultur"[40] war. Christian Jäger und Erhard Schütz haben bis in die städtische Topographie hinein diese Einzigartigkeit des Kommunikationsorts Berlin nachgezeichnet und entsprechend kommentiert: „Am Alexanderplatz grenzen die Bezirke der Kleinbürger und Bürger, der Großbürger und der Arbeiter aneinander. Hier steht das Polizeipräsidium, das die reale Unterschiedlichkeit der Lebensverhältnisse in der angeblichen Gleichheit vor dem Gesetz aufhebt. Hier öffnet und schließt sich die Stadt für seine Bewohner nach der jeweils anderen Richtung – Westen oder Osten."[41] Das Berliner Feuilleton ist, das macht die Anthologie *Glänzender Asphalt* deutlich, Teil großstädtischer Kommunikation. Nicht anders eine besondere Spielart der Berliner Publizistik, die Satire. Die Berliner Schnauze findet hier ihre literarische Umsetzung. Daß darüber hinaus weitere Darstellungsformen gleichsam im Schlepptau an dieser Über-

---

[39] Münch, Dialektik der Kommunikationsgesellschaft, S. 233.
[40] Ebd., S. 238.
[41] Christian Jäger, Erhard Schütz, Nachwort, in: Glänzender Asphalt. Berlin im Feuilleton der Weimarer Republik, hrsg. von Ch. J. und E. Sch., Berlin 1994 (= Berliner Texte. Neue Folge, Bd. 10), S. 342.

setzung mitarbeiten, macht die Vielfalt der Satire in der Publizistik von Weimar aus. Wie mehrstimmig die Satire sich publizistisch auch immer an die Öffentlichkeit wendet, es scheint, daß sie der Realität, zumal mit Blick auf den siegreichen Nationalsozialismus, letztendlich nicht beikommen kann. „Immer übertrifft die Wirklichkeit jede Vorstellung von ihr; immer zeigt sie sich und was sie umfaßt, extremer, als unsere Fantasie es uns oder dem Leser ausmalen kann."[42] Gleichwohl kapituliert die Satire nicht vor einer Welt, die ihr den Rang abzulaufen droht. Sie lebt von der Hoffnung, Aufmerksamkeit zu erregen durch Übertreibung, Pointierung, um einzuwirken auf die Gesellschaft und ihre Verfaßtheit. Sie lebt von der Überzeugung, teilzuhaben an der radikalen Kritik am schlechten Lauf der Welt. Sie lebt vom Optimismus der langfristigen Veränderung. Sie schärft ihre Waffe immer aufs neue, selbst wenn die prosaische Welt immer aufs neue den Sieg davon tragen wird.

Das Ende der Satire ist also mitnichten zu erwarten, da die Verhältnisse, in denen die Menschen leben, sich begegnen und kommunizieren, immer aufs neue die Voraussetzungen schaffen für scharfzüngigen Spott. Die Umstände selbst verlangen danach; sie sind sozusagen Realsatire, die nur noch auf ihren Chronisten zu warten braucht. So einleuchtend diese Grundannahme von der historischen Befindlichkeit, die je nach Lage der gesellschaftlichen Zustände den satirischen Kommentar geradezu herausfordert, so groß die Gefahr ideologischer Verkürzung. In der DDR-Ausgabe von Jurij Borews Monographie *Über das Komische* aus dem Jahr 1960 etwa heißt es: „Die Satire ist eine brandmarkende Entlarvung alles dessen, was den fortschrittlichen politischen, ästhetischen und sittlichen Idealen nicht entspricht, ist die zornige Verspottung alles dessen, was ihnen bei ihrer vollen Verwirklichung im Wege steht."[43] Das kann, es muß aber nicht so sein! Über einen grob historisch-materialistischen Leisten hat schon Georg Lukács die Satire geschlagen; seine einseitige, nur wenig gestalterischen Spielraum schaffende Beschreibung dieser Gattung zwängt sie ins Korsett einer „Kampfform", in der „die Beziehung zum Klasseninhalt unmittelbarer zum Ausdruck"[44] komme. Daß in Zeiten, da in der Vorstellung und Diktion nicht allein der Sozialdemokraten oder der Kommunisten allüberall der Klassenkampf tobt, daß also wäh-

---

[42] Günter Kunert, Wenn Herr Wendriner noch lebte. Mit Tucholsky ist die Satire an ihrem Endpunkt angelangt, in: Frankfurter Allgemeine Zeitung, 25. August 1990.
[43] Jurij Borew, Über das Komische, Berlin/DDR 1960, S. 193.
[44] Georg Lukács, Zur Frage der Satire, in: Internationale Literatur, 2. Jg. (1932), H. 4 – 5, S. 139 (Wiederabdruck in: G.L., Essays über Realismus, Werke, Bd. 4, Neuwied und Berlin 1971, S. 83ff.).

rend der Weimarer Republik diese Lesart der Satire Konjunktur hat, versteht sich von selbst. Doch auch in diesem Fall muß darauf hingewiesen werden: Satire meint mehr! Und das liegt nicht zuletzt an dem, der auf satirische Art und Weise an die Öffentlichkeit sich wendet.

„Der Satirenschreiber wird bisweilen in einzelnen Stellen ein Moraliste."[45] Moralist oder Melancholiker, Nörgler oder Nestbeschmutzer – dies sind nur einige der geläufigen Bezeichnungen, die der Satiriker sich gefallen zu lassen hat. Die Skala der Etikettierungen reicht von der Beschimpfung bis zur Adelung. Dabei ist der Zeitgeist ausschlaggebend: Was dem einen Zeitgenossen als Vorzug erscheint, verdammt der andere. Gleichviel! Es ist ein ums andere Mal die Stellung, die der Satiriker zur gesellschaftlichen Wirklichkeit einnimmt und die die verschiedenen Attribute nach sich zieht. Der Moralist legt den Finger auf die Wunde: Der Verfall der Sitten sei anzuprangern und zu ahnden, das Gesetz der vernünftigen Ordnung unter den Menschen die Richtschnur jeglichen Handelns. Noch Kants kategorischer Imperativ fühlt sich dieser Maxime verpflichtet. Als moderner Sittenrichter spielt der Moralist den gesellschaftskritischen Aristokraten, wobei er nicht allein dem konventionellen moralischen Handlungsprinzip und Verhaltenskodex sich verpflichtet fühlt, sondern besonderes Augenmerk auf die sogenannte Doppelmoral lenkt. In deren absoluter Verlogenheit sieht er spätestens mit der Jahrhundertwende vom 19. zum 20. Jahrhundert ein Erkennungszeichen spätbürgerlicher (kapitalistischer) Gesellschaft. Gesellschaftspolitisches Engagement scheint solch skeptische Haltung zu grundieren, während der Melancholiker durch die Abgeklärtheit seiner Person kaum zu derart radikaler Opposition sich aufrafft. Er hat zu viel gesehen, als daß er sich noch aufschwänge zu durchschlagender, weil praktischer Kritik. Er bleibt reserviert, jedoch durchaus nicht teilnahmslos. Walter Benjamins Charakterisierung des ‚linken Melancholikers', der „unzufrieden, ja schwermütig"[46] sei, trifft dessen eigentümliche Lage in der Weimarer Republik, wobei sie allerdings ein signifikantes Merkmal fast fahrlässig beiseite läßt. Ihn kennzeichnet nämlich immer auch ein hohes Maß an Weisheit, an Welterkenntnis – ein Pfund allerdings, mit dem er nicht marktschreierisch vor der Öffentlichkeit wuchert, das vielmehr seine tiefe Menschenliebe eher im Verborgenen zu erkennen gibt. Gerade Erich Kästners ironisch-heitere Gebrauchslyrik, der Benjamins ganze

---

[45] Johann Georg Sulzer, Allgemeine Theorie der Schönen Künste, in: Satiren der Aufklärung, S. 196.
[46] Walter Benjamin, Linke Melancholie, in: W.B., Gesammelte Schriften, Bd. III, hrsg. von Hella Tiedemann-Bartels, Frankfurt a. M. 1972, S. 280.

Aufmerksamkeit gilt, mag auf den ersten Blick gängige Meterware sein, die „durch Tageszeitungen [...] wie ein Fisch im Wasser"[47] flitzt. Die Leichtigkeit, mit der die Strophen daherkommen, spricht nicht für aalglatte Routine, wenngleich Benjamin eine „groteske Unterschätzung des Gegners" dahinter auszumachen glaubt. So einfach scheint die Sache nicht zu sein. Kästners Gazettengedichte finden ein großes Publikum, seine freundschaftliche Zusammenarbeit mit E. O. Plauen, d.i. Erich Ohser, verlängert den publizistischen Erfolg. Auch dieser eher menschenfreundliche Zeichner ist so harmlos nicht, wenngleich er parteipolitische Agitation nicht bedienen kann. Ohser scheint indirekt Kästners politische Ahnungslosigkeit eher zu bestätigen. Denn legt man die Elle des unbedingten Klassenkampfs an, dann verliert dessen Form gesellschaftskritischer Kommentierung selbstverständlich an Boden. „Mit der Arbeiterbewegung hat sie wenig zu tun. Vielmehr ist sie als bürgerliche Zersetzungserscheinung das Gegenstück zu der feudalistischen Mimikry, die das Kaiserreich im Reserveleutnant bewundert hat. Die linksradikalen Publizisten vom Schlage der Kästner, Mehring oder Tucholsky sind die proletarische Mimikry des zerfallenen Bürgertums."[48] So betrachtet, ist kaum Positives auszumachen.

Erich Ohser, Karikatur, in: Neue Revue (1931)

Mit dieser Einschätzung scheint Benjamin eine Debatte zu präludieren, die wenig später durch Georg Lukács' Invektive gegen den Expressionismus große Brisanz erhalten sollte. Der Vorwurf einer heimlichen Verschränkung von Expressionismus und Faschismus wegen der klassenmäßig unausgegorenen artistischen Protesthaltung zielt auf die politische Verortung des Werks und nachfolgend seines Schöpfers; dieser bleibe letztlich ein Agent des Bürgertums, weil er eine eindeutige Parteinahme für das Proletariat herzustellen nicht in der Lage sei! Der Nationalsozialismus wird im übrigen jenen so apodikti-

---

[47] Ebd., S. 279.
[48] Ebd., S. 280.

schen Kritiker eines Besseren belehren: Der Expressionismus ist eine der ersten künstlerischen Bewegungen, die von den faschistischen Machthabern verfolgt und verboten werden.[49] Doch zurück. Trotz eines schlagenden Pessimismus bestimmt den Melancholiker die Geste der Empfindsamkeit. Daß Empfindsamkeit gerne mit Empfindelei verwechselt wird, hat Tradition. Und doch ist Betroffenheit Motor melancholischer Welt- und Lebensanschauung. Ganz anders geriert sich da der Nörgler, der in Karl Kraus seine erste moderne und wohl treffendste Ausformung erfährt. Kraus beginnt als Enthüllungsjournalist, der der Gesellschaft den Spiegel vorhält, damit Wiener Gesellschaft und Wiener Presse „die richtigen Contouren" gewinnen: „Man wird schließlich finden, es sei ein Familienidyll der Corruption, so recht traulich und in abendliche Stimmung getaucht ...".[50] Ein Sensorium für den „Geist der Zeit"[51] prädestiniert den jungen Publizisten, der mit 25 Jahren sein Hausorgan *Die Fackel* gründet, zu boshaften Kommentaren, um die Öffentlichkeit, „die zwischen Unentwegtheit und Apathie ihr phrasenreiches oder völlig gedankenloses Auskommen findet"[52], aufzuschrecken. Idiosynkrasien, Überempfindlichkeiten der schlechten Welt gegenüber zeigen die dünne Haut dieses Journalisten und Literaten, der sich mit jedem anlegt. Und damit hat er seinen Titel weg: Nestbeschmutzer. Dessen permanente und alles verneinende Polemik gerät mit dem sogenannten gesunden Volksempfinden ständig in Kollision; sie verhöhnt bewußt die lieb gewonnenen Konventionen und Verschleifungen gesellschaftlicher Kommunikation. Die „Trockenlegung des weiten Phrasensumpfes" zielt nicht nur auf die verlumpte Sprache, sondern vielmehr auf die Entdeckung der verlumpten Realität hinter ihr. Insofern versteht sich derartige Sprachkritik immer zugleich auch als Gesellschaftskritik. Daß Kraus vorrangig den Presseerzeugnissen seine Aufmerksamkeit schenkt, liegt in der unbestreitbaren Tatsache begründet, daß diese Formen der Massenkommunikation längst die Führung in der öffentlichen Meinungsbildung übernommen haben. Die traumatische Erfahrung des Karl Kraus, daß das journalistische Gewerbe nicht zögert, durch Schürung von Ressentiments und Chauvinismus den Ersten Weltkrieg sozusagen ideologisch zu verlän-

---

[49] Vgl. Georg Lukács, ›Größe und Verfall‹ des Expressionismus, in: Marxismus und Literatur. Eine Dokumentation in 3 Bden., hrsg. von Fritz J. Raddatz, Reinbek b. Hamburg 1969, Bd. II, S. 7ff. und bes. Die Expressionismusdebatte. Materialien zu einer marxistischen Realismuskonzeption, hrsg. von Hans-Jürgen Schmitt, Frankfurt a. M. 1973.
[50] Die Fackel, Nr. 1 (1899), S. 14.
[51] Die Fackel, Nr. 1 (1899), S. 3.
[52] Die Fackel, Nr. 1 (1899), S. 1.

gern, führt ihn dazu, der Presse die Hauptschuld an der propagandistischen Begleitung der kriegerischen Auseinandersetzung zu geben. Belege für solcherart zynische Pressearbeit hat er genügend an der Hand, Belege von namhaften Kollegen zudem. Mit einiger Genugtuung entlarvt er beispielsweise Alfred Kerr, den berühmten Berliner Kritiker, als einen schlimmen Einpeitscher. Unter dem Pseudonym „Gottlieb" veröffentlicht Kerr Spottgedichte, die durch ihre nationalistisch gefärbten Entgleisungen nicht zu überbieten sind. Kerr steht allerdings mit dieser perfiden Verächtlichmachung des vermeintlichen Gegners und gleichzeitigen Glorifizierung der deutschen Nation nicht allein.[53] Die Satire schützt vor Dummheit nicht! Nicht immer also liegt der Satire Aufklärung zugrunde; die Balance zu halten zwischen glänzender Rhetorik, die vor dumpfer Demagogie nicht gefeit ist, und verantwortungsbewußtem politischen Engagement im Kampf für eine bessere, gerechtere Welt verlangt nach Klugheit, die kritisches Bewußtsein zu ihrer Voraussetzung hat.

Berufene Literaten und Philosophen haben sich beizeiten dem produktiven, weil dialektischen Verhältnis von Kritik und Satire gewidmet. Waren beispielsweise die frühen Reflexionen über beider Verbindung eher ästhetisch-philosophischer Natur, so wird spätestens mit Beginn des 19. Jahrhunderts in der Debatte zunehmend auf den unmittelbaren, fürs tägliche Leben relevanten Gebrauchswert von Kritik und Satire abgehoben. Der Alltag schiebt sich gleichsam ins akademische Getriebe und fordert Tribut. In einem überaus amüsanten und geistreichen Dialog läßt Johann Gottfried Herder ‚Kritik' und ‚Satire' einander begegnen. „[D]iese grüßte jene und nannte sie Schwester. Die Kritik, das Zepter in der Hand, sah sie vornehm an: ‚Wie kommen wir zu der Verwandtschaft? Dirne mit der Geißel. Ich die Richterin des Wahren, Guten und Schönen; und du?'."[54] Die Hybris der ‚Kritik' wird schnell gebrochen. Denn wenn sie auch für sich in Anspruch nimmt, daß „[m]eine Pfeile treffen und heilen; deine Streiche verwunden und heilen nie", so kann die ‚Satire' auf das gemeinsame Elternpaar verweisen: „der *Verstand* und die *Wahrheit*".[55] Gegen alle Familienehre scheut die ‚Satire' nicht vor Karikatur, Überzeichnung bis ins Boshafte und Verletzende zurück. Gerade

---

[53] Vgl. z.B. Julius Bab (Hrsg.), Die deutsche Kriegslyrik 1914 – 1918. Eine kritische Bibliographie, Stettin 1920.
[54] Johann Gottfried Herder, Kritik und Satire, in: Ironie als literarisches Phänomen, hrsg. von Hans-Egon Hass und Gustav-Adolf Mohrlüder, Köln 1973 (= Neue Wissenschaftliche Bibliothek 57, Literaturwissenschaften), S. 281.
[55] Ebd.

diese Möglichkeit der Hervortreibung des Übels durch Übertreibung legt die Vermutung nahe, daß dieser Tochter eher die Belustigungen, Vergnügungen und das Amüsement der vermeintlich einfachen Leute zusagen. Ihre Nähe zu den gewöhnlichen Wonnen im sonst eher beschwerlichen Alltag ist sicher nicht zufällig. „Da brachte ich nun in die Mitte der Gesellschaft unter *ihrem* Schutz, zu *ihrer* höchsten Zufriedenheit das öffentliche *Spott-* und *Schimpfspiel* auf; du weißt, es ist beliebt bei allen lustigen Erdvölkern. Der, dem die Ehre der Bemerkung widerfährt, sitzt in der Mitte des Kreises, sein Gesicht bedeckt oder angenehm maskiert; ein Ziel der Witzespfeile des gesamten Zirkels.[56] Oft muß einer nach dem andern an die Reihe; übelnehmen darf er *keinen* Spott; dieses ist die Freiheit des Festes. Ein *Tadelspiel unter der Firma einer Gesellschaft* war also mein erster Schauplatz, auf dem jeder Belachte über andre und wenn er wollte, auch über sich selbst mitlachen konnte; jeder Zensierte war Mitzensor."[57]

Der häufig von Ästheten und Politikern gleichermaßen beanstandete, vermeintlich unkultivierte Grundzug von Spott, Hohn, Derbheit, Zotigkeit, Verächtlichmachung – wie immer er sich auch ausdrückt, ihm wohnt der Stachel der Aufmüpfigkeit gegen die Autorität in Staat und Gesellschaft inne, und gerade deshalb eignet dem plebejischen Spiel und dem öffentlichen karnevalesken Treiben[58] ein gehöriges Quantum von Unbotmäßigkeit und gar Widerstand. Daran scheint die Satire nur zu gerne zu partizipieren. Kurt Tucholskys rhetorische Frage „Was darf die Satire?" und prompte Antwort „Alles" helfen angesichts einer erbosten konservativen Leserschaft nicht weiter: Diese grollt und zürnt ob der vermeintlich despektierlichen Frechheit gegen Gesetz und Ordnung! „Wenn einer bei uns einen guten politischen Witz macht, dann sitzt halb Deutschland auf dem Sofa und nimmt übel."[59] Ganz offensichtlich geht Teilen des deutschen Publikums in der Weimarer

---

[56] Hier noch scheint die klassische Form gesellschaftlicher Kommunikation durch, wie sie geprägt wurde durch das antike Theater der Polisgesellschaft. Schon dessen Architektur dokumentiert ja die angestrebte und auch temporär erreichte Idealität der gleichzeitigen Kommunikation zwischen Bühne und Publikum: Das Rund umschließt Zuschauer und Orchestra zu einer mit sich identischen Interaktion (vgl. dazu Heinz Geiger, Hermann Haarmann, Aspekte des Drama. Eine Einführung in die Theatergeschichte und Dramenanalyse, Opladen (4., neubearbeitete u. erweiterte Aufl.) 1996, S. 24ff. bzw. S. 115ff.

[57] Ebd., S. 282 (Hervorhebung im Original).

[58] Vgl. dazu Michail Bachtin, Literatur und Karneval. Zur Romantheorie und Lachkultur, München 1969.

[59] Kurt Tucholsky, Was darf die Satire –?, in: K.T., Schnipsel, hrsg. von Mary Gerold-Tucholsky u. Fritz J. Raddatz, Reinbek b. Hamburg 1973, S. 119.

Republik die satirische Volte zu weit. Insbesondere die politisch motivierte Karikatur stößt auf Befremden bei jenen, die Autorität und Staat zusammendenken. Ihr Haß richtet sich gegen das Häßliche, das ihnen in der Karikatur entgegenspringt. Der Philosophieprofessor Karl Rosenkranz hat das Häßliche als Begründung der Karikatur ausgemacht. „Das Häßliche als eine Sekundogenitur ist in seinem Begriff von dem des Schönen abhängig. Das Erhabene verkehrt es in das Gemeine, das Gefällige in das Widrige, das Absolutschöne in die Karikatur, in welcher die Würde zum Schwulst, der Reiz zur Koketterie wird. Die Karikatur ist insofern die Spitze in der Gestaltung des Häßlichen, allein eben deshalb macht sie, durch ihren bestimmten Reflex in das von ihr verzerrte positive Gegenbild, den Übergang ins Komische."[60] Wiewohl also eine Verzerrung, so bleibt sie doch dem „verzerrten positiven Gegenbild" verhaftet. Allein das Moment der Übertreibung bewirkt eine Disproportion, will sagen: es prononciert – wieder einmal – den Abstand zwischen Ideal und Wirklichkeit im Abbild selbst, das eben dadurch komisch wird.[61] „Das Formlose und Inkorrekte, das Gemeine und Widrige können durch Selbstvernichtung eine scheinbar unmögliche Wirklichkeit und damit das Komische erzeugen. Alle diese Bestimmungen gehen in die Karikatur über."[62] Sie ist Widerspruch par excellence: „Kleinliche Größe, schwächliche Stärke, brutale Majestät, erhabene Nichtigkeit, plumpe Grazie, zierliche Roheit, sinniger Unsinn, leere Fülle und tausend andere Widersprüche sind möglich."[63]

Der Kunsthistoriker Ernst H. Gombrich hebt bei seiner Beschäftigung mit der Karikatur auf die durch sie intendierte Wahrnehmung ab. Im 17. Jahrhundert als „Methode des Porträtierens" definiert mit dem Ziel maximaler „Ähnlichkeit einer Gesamtphysiognomie, wobei alle einzelnen Bestandteile verändert werden", nehme sie ihren Platz ein vor dem Hintergrund der Por-

---

[60] Karl Rosenkranz, Ästhetik des Häßlichen, hrsg. und mit einem Nachwort von Dieter Kliche, Leipzig (2., überarb. Aufl.) 1996, S. 310.
[61] Auf Helmuth Plessners Einwand, daß das „Komische [...] kein logischer, kein ethischer, kein (im engeren Sinne) ästhetischer Konflikt" sei, sei hingewiesen, entfaltet werden kann er hier nicht, wiewohl seine Aussage schwer wiegt: „[Das Komische] hat mit den Alternativen Wahr-Falsch, Gut-Böse, Schön-Häßlich nichts zu tun; sie können in ihm aufscheinen, aber es geht in ihnen nicht auf" (H.P., Lachen und Weinen. Eine Untersuchung der Grenzen menschlichen Verhaltens (1941), in: Gesammelte Schriften, hrsg. von Günter Dux, Odo Marquard und Elisabeth Ströker, Frankfurt a. M. 1982, Bd. VII: Ausdruck und menschliche Natur, S. 303).
[62] Rosenkranz, Ästhetik des Häßlichen, S.310.
[63] Ebd.

traitkunst und im Spannungsverhältnis von Maske und Gesicht. Wiewohl unter dem Vorsitz von Mimesis angetreten, stilisiere die Karikatur jenes Merkmal, das signifikant, eindeutig das Bezeichnete (z.b. das Gesicht) repräsentiere. „Die Maske steht stellvertretend für die groben Unterscheidungen, die Abweichungen von der Norm, die eine Person von anderen abheben. Jede Abweichung dieser Art, die unsere Aufmerksamkeit auf sich zieht, kann uns als Etikett zur Wiedererkennung dienen und verspricht, uns die Mühe weiterer Nachforschung zu ersparen. Denn in Wirklichkeit sind wir ursprünglich nicht für die Wahrnehmung des Ähnlichen, sondern für die Wahrnehmung des Unähnlichen programmiert – für die Abweichung von der Norm, die hervorsticht und im Geiste haften bleibt."[64]

Mit dieser Ableitung der Karikatur kommt ein Seitenstrang der Satire ins Blickfeld, den der Maler und Graphiker George Grosz mit großer Meisterschaft besetzt hält. Mit dem Gestus des Verismus stürzt sich Grosz Hals über Kopf ins Großstadtgetümmel der Schieber, Kokotten, Kapitalisten und Arbeiter, um ein Sittenbild des Verfalls, der Dekadenz und der doppelten Moral von Weimar zu geben. Dessen spitzer Stift bzw. Stichel schafft die für die goldenen zwanziger Jahre so sprechenden Ikonen Berlins. „Grosz hat vertierte Gestalten gezeichnet, die eine menschliche Aufmachung erst recht entstellt. Nur durch eine Beigabe, durch einen Kneifer hier, dort durch einen Schnauzbart oder einen Scheitel, weichen diese Köpfe von Tierköpfen ab. Der Witz steckt in der Unabänderlichkeit einer solchen Bestialität."[65] Grosz porträtiert Typen von Welt und Halbwelt und das nicht erst mit Beginn der Weimarer Republik. Das Schockerlebnis des Ersten Weltkriegs ist Auslöser für das Aufbegehren einer ganzen Generation. Die Grundstimmung heißt Kampf für Politisierung, Klassenkampf. „Gegen die Ausbeuter!! Hiebe durch die dickste Haut [!] Tödliche Wirkung!! Gegen die bürgerlichen Ideologien!" verkündet die politisch-satirische Wochenschrift *Der blutige Ernst*, herausgegeben von Carl Einstein und George Grosz. Was Grosz mit den Mitteln der Kunst formuliert, montiert sein Bruder im Geiste und Freund John Heartfield ganz aktuell aus Photos. Die Photomontage ist geboren und ein Meister der visuellen modernen Propaganda dazu. „Unter dem Einfluß des imperialistischen Krieges von 1914 – 1918 begannen die Pfeiler der bürgerlichen Kultur und Moral zusammenzubrechen. Die Künstler vermochten nicht mehr mit

---

[64] Ernst H. Gombrich, Maske und Gesicht, in: E.H.G., Julian Hochberg, Max Black, Kunst, Wahrnehmung, Wirklichkeit, Frankfurt a. M. (2.Aufl.) 1981, S. 22.
[65] Hans Platschek, Politische Naivität? Briefe des Malers George Grosz aus den Jahren 1913 bis 1959, in: Die Zeit, 21. März 1980.

den Ereignissen gleichen Schritt zu halten. Der Bleistift erwies sich als ein zu langsames Mittel."[66] Die gesellschaftlichen Verhältnisse, zumal mitten in der Krise im Gefolge der zunehmenden Faschisierung, verlangen nach Formen ästhetischen Ausdrucks. Die allgemeine Beschleunigung des Lebens ergreift alle Medien und überprüft sie gleichsam nach der Seite ihrer adäquaten Teilhabe am insgesamt ständig sich dynamisierenden Geschichtsprozeß. „Die revolutionären Künstler konnten das Tempo nicht einhalten, sie blieben zurück [...]."[67] Mit der Erfindung der Photomontage kann Heartfield die kritische Vorhut anführen; sein Bildkommentar zur Realgeschichte der Wiemarer Republik ist auf der Höhe der Zeit. Er kapituliert nicht vor der Wirklichkeit, wie erstaunlicherweise seine Kollegen von der literarisch-publizistischen Zunft. Das berühmte Eingeständnis von Karl Kraus, daß zu Hitler ihm nichts einfalle[68], korrespondiert mit Tucholskys Auffassung,

George Grosz, Parasiten (1918)

die Satire betreffend: „Satire hat eine Grenze nach oben: Buddha entzieht sich ihr. Satire hat auch eine Grenze nach unten. In Deutschland etwa die herrschenden faschistischen Mächte. Es lohnt nicht – so tief kann man nicht schießen."[69]

Gemeiniglich bewegen sich illustrierte Zeitschriften, weil sie dem vermeintlich biederen Geschmack eines Massenpublikums sich verschrieben haben, nach Aufmachung und Inhalt auf der von Tucholsky vorgegebenen (Werte-) Skala nach unten. Der rege Zuspruch, der erst durch die Revolutio-

---

[66] [Heartfield über den operierenden Künstler (1931)], in: Die zwanziger Jahre. Manifeste und Dokumente deutscher Künstler, hrsg. und kommentiert von Uwe M. Schneede, Köln 1979, S. 152.
[67] Ebd.
[68] Siehe: Die Fackel, hrsg. von Karl Kraus, Nr. 889, Juli 1934, S. 153: „Mir fällt zu Hitler nichts ein. Ich bin mir bewußt, daß ich mit diesem Resultat längeren Nachdenkens und vielfacher Versuche, das Ereignis und die bewegende Kraft zu erfassen, beträchtlich hinter den Erwartungen zurückbleibe."
[69] Tucholsky, Was darf die Satire?, S. 119.

nierung der Reproduktions- und Drucktechnik ermöglicht wird, befördert einen massenhaften Aufschwung derart bebilderter Presseerzeugnisse. Daß im allgemeinen Boom nicht nur Seichtes den Zeitungsmarkt überschwemmt, dafür stehen gerade die satirisch ausgerichteten Organe. Der altehrwürdige, 1848 in Berlin gegründete und bis heute berühmte *Kladderadatsch* wie der *Simplicissimus*, Ende des 19. Jahrhunderts in München aus der Taufe gehoben, sind für dieses Genre beispielgebend. Während hier die klassische, d.h. der zeichnerisch-graphischen Karikatur verpflichtete Form der Satire auch während der Weimarer Republik noch reüssiert, meldet sich in Berlin ein Zeitgeist-Magazin zu Wort, das ganz anders und besonders der großstädtischen Kultur sich widmet: *Der Querschnitt*. Hermann von Wedderkop, der das von Alfred Flechtheim als Galeriekatalog gegründete Heft federführend herausgibt, läßt das pulsierende Leben Berlins sich sozusagen in die Zeitschrift hinein verlängern. Ungemein modern im Layout und in den Themen, die von lifestyle bis zum Kubismus, von Sport bis zum Theater, vom Amüsement der Angestelltenkultur bis zur philosophischen Kunstkritik reichen, wird dem Publikum das verwirrend glänzende Spiel eines weltläufigen Journalismus geboten. Es sind insbesondere die Photos, die durch die kontrastierende Montierung von Bild und Bild dem Magazin einen pointiert satirischen Touch geben. „In bis dahin unbekannter Fülle wurden Photographien, Kunstreproduktionen und Zeichnungen haarscharf kalkuliert in die Texte eingestreut oder als ‚Photostrecke' opulent in die einzelnen Hefte ‚eingeschlossen'. Mit dieser ‚Technik des Erregens' stand der *Querschnitt* beispiellos, ja geradezu konkurrenzlos da."[70] Es liegt auf der Hand zu fragen, ob nicht der *Querschnitt* eine Tradition beerbt und für die neue Zeit umzuschreiben versucht: den Dadaismus. Was allerdings einst als Verstörung und Zerstörung, als Protest und Polemik gemeint war, wird jetzt zugerichtet auf ein mondänes Publikum, das die internationale Avantgarde der Kunst, Mode, Literatur, Photographie zu goutieren weiß.

Der Dadaismus stand noch bei weiteren Initiativen Pate. Allen voran beim Kabarett *Schall und Rauch*. Auch dieses literarische Kabarett ist ein Kind der Zeit. „Kabaretts waren nach der verunglückten Revolution [von 1918 – H.H.] wie Pilze aus der Erde geschossen, aber ihre Pointen kitzelten das Publikum meistens unterhalb der Gürtellinie. Und nun – statt der Zote Zeitkritik! Die

---

[70] Rolf-Peter Baacke, Q – Schielen nach ewiglicher Aktualität, in: Berlin im „Querschnitt", hrsg. von R.-P.B., Berlin 1990 (Berliner Texte Bd. 8), S. 256.

Eine (kommunikationsgeschichtliche) Einführung 37

Themen lagen ja in der Luft, besser auf der Straße."[71] Nicht nur daß „Heartfield-Grosz" gleichsam als Firma fürs Layout der Programmhefte verantwortlich zeichnen, die Literaten, Künstler und die Ausführenden in dem von Max Reinhardt gegründeten und unter seine Fittiche genommenen Kabarett lassen keinen Zweifel an ihrer Bereitschaft, der Gesellschaft den satirischen Spiegel vorzuhalten. Übrigens sind die nur 13 Hefte zeitgeschichtlich höchst interessante Dokumente, halb Zeitschrift, halb Programm. Zu den Mitstreitern zählen neben Heartfield und Grosz so bekannte Künstler wie Max Herrmann-Neiße, Tucholsky, Hanna Höch und Paul Erkens. Im Umfeld von *Schall und Rauch* entwickelt Walter Mehring ein „ganz bestimmtes Kabarettgenre: die Großstadtballade, das satirisch-politische Chanson, dem er expressionistische und dadaistische Stilelemente beifügte".[72]

Während diese Form der großstädtischen Zerstreuung, wie andere Beispiele der satirischen Publizistik auch, wegen ihres politisch-literarischen Witzes reüssiert, meldet sich eine Satire völlig gegenläufiger Tendenz zu Wort. In der sich allmählich formierenden nationalsozialistischen Literatur- und Kulturpolitik in der Endphase von Weimar findet sie ihren Platz. Es ist eine bösartige, offen an niedrige Instinkte und Gesinnung appellierende Verhöhnung und Verspottung, die jeder artistischen Ernsthaftigkeit entbehrt! Antisemitismus übelster Art und Weise feiert unrühmliche Urständ. Nicht immer ist ein derart deutlicher Umschwung auszumachen; oft mutiert die Satire eher unterschwellig. Beim schon erwähnten *Querschnitt* läßt sich so eine langsame „Verblondung" feststellen: Die

Garvens, Der Bauchredner und seine Puppen, in: Kladderadatsch, 86. Jg., Nr. 11, 12. März 1933.

---

[71] Kurt Wafner, „Einfach klassisch!" – und noch mehr. Eine Nachbetrachtung [Beilage zum 1. Reprint der Programmhefte „Schall und Rauch"], Berlin/DDR 1985, S. 7.
[72] Ebd., S. 19.

ehemals mondäne Frau wird ersetzt durch das langzöpfige Mädchen, die kommende Mutter des „Dritten Reichs". Der unbotmäßige *Kladderadatsch* dient sich dem neuen Regime an. Er unterlegt Text und Bilder mit faschistischer Ideologie. Hier zielt Satire nur zu eindeutig auf Unterstützung und Verbreitung nationalsozialistischen Gedankenguts. Damit konterkariert diese Spielart satirischer Kommentierung ihre eigentliche Bestimmung: Kritik zu artikulieren.

Diese Aufgabe zu erfüllen obliegt nun, d.h. mit dem Machtantritt der Nationalsozialisten, der aus Deutschland vertriebenen, recht verstandenen Satire, die niemals sich der Obrigkeit andient oder ihr leichtfertig nach dem Munde redet. Im Exil jedoch erschweren die jeweiligen Verhältnisse in den Niederlassungsländern jede Form kritischer Stellungnahme, obwohl die geschichtliche Situation um so krasserer Aufklärung bedarf. Diejenigen, die dieser Verantwortung vor der Geschichte sich stellen, sind dem Verzweifeln nahe. „Man muß die Lage so sehn wie sie ist: unsere Sache hat verloren. Dann hat man als anständiger Mensch abzutreten."[73] So der ernüchterte Tucholsky. Die Kommunikation im Exil ist immer eine übersetzte, eine der neuen Lebenswelt notwendigerweise angepaßte, die selten in der Lage ist, den genuinen Ton vor Ort zu treffen. Nur in ganz seltenen Augenblicken gelingt das Unmögliche. Vielleicht hilft in diesen Fällen die politische Eindeutigkeit der message. Heartfields *AIZ* vertraut auf ihr Image. *Die neue Weltbühne* lebt vom alten Renommee. Der *Simplizissimus* fristet sein Dasein als *Simplicus* bzw. *Der Simpl*. Allen gemein ist weiterhin ihre kritische Haltung, die sie über das Ende von Weimar hinübergerettet haben. Es gibt auch durchaus eigenständige Formen satirischer Publizistik im Ausland. Angesichts der Brutalität der gesellschaftlichen Verhältnisse unter dem Nationalsozialismus verkomme jede Satire zur Lüge, wie Theodor W. Adorno anläßlich großer Beispiele wie Brechts *Der aufhaltsame Aufstieg des Arturo Ui* oder Chaplins *Der große Diktator* anmerkt.[74] Die Schärfe der Einsprache droht eine Grundvoraussetzung geschichtlich relevanter Satire aufzukündigen: ihre Teilhabe an Kritik. Kritik allerdings verfügt über vielfältigste Facetten des kommunikativen Ausdrucks. Das Wissen und die Beachtung der Differenz zwischen Realität und Kommunikation sind sozusagen konstitutiv für kompetente Satire; Kompetenz erwächst der Satire zuerst durch ihre Fähigkeit zur Kritik.

---

[73] Kurt Tucholsky, Brief an Walter Hasenclever, 11. April 1933, in: K.T., Briefe. Auswahl 1913 bis 1935, hrsg. von Roland Links, Berlin/DDR 1983, S. 298.

[74] Vgl. Theodor W. Adorno, Engagement, in: Th.W.A., Noten zur Literatur III, Frankfurt a. M. 1969, S. 119ff.

„Kritik ist überall, zumal in Deutschland, nötig. Sie ist die einzige gelehrte Kommunikation."[75] An der Wahrhaftigkeit dieses Satzes aus dem Nachlaß des Aufklärers Friedrich Nicolai scheint sich bis heute wenig geändert zu haben.

---

[75] Zit. im „Nachwort" zu Friedrich Nicolai, ›Kritik ist überall, zumal in Deutschland, nötig.‹ Satiren und Schriften zur Literatur, hrsg. von Wolfgang Albrecht, München 1987, S. 483.

I. Augenblicke
Bürgerschreck und Bohemien (Grosz, Einstein, Heartfield)

„Früher sah ich noch einen Sinn in meiner Kunst, heute nicht mehr – oder doch nur den, daß ich sie hin und wieder (sehr oft sogar) ausübe (für mich ist's gemacht), man wird Visionen los – das ist alles."[1] Der sich hier im Jahr 1934 so selbstkritisch, ja resignativ aus dem Exil seinem alten Freund und Verleger, Wieland Herzfelde, gegenüber äußert, ist der Satiriker George Grosz. 1932 war er als Gastdozent nach New York berufen worden, er kehrt im Oktober desselben Jahres noch einmal nach Berlin zurück, um am 12. Januar 1933 endgültig nach Amerika zu übersiedeln. Dort muß er wenig später das Ende der Weimarer Republik erleben. Deren Beginn sieht ihn als einen der wichtigsten Künstler der Berliner Szene. Der Dadaismus tobt sich lautstark aus. Vorneweg das Multitalent George Grosz: Künstler, Bürgerschreck und Bohemien, „der traurigste Mensch in Europa".[2] Dessen Traurigkeit, wiewohl ästhetische Attitüde, korrespondiert mit abgrundtiefer Enttäuschung über die gesellschaftlichen Verhältnisse. „In der Vorkriegszeit ließen meine Erkenntnisse sich derart zusammenfassen: Die Menschen sind Schweine. Das Gerede von Ethik ist Betrug, bestimmt für die Dummen. [...] Der Ausbruch des Krieges macht mir klar, daß die Masse, die unter der Suggestion der Presse und des militärischen Gepränges begeistert durch die Straßen zog, willenlos war. [...] Den Krieg betrachtete ich als eine ins ungeheuerliche ausgeartete Erscheinungsform des üblichen Kampfes um Besitz."[3] Für viele der Groszschen Generation begann die Zeitrechnung mit dem 4. August 1914, wie Erwin Piscator, der spätere Begründer des Politischen Theaters und Freund von Grosz, es einmal stellvertretend formuliert. „Von da ab stieg das Barometer: 13 Millionen Tote, 11 Millionen Krüppel, 50 Millionen Soldaten, die marschierten, 6 Milliarden Geschosse, 50 Milliarden Kubikmeter Gas."[4]

---

[1] George Grosz, Brief [an Wieland Herzfelde] vom 30.6.1934, in: G.G., Briefe 1913 – 1959, hrsg. von Herbert Knust, Reinbek bei Hamburg 1979, S. 199.
[2] George Grosz, Gesang an die Welt, in: Pass auf! Hier kommt Grosz. Bilder, Rhythmen und Gesänge 1915 – 1918, hrsg. von Wieland Herzfelde und Hans Marquardt, Leipzig 1981, S. 16.
[3] George Grosz und Wieland Herzfelde, Die Kunst ist in Gefahr. Ein Orientierungsversuch (1925), in: Pass auf! Hier kommt Grosz, S. 97.
[4] Erwin Piscator, Von der Kunst zur Politik, in: E.P., Das Politische Theater, Faksimiledruck der Erstausgabe 1929, in: Schriften 1, hrsg. von Ludwig Hoffmann, Berlin/DDR 1968, S. 9.

Das Leben unterm Wilhelminismus mit seiner doppelten Moral provozierte Ekel, doch das erlittene Grauen in den Schützengräben des Ersten Weltkrieges mit seinen ‚modernen' Menschen- und Materialschlachten stellt alles bisher Erlebte in den Schatten. Die allgemeine Unzufriedenheit wandelt sich zu politischer Aufmüpfigkeit und erfährt eine zusätzliche Radikalisierung angesichts der gescheiterten Revolution von 1918.

Grosz, geboren in Berlin-Mitte als Georg Ehrenfried Groß, ist 21 Jahre alt, als der Weltkrieg angezettelt wird. Er meldet sich kriegsfreiwillig im November und wird schon im Jahr darauf als dienstuntauglich entlassen. In diese Zeit fällt die Bekanntschaft mit den Brüdern Herzfeld, die ebenso desillusioniert vom Dienst ausgeschlossen worden sind. John Heartfield, der, 2 Jahre jünger als Grosz, wie dieser aus Protest gegen den grassierenden Englandhaß seinen Namen anglizert hatte, und Wieland Herzfelde[5] gründen in Berlin-Halensee den Malik-Verlag[6] und schaffen damit ein publizistisches Forum für politisch engagierte Literaten und Künstler. Dort erscheint denn auch eine der ersten Grosz-Mappen mit Originallithographien. Damit hat Berlin seinen unbestechlichen Physiognomiker, Zeichner, Maler und Lyriker von absolut modernem Format. Daß Grosz' satirisch-polemischer Kommentar aneckt, versteht sich fast von selbst. Werden dessen lyrische Blasphemien, dadaistische Poltereien und spätexpressionistische Ergüsse von Freunden und

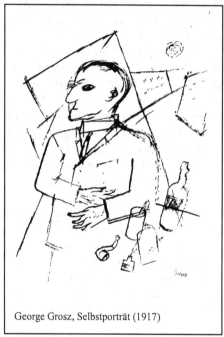
George Grosz, Selbstporträt (1917)

---

[5] Wieland Herzfelde ergänzt schon 1914 seinen Geburtsnamen Herzfeld mit einem zusätzlichen e.

[6] Der Verlagsname geht zurück auf die Kaisergeschichte „Der Malik" von Else Lasker-Schüler (siehe auch: Der Malik-Verlag 1916 - 1947. Ausstellungskatalog der Deutschen Akademie der Künste zu Berlin, Berlin/DDR und Weimar o.J. [1967], S. 21f.).

Kombattanten goutiert, von den Gegnern hingegen nicht oder nur kaum zur Kenntnis genommen – inzwischen muß man sie allerdings dem Bestand großstädtischer Lyrik dauerhaft zurechnen, weil sich in ihnen exemplarisch und exzeptionell das zerschunden-proletarische, ramponiert-bürgerliche und kokett-laszive Gesicht der Metropole artikuliert –, so unversöhnlich reagiert die konservative und natürlich besonders die rechtslastige Öffentlichkeit auf die graphischen Blätter und neusachlich-aggressiven Bilder des George Grosz. Seine Aktivitäten sind vielfältig. Er gestaltet Programmhefte, entwirft Bühnenbilder, experimentiert mit Film und Photographie, integriert die Collage der Kubisten in seine Bilderwelten, ohne je den realistischen Verweischarakter aufzugeben. Früh findet man ihn als Mitherausgeber und/oder Illustrator von Zeitschriften wie *Die Pleite, Der blutige Ernst* und *Jedermann sein eigner Fußball* – Blätter, die bewußt Amok laufen gegen die Spießigkeit, Verlogenheit und den Untertanengeist. Gerade in Zeiten des Umbruchs trifft solch harsche Kritik ganz offensichtlich den Kern der historischen Entwicklung. Das Formen- und Gestenvokabular des Dadaismus erfährt nachgerade seine politische Legitimation durch das große Unverständnis, das bis zur offenen Ablehnung und Gegnerschaft führen kann. Diese Zeitungen irritieren wegen ihres offensiven Spotts immer größere Kreise, zeitigen also Wirkung, eine Wirkung, die ausdrücklich beabsichtigt ist. Harry Graf Kessler notiert unter dem Datum vom 28. Januar 1919: „Wieland Herzfelde frühstückte bei mir. Er zeigte Probebogen seiner Zeitschrift mit einer Phantasie von Grosz *Jeder Mensch sein eigener Fußball*; der Komik und des Aufsehens wegen riet ich ihm, diese Überschrift vorläufig als Titel zu wählen."[7] Über das Motiv der bevorstehenden Gründung läßt Herzfelde seinem Gastgeber gegenüber keinen Zweifel aufkommen: „Alles, was den Deutschen bisher lieb gewesen sei, in den Dreck zu treten."[8] Kaum, daß die erste Nummer erschienen ist, wird der Verleger auch schon von zwei Kriminalbeamten und einem bewaffneten Soldaten verhaftet. Seine „Erlebnisse vom 7. bis 20. März 1919 bei den Berliner Ordnungstruppen" veröffentlicht Herzfelde in einer Broschüre, die dann „statt Nr. 2 der Halbmonatsschrift ‚Die Pleite', deren Redaktion infolge meiner Schutzhaft nicht abgeschlossen werden konnte"[9], herausgebracht wird. Der Verstoß gegen gesellschaftliche Konventionen ist damit sozusagen ordnungsgemäß belegt; zugleich potenziert er eigentümlicherweise den Er-

---

[7] Harry Graf Kessler, Tagebücher 1918 – 1937, hrsg. von Wolfgang Pfeiffer-Belli, Frankfurt a. M. 1961, S. 114.
[8] Wieland Herzfelde, zit. bei Kessler, Tagebücher, S. 115.
[9] Schutzhaft. Erlebnisse vom 7. bis 20. März 1919, Berlin 1919.

folg gerade bei jenen, denen der eingeschlagene Weg der jungen deutschen Republik nicht revolutionär genug ist. Die Bereitschaft auf der Linken, diesen ersten, wenn auch zaghaften und beschwerlichen Versuch einer sozialen Umstrukturierung von Staat und Gesellschaft abzulehnen, ist groß, und das hohe Maß der Zustimmung zum Chor der zweifelnden Stimmen erweckt bei vielen den Eindruck, Mitglied einer Gemeinschaft von Kritikern zu sein, die unmittelbar Einfluß auf die Politik nehmen könnten. Doch der Schein trügt. Noch allerdings arbeitet Grosz mit an der Umgestaltung der Weimarer Republik in Richtung Sozialismus. Deshalb auch unterstützt er, wie Heartfield, Piscator bei seinen Experimenten mit dem politisch aktiven Theater. Grosz zeichnet beispielsweise für Filme, die während der Aufführung ablaufen, und entwirft Bühnenbilder (Hintergrundprojektionen). Weiterhin begehrt sind seine Zeichnungen als Titelblätter und Illustrationen (z.B. *Die Aktion, Der Querschnitt, Simplicissimus*) oder für Umschlaggestaltungen von Büchern. Grosz ist ein vielbeschäftigter Mann. 1927 würdigt die Preußische Akademie der Künste zu Berlin ihn als Maler in ihrer Frühjahrsausstellung. Die internationale Reputation läßt nicht lange auf sich warten. So erhält er eine Einladung der Art Student League of New York, um dort Kurse während des Sommers 1932 abzuhalten – eine Lehrtätigkeit, die Grosz gern wahrnimmt und auch während des Exils kontinuierlich bis zu seiner Rückkehr nach Berlin im Jahre 1959 fortsetzt. Anfang 1933, wie bereits erwähnt, verläßt Grosz das dem Nationalsozialismus ausgelieferte Deutschland, seine Frau und die beiden Söhne folgen Ende des Jahres nach. „Diese in weiser Voraussicht getroffene Entscheidung hat Grosz vermutlich das Leben gerettet. Gleich nach der Machtergreifung wurde er in seiner Wohnung in der Trautenaustraße gesucht und sein Atelier in der Nassauischen Straße gestürmt."[10] Grosz kommentiert nun den Niedergang der Kultur von Weimar und die Einsetzung einer neuen nationalistischen Kunst durch das faschistische Regime vom amerikanischen Kontinent aus. Der Schock über die Niederlage der linken Intelligenz von Weimar sitzt tief und führt zu einer Krise, die die eigene künstlerische Tätigkeit als marginal und unwirksam, weil vordergründig politisch erscheinen läßt. Seine Briefe an zurückgebliebene oder ebenfalls aus Deutschland vertriebene Freunde zeigen einen ernüchterten, seiner revolutionär-satirischen Arbeit abschwörenden Grosz. Im Laufe der Exiljahre verstärkt sich die Einsicht in die Naivität und bloß imaginierte gesellschaftsverändernde Kraft seiner Kunst zusehends, um mit Kriegsende ihren Höhepunkt zu erreichen.

---

[10] Ralph Jentsch, George Grosz. Chronik zu Leben und Werk, in: George Grosz. Berlin – New York, hrsg. von Peter-Klaus Schuster, Berlin 1994, S. 547.

"Ich verdamme meine früheren Zeichnungen. Bin dadurch nicht etwa glücklicher geworden; aber ich habe sie ja auch nicht verdammt, weil ich glücklicher werden wollte. Verdamme alle die saudummen Tendenzblätter, weil ich wirklich nicht mehr an diese Art Feengeschichten für große (kleine) Kinder glaube. Ich hasse die Massen und bin auf dem Wege zu einem (hoffe ich) nur mir zugänglichen Traumreich."[11] Diese persönliche Abkehr von der politischen Ästhetik der Weimarer Zeit schmälert allerdings mitnichten das Verdienst Grosz' um die revolutionäre Kunst der zwanziger Jahre. Im Verlauf seines Amerika-Aufenthalts sehen Kritiker den langsamen Verfall des Groszschen Talents; die Untergangsvisionen, die Höllen- und Ruinenbilder thematisieren zwar die Katastrophen der Welt, zugleich frönen sie einem narrativen, an Otto Dix erinnernden Verismus, der sehr offensichtlich und vordergründig direkt daherkommt. Als Grosz Ende der fünfziger Jahre die Rückkehr nach Deutschland vorbereitet, weiß er nur zu gut, daß sein Ruf als *der* satirische Chronist der deutschen Misere noch lebt. Kurz nach der endgültigen Heimkunft stirbt Grosz am 6. Juli 1959 in Berlin. Die Zeitgenossen spüren sofort, welch künstlerische Potenz sich mit Grosz verabschiedet hat.

Die *Stützen der Gesellschaft*[12] von Weimar fühlen sich durch die schonungslose Sicht auf die großen und kleinen Schiebereien und politischen Skandale ertappt und an den Pranger gestellt. Selbstverständlich setzen sie sich zur Wehr; sie bemühen das „gesunde Volksempfinden". Und sie führen Prozesse. Gegen Grosz (und Herzfelde) wegen Beleidigung der Reichswehr, wegen Angriffs auf die öffentliche Moral, wegen Verbreitung unzüchtiger Schriften und Abbildungen und wegen Beschimpfung von Einrichtungen christlicher Kirchen.[13] Nicht nur die radikale politische Einstellung[14], die Form und Inhalt der Groszschen Bilder grundiere, soll geahndet werden, sondern auch die offen zur Schau gestellte Vorliebe für Erotik, die die vermeintlich unmoralisch-skandalösen Lithographien zum Ausdruck brächten.

---

[11] George Grosz, Brief an Erwin Piscator, 28. Mai 1945, in: Grosz, Briefe, S. 352.
[12] George Grosz, Die Stützen der Gesellschaft (1926), Öl auf Leinwand, 200 x 108 cm, Abb. in: Grosz, Berlin – New York, S. 347.
[13] Vgl. dazu Heinrich Herbert Houben, Verbotene Literatur. Von der klassischen Zeit bis zur Gegenwart, Berlin 1924, und Hermann Haarmann, Walter Huder, Klaus Siebenhaar (Hrsgg.), „Das war ein Vorspiel nur ..." Bücherverbrennung Deutschland 1933, Voraussetzungen und Folgen, Berlin/Wien 1983, S. 173 - 183.
[14] Grosz wird 1919 Mitglied der Kommunistischen Partei, tritt allerdings schon 1923 nach einer Reise in die Sowjetunion wieder aus der Partei aus. Gleichwohl besucht er weiterhin deren Versammlungen und arbeitet als Zeichner für kommunistische Blätter und Zeitungen wie z.B. für „Der Knüppel" (1923 – 1927).

Besonderen Anstoß erregen jene Blätter, die alle nur möglichen Spielarten menschlicher Sexualität, die mit dem Aufkommen der Psychoanalyse[15] und der öffentlichen Diskussion ihrer Ergebnisse ins allgemeine Bewußtsein gekommen sind, schonungslos darstellen.[16] Sexuelle Perversionen werden zu Metaphern für die gesellschaftliche Krise. Anlaß für gerichtliche Verfolgung sind Mappenwerke wie *Gott mit uns* (1920), *Ecce Homo* (1923) oder *Hintergrund* (1928); in letzterem befindet sich das Blatt *Maul halten und weiter dienen*, das unter dem Titel *Christus mit der Gasmaske* in die Kunstgeschichte von Weimar eingegangen ist. Pornographieverdikt korrespondiert mit Blasphemieverdacht; beides wird zum Vorwand für eine Klage. „Meine Überzeugung als Künstler ist, der Welt einen Spiegel vorhalten zu müssen. Dabei fühle ich mich als bewußter *Moralist*, der an gewissen Dingen nicht vorbeigehen kann", zitiert das *8-Uhr-Abendblatt* Grosz aus dem *Ecce homo*-Prozeß, und die *Berliner Volkszeitung* fährt fort, seine Rede vor dem Richter am 16. Februar 1924 abdruckend: „*Ich habe die Welt ohne Hülle, so wie sie ist, gezeigt.* Mein Werk ist ein *Erziehungsbuch*, das auf die sozialen Schäden aufmerksam macht."[17] Sozialpädagogik in der Form moralisierender oder zynischer Satire? Das Gericht sieht das ganz anders. Die angeklagten Grosz und Heartfield werden zu je 500 Goldmark und zur Einziehung der beanstandeten Graphiken und Farbreproduktionen der Aquarelle verurteilt. Ein späterer Revisionsantrag wird abgelehnt.[18]

Grosz sieht sich von Gleichgesinnten und –betroffenen umgeben. Carl Einstein, der nur Insidern als Literat und Kunsttheoretiker bekannt ist und schon früh mit Grosz dem Dadaismus huldigte, als sie gemeinsam für den *blutigen Ernst* verantwortlich zeichnen, Carl Einstein also wird ebenso zur Rechenschaft gezogen. Der erste sogenannte Gotteslästerungsprozeß wird 1922 über Einsteins Szenenfolge *Die schlimme Botschaft* abgehalten. In diesem

---

[15] Vgl. dazu das Aquarell „Professor Freud gewidmet", aus dem Grosz-Sammelwerk „Ecce Homo" (1923), Abb. in: Grosz, Berlin – New York, S. 186.
[16] Vgl. dazu George Grosz, Lustmord in der Ackerstraße (1916/17), Feder, Tusche, 35,6 x 27,5 cm, Abb. in: Grosz, Berlin – New York, S. 392.
[17] Der Liebesbetrieb von heute. ›Ecce homo‹ vor Gericht, in: 8-Uhr-Abendblatt, 16.2.1924, und George Grosz unter Anklage. Ein unmögliches Urteil, in: Berliner Volkszeitung, 16.2.1924 (Hervorhebungen jeweils im Original), zit. nach Rosamunde Neugebauer Gräfin von der Schulenburg, George Grosz. Macht und Ohnmacht satirischer Kunst, Berlin 1993, S. 109. Neugebauer stellt Grosz' Graphikfolgen „Gott mit uns", „Ecce homo" und „Hintergrund" in das Spannungsverhältnis von „moralisierender" und „zynischer Satire".
[18] Zur Chronologie des Ecce homo-Prozesses siehe Neugebauer, George Grosz, S. 111–120.

Stationendrama wird das Leben und Sterben Jesu ins Berlin der zwanziger Jahre transponiert. „Der Verfasser Einstein läßt die ganze Handlung sich nach der Revolution abspielen. Sein ‚Jesus' ist eine Karikatur des Jesus der Evangelien. Er würdigt Jesus zu einer lächerlichen Figur herab und bringt ihn mit einer Welt der Kinoschauspieler, Kokotten und Schieber zusammen"[19], heißt es in der Anklage gegen den Schriftsteller und seinen Verleger Ernst Rowohlt. Gerade die bewußte Überhöhung und Verzerrung als Stilmittel expressiver Wort- und Gestaltungskraft hätte eigentlich deutlich werden lassen müssen, daß hier ein Fall literarisch dramatisierter Satire vorliegt! Obwohl das Gericht nicht verkennt, „daß es sich um ein durchaus ernst zu nehmendes Werk handelt, das man jedenfalls zum Teil als bedeutend und als Kunstwerk ansprechen kann"[20], lautet das Urteil für Autor und Verleger auf Geldstrafe in Höhe von 15.000 Reichsmark und Einzug bzw. Vernichtung der Restauflage der *Schlimmen Botschaft*.

Mit dem Namen Carl Einstein verbindet die Literaturgeschichtsschreibung in erster Linie den Roman *Bebuquin*. „Bebuquin – ja Gute, sowas zu schreiben, ist nur eine Geldfrage, ob man die Ruhe dazu hat. Ich weiß ganz genau, daß alles andere Mist ist, aber was hilft mir das, da meine eigentlichen Arbeiten zu schwer sind – au fond selbst für meine Kollegen. Als ich vor 2 – 3 Jahren Kollegen Sachen von mir las, sagten sie offen – sie könnten nicht folgen. Als ich Bebuquin publizierte, hieß es, ich schriebe das besoffen," so Einstein rückblickend in einem Brief an die Geliebte, Toni Simon-Wolfskehl, aus den Jahren 1921/1922. Der kleine Text, den Franz Pfemfert in seiner Zeitschrift *Die Aktion* 1912 vorabdruckte (1907 war bereits ein Teilstück unter dem Titel *Herr Giorgio Bebuquin* in *Die Opale 2* veröffentlicht worden: „[D]amit war man zwanzig und in der Literatur."[21]), erschien fast gleichzeitig und ebenfalls bei Pfemfert als eigenständige Buchausgabe, versehen mit der bedeutungsvollen Dedikation „Für André Gide. Geschrieben 1906/9". Und er macht Furore! Denn betrachtet man die Reaktionen, so wird man der unterschiedlichsten Einschätzungen gewahr. Wenn schroffe Ablehnung und

---

[19] Anklage gegen Carl Einstein und Ernst Rowohlt vom 10. August 1922 wegen Vergehens gegen §§ 166, 47, 73, 40 und 41 des StGB und § 20 des Preßgesetzes, in: Houben, Verbotene Literatur, S. 145.

[20] Aus der Urteilsbegründung im Prozeß gegen Carl Einstein und Ernst Rowohlt, in: Houben, Verbotene Literatur, S. 165.

[21] Carl Einstein, Kleine Autobiographie, in: Thema, Stil, Gestalt 1917 – 1932. 15 Jahre Literatur und Kunst im Spiegel eines Verlages. Katalog zur Ausstellung anläßlich des 75jährigen Bestehens des Gustav Kiepenheuer Verlages, Leipzig und Weimar 1984, S. 398.

euphorische Zustimmung Kennzeichen unbedingter Moderne sind, dann ist dieser Roman ein signifikantes Exemplar der literarischen Avantgarde im beginnenden 20. Jahrhundert. Doch wie derart unkonventionelle Literatur beschreiben, wo Entstehungszeitraum und spätere Äußerungen ihres Autors eine Parallele offenlegen, die in der bildenden Kunst begann: im Kubismus! „Ich weiß schon sehr lang, daß die Sache, die man ‚Kubismus' nennt, weit über das Malen hinausgeht. [...] Ich weiß schon sehr lange, dass nicht nur eine Umbildung des Sehens und somit des Effekts von Bewegungen möglich ist, sondern auch eine Umbildung des sprachlichen Aequivalents und der Empfindungen."[22] Einsteins *Bebuquin* bereitet den Bruch mit den bis dahin geläufigen epischen Gestaltungsformen vor: Es gibt keine Haupt- und Nebenfiguren im eigentlichen Sinne; es gibt kein lineares Vor und Zurück, nur ein gleichzeitiges, gleichwertiges Sich Entfalten der verschiedenen Textebenen. Der Roman umkreist das Phänomen der Ich-Dissoziation. Die Verabschiedung des mit sich selbst identischen Ich in mehrere, sich gegenseitig spiegelnde Ichs steht in Rede. „Schon vor dem Krieg hatte ich mir um zu solchen Dingen zu kommen eine Theorie der qualitativen Zeit zurecht gemacht, rein für mein Metier, dann bestimmte Anschauungen vom ‚Ich', der Person, nicht als metaphysischer Substanz sondern einem funktionalen, das wächst verschwindet und genau wie der kubistische Raum komplizierbar ist usf."[23] Wenn auch das derart dissoziierte Personal (Bebuquin, Nebukadnezar Böhm) wie das Milieu der Cafés und Bars unschwer Züge großstädtischer Boheme aufweisen, so überschreitet dieser Roman als literarisches Gebilde doch bewußt jene gestalterische Konvention, die durch Mimesis und Illusionierung begründet ist und bis dahin das Kunstwerk erst zum Kunst-

Ludwig Meidner, Portrait Carl Einstein (1913)

---

[22] Carl Einstein, [Kahnweiler-Brief], in: Sibylle Penkert, Carl Einstein. Beiträge zu einer Monographie, Göttingen 1969, S. 139.
[23] Ebd., S. 140.

werk zu machen beansprucht. Die Zergliederung, die ästhetische Dekonstruktion, die Einstein im *Bebuquin* vorführt, zielt auf die Hervorbringung „absoluter" Kunst. Wie nun, so könnte man fragen, wenn man diesen Roman als einen großen satirischen lesen würde? Als radikale Satire auf Fassadenkultur und Tradition beim Beginn eines neuen Jahrhunderts, als sich die Moderne mit Macht und auf allen Gebieten der Kunst durchzusetzen begann? Der literarische Gestus, in dem Carl Einstein seinen Text vorwärtsbringt, zielt bewußt auf ironische Überhöhung, Potenzierung und groteske Zuspitzung. Er schärft den Blick auf die subjektiven Befindlichkeiten existentieller Existenzen; er verzerrt den Blick, um vorzudringen ins Gestrüpp menschlicher Hypertrophien. Wenn denn, spätestens mit Sigmund Freud, das Unterbewußtsein kein Buch mit sieben Siegeln mehr ist, so dokumentieren psychische und psychologische Befunde Seelenzustände, die dann allerdings und darüber hinaus als Reflex gesellschaftlicher Verhältnisse interpretiert werden können. Die vermeintliche Deformation des Individuums symbolisiert die Zerrissenheit, Fragmentierung der modernen Gesellschaft. Und da ist die Einsteinsche Literatur durchaus paradigmatisch. Der Dichterkollege Gottfried Benn weiß darum, als er 1951 in einem Brief an den Verleger Ewald Wasmuth den durch den Gang ins Pariser Exil und seinen Selbstmord aus dem literarischen Bewußtsein entschwundenen Einstein erinnert: „An Einstein denke ich oft und lese in seinen Büchern, der hatte was los, der war weit an der Spitze. Überhaupt die Jahre 1912 – 1933 waren ja wohl die großen Geniejahre, die letzten, die Deutschland hatte."[24]

Einstein wird am 26. April 1885 in Neuwied geboren. Früh siedelt die Familie des jüdischen Kantors und Lehrers Daniel Einstein und dessen Ehefrau Sophie nach Karlsruhe über. Dort besucht Carl das Großherzogliche Gymnasium, das er allerdings vor dem Abitur verläßt, um eine Lehre im Bankhaus Veit Homburger anzutreten. Doch dieses Intermezzo währt nicht lang; 1904 geht Einstein nach Berlin und schreibt sich als Student der Philosophie, Kunstgeschichte und Philologie ein. Er begegnet jenen Professoren, die – wie der Philosoph Georg Simmel, die Kunsthistoriker Alois Riehl und Heinrich Wölfflin oder der Altphilologe Ulrich von Wilamowitz-Moellendorf – für ihn prägend werden, wenngleich Einstein schon in dieser Entwicklungsphase so verfährt wie in der Zeit seiner viel bewunderten Arriviertheit: Er klaubt unsystematisch, dennoch sehr pragmatisch jene Gedanken, Ideen und Theorien zusammen, die ihm helfen, sein eigenes Denkmodell zu entwerfen. Es ist

---

[24] Gottfried Benn, Brief an Ewald Wasmuth vom 27. März 1951, in: G.B., Ausgewählte Briefe, m.e. Nachwort von Max Rychner, Wiesbaden 1957, S. 209.

diese Offenheit, die den Querdenker Einstein hervorbringt, der Politik, Philosophie, Ästhetik theoretisch synthetisiert. Das revolutionäre Aufbegehren gegen Ende des Ersten Weltkriegs findet in Einstein einen radikalen Wortführer: Einstein wird in den Soldatenrat in Brüssel gewählt. Nach der illegalen Rückkehr nach Berlin zeichnet er – zusammen mit Heartfield und Grosz – verantwortlich für *Die Pleite* und *Der blutige Ernst*. Die Enttäuschung über die gescheiterte Revolution verschwägert sich mit spöttischem Haß auf alles Bürgerliche. „Revolution wurde unterschlagen. Defraudanten der revolutionären Idee herrschen und betreiben die Sanierung des Spießers."[25] Während *Die Pleite* dezidiert politisch-satirisch daherkommt, markiert *Der blutige Ernst* den eher satirisch-politischen Part. Erstere Zeitschrift ist ein Kind aus dem Kreis Grosz, Herzfelde und Einstein, der übrigens den Namen beisteuerte. Einsteins Credo: „Man schaffe den Besitz ab [...] damit die Gesellschaft Gemeinschaft der Arbeitenden ist und nicht tötender Zwang der Besitzenden."[26] Getragen vor der Vorstellung einer neuen, der kommunistischen Gemeinschaft, werden die „Geistigen" zur Entscheidung aufgerufen: „Wir gehen in die Masse, wir sind auf dem Marsch mit dem Einfachen, Unbedingten zu einer nahen, nötigen Sache."[27] Der Glanz des Expressionismus und sein Pathos finden Eingang in Einsteins Sprache und sozialen Gestus. Gleichwohl schallen die Klänge aus Utopie den Ordnungshütern zu revolutionär und umstürzlerisch in den Ohren. Die zweite wird von Einstein übernommen und als „satirische Wochenschrift" – so der Untertitel des *blutigen Ernst* – fortgeführt: „Gründung und Titel waren geistiges Eigentum des seligen Malers John Hoexter."[28] Ob nun aus der dadaistischen Bewegung geboren („Hoexter selber war aber nicht Dadaist, sondern ein auf eigene Faust dadaisierender Vagant"[29]) oder nicht, Form und Inhalt lassen einen deutlich literarisch-ästhetischen Pamphletcharakter erkennen. Keine Frage, der Unterschied ist ein sehr subtiler, schwer auszumachender; keine Frage aber auch, daß er vorhanden ist. Die Reaktion der Obrigkeit auf beide Publikationen belegt auf

---

[25] Einstein, Pleite glotzt euch an. Restlos, in: Die Pleite, Nr. 1 (1919), S. 2, Wiederabdruck: Werke, Bd. 2, S. 15f.
[26] Carl Einstein, Man schaffe den Besitz ab, in: Die Pleite, Nr. 3 (1919), S. 2, Wiederabdruck, Werke, Bd. 2, S. 19f.
[27] Carl Einstein, An die Geistigen! In: Die Pleite, Nr. 3 (1919), S. 2, Wiederabdruck: Werke, Bd. 2, S. 18.
[28] Walter Mehring, Dada-Zeitschriften, in: W. M., Verrufene Malerei. Berlin Dada. Erinnerungen eines Zeitgenossen und 14 Essais zur Kunst, Düsseldorf 1983 (= W. M., Werke, hrsg. von Christoph Buchwald), S. 175.
[29] Ebd., S. 176.

jeden Fall deren gesellschaftliche Brisanz, denn das Publikationsverbot läßt nicht lange auf sich warten. Einstein konzentriert sich in der Folge auf kunstgeschichtliche Studien. Mit der *Negerplastik* hatte er bereits 1915 einen Achtungserfolg verbuchen können. Im Laufe der Zeit entwickelt sich Carl Einstein zu einem der bedeutendsten, weil originellsten Kunsttheoretiker der Moderne. Spätestens mit der berühmten *Kunst des 20. Jahrhunderts*, die 1926 die renommierte Kunstgeschichte des Propyläen-Verlags beschließt, nimmt er seinen Platz im Parnaß der deutschen Kunstgeschichtsschreibung ein. 1928 übersiedelt Einstein nach Paris und lebt nun in jener Stadt, die für ihn die moderne Kunst beherbergt. Ab 1933 wird die französische Metropole zum Exil. Die Teilnahme am spanischen Bürgerkrieg bei den Anarchosyndikalisten um Durutti dokumentiert Einsteins Engagement und führt dazu, daß ihm nach der Besetzung Frankreichs durch die deutschen Truppen der Fluchtweg über die Pyrenäen verwehrt ist. Am 5. Juli 1940 scheidet Einstein freiwillig aus dem Leben.

Erstaunlich ist, daß Grosz' anderer Weggefährte und Herzfeldes Bruder von der Weimarer Justiz verhältnismäßig unbehelligt arbeiten kann. Nur einmal wird John Heartfield – wenn man den bisher veröffentlichten Quellen trauen darf – zur Rechenschaft gezogen: Es ergeht Strafantrag wegen des Schutzumschlages zu dem Buch *Erotik und Spionage in der Etappe Gent* von Heinrich Wandt, das 1928 im Agis-Verlag erschien. Hintergrund dieses juristischen Vorgehens bildet ganz offensichtlich das Gesetz gegen Schmutz und Schund aus dem Jahr 1926. Der Sinn der Heartfieldschen Fotomontage – der Umschlag zeigt eine junge Frau mit hoch geschürztem Rock über eng aneinander liegenden Beinen, hingestreckt auf einem Plüschsofa und angeschmiegt an einen Soldaten, dessen linke Hand deren Oberschenkel streichelt – ist in Verbindung mit dem Buchtitel augenfällig. Diese Direktheit und gleichzeitige Andeutung lassen den staatlichen Zensor auf den Plan treten. Heartfield nun schlägt die Obrigkeit mit Ironie und Spott, indem er den beanstandeten Bildausschnitt mit einem schwarzen Balken überklebt: „Hier hat der Zensor eingegriffen!" beziehungsweise einen Richter, die insinuierte Stelle mit einem Schriftstück zudeckend, einmontiert und ihm den Satz in den Mund legt: „Da muss man ja dazwischen fahren".[30] Seit Anfang der zwanziger Jahre hat sich Heartfield mehr und mehr der Vervollkommnung der Fotomontage gewidmet. Kunststudium und Erfahrungen mit der Plakatmalerei helfen ebenso wie der zwischenzeitliche Abstecher in den Dadaismus und seine Collage-

---

[30] Siehe dazu die entsprechenden Abbildungen in John Heartfield, Leben und Werk, dargest. von seinem Bruder Wieland Herzfelde, Dresden 1971, Abb. 48 – 50.

kunst. Deren Nachdrücklichkeit im Ausdruck bereitet den Boden für die Sprengkraft der Montage. Dazu Wieland Herzfelde aus der intimen Kenntnis der Entwicklung: „Im Gegenteil zur Collage, die ihre Entstehung primär ästhetischer und bald einfach kindlicher Lust an Komposition, Spiel und Ulk verdankte, waren und blieben Fotomontagen von vornherein zweckbestimmt im Sinne von Waren-Werbung oder politischer Aufklärung."[31] Gemeiniglich wird Heartfield als der Erfinder der Fotomontage bezeichnet. Nach Anfängen in der typographischen Gestaltung, in die bereits Bildelemente eingefügt werden[32], konzentriert er sich auf dieses von ihm begründete Genre, wiewohl er auch weiterhin für das Theater arbeitet. Selbstredend verwendet er bei seinen Bühnenbildentwürfen mehr und mehr Elemente der inzwischen erprobten Fotomontage.[33] Im Sog der sich verschärfenden Auseinandersetzungen zwischen den gesellschaftlichen Klassen und Gruppen verlagert sich Heartfields Interesse allerdings auf die politische Zuarbeit zur kommunistischen Arbeiterbewegung. Seine Wahlplakate, seine Titelblätter für die 1921 ins Leben gerufene *Arbeiter-Illustrierte Zeitung* (*AIZ*) oder für *Die Rote Fahne*, das Zentralorgan der KPD, sind Legion. Daß er darüber hinaus für das Layout des Malik-Verlages bis zur letzten Produktion im November 1932 maßgeblich verantwortlich zeichnet, versteht sich fast von selbst. Im Exil, das mit der Machtübergabe an Hitler im Januar 1933 beginnt, setzt er seine ganze Energie ein für die Fortsetzung der in Weimar entwickelten Kunst der Fotomontage. Deren Schlagkraft wird nun besonders gefordert. Heartfield begleitet den Fortgang der nationalsozialistischen Herrschaft weiterhin als Propagandist und Aufklärer, als politischer Gegner – erst von Prag und dann 1938 schließlich von London aus.

Früh hatte er gewarnt. *Deutschland, Deutschland über alles. Ein Bilderbuch von Kurt Tucholsky und vielen Fotografen. Montiert von John Heartfield* legt den Finger in die Wunde, sprich: zeichnet ein Bild von Deutschland und seinen Schattenseiten. Mit scharfem Blick und polemischem Wort werden Mißstände dokumentiert, politische Machenschaften entdeckt und alles

---

[31] Wieland Herzfelde, George Grosz, John Heartfield, Erwin Piscator, Dada und die Folgen – oder Die Macht der Freundschaft, in: John Heartfield, Der Schnitt entlang der Zeit. Selbstzeugnisse, Erinnerungen, Interpretationen. Eine Dokumentation, hrsg. und komm. von Roland März, Dresden 1981, S. 95.
[32] Vgl. dazu z.B. die „Kleine Grosz-Mappe", Hrsg.: Der Malik-Verlag, Berlin 1917.
[33] Einen Höhepunkt markiert hier sicherlich die Piscator-Inszenierung von Friedrich Wolfs Drama „Tai Yang erwacht" am 15. Januar 1931.

der Satire anheimgegeben, denn *Die Zeit schreit nach Satire*.[34] Was dem erstaunten bis erbosten Publikum vorgelegt wird, ist das Ergebnis einer persönlichen Recherche Tucholskys. „Ich habe mir im letzten Jahr vieles in Deutschland angesehen, worüber ich nirgends referiert habe; und was mich erschreckt hat, das ist die Fortdauer einer wilhelminischen Gesinnung, die zwar die Zierate des Gardehelms abgelegt hat, aber in karger neuer Sachlichkeit brutal und kalt Schweinereien verüben läßt, schlimmer als unter dem Seligen, wo durch eine gewisse Bordeaux- oder Biergemütlichkeit manches gemildert wurde."[35] Bei aller Kritik der gesellschaftlichen Verhältnisse, die mit Installierung der Republik mitnichten eine neue soziale Grundlage erhielten, wundert doch die eigentümliche Schlußpassage unter dem Motto „Heimat": „Nun haben wir auf 225 Seiten Nein gesagt, Nein aus Mitleid und Nein aus Liebe, Nein aus Haß und Nein aus Leidenschaft – und nun wollen wir auch einmal Ja sagen. Ja –: zu der Landschaft und zu dem Land Deutschland."[36] Es folgt ein Zeugnis von großer Bewunderung für Schönheit von Land und Leuten; es gipfelt in dem Bekenntnis, daß auch und gerade der, der auf Distanz geht zur „großmäuligen" Verszeile, die dem Buch seinen Titel gab, das Recht habe, Deutschland zu lieben.

Heartfields Montagen sind zu nicht geringem Teil verantwortlich für den zwiespältigen Erfolg des Buches, von links euphorisch begrüßt, von recht mit Haß zur Kenntnis genommen (wobei von der extremen Rechten, der NSDAP, die Namen der Nestbeschmutzer sogleich notiert werden). Schon der Umschlag setzt ein deutliches Signal. Es zeigt das Schreckbild des Deutschen; ineinander geschachtelt sind Zylinder, Pickelhaube, Kaiser-Wilhelm-Bart, Specknacken über Uniform bzw. Stehkragen und um den Hals das Eiserne Kreuz, während auf dem Rücken „brüderlich zusammen hält": Militärsäbel und Polizeiknüppel. Zwischen den Deckeln lösen sich Dokumentarphotos und Photomontagen ab. Gerade dieser Kontrast verleiht dem Buch seinen aufklärerischen Gestus. „Und unter uns, über, zwischen diesen Bildern setzte nun Tucholsky seine kleinen und großen Stücke: Panterhiebe, Tigerbisse,

---

[34] Kurt Tucholsky, op.cit., in: Deutschland, Deutschland über alles. Ein Bilderbuch von Kurt Tucholsky und vielen Fotografen. Montiert von John Heartfield, Reinbek bei Hamburg 1980 (Reprint der Originalausgabe des Neuen Deutschen Verlags von 1929), S. 99 – 107, s. auch Anhang des vorliegenden Buches.

[35] Kurt Tucholsky, Lieber Herr Ihering [Erwiderung an Herbert Jhering, 18. Oktober 1929], in: Deutschland, Deutschland über alles, Anhang.

[36] Kurt Tucholsky, Heimat, in: Deutschland, Deutschland über alles, S. 226.

Wrobelhistörchen."[37] Man mag streiten, wem das Verdienst gebührt beim Herstellen des politischen Verweischarakters dieses Deutschland-Buches. Die Einzigartigkeit von Typographie und Montage spricht für Heartfield. Empörung ruft seine Fotomontage *Tiere sehen dich an* hervor, weil sie mit diesem Titel Köpfe deutscher Offiziere bezeichnet. Es entwickelt sich eine publizistische Kontroverse, an der u.a. Paul Fechter und Jakob Wassermann teilnehmen. Was Fechter als „Antigermanismus" schilt, verbucht Wassermann als „furchtbare Tatsache".[38] Tucholsky selbst kommentiert den Fall so: „Das Blatt *Tiere sehen dich an* ist nicht von mir. Es stammt von dem Bildermann John Heartfield, der das Buch ausgestattet hat. [...] Das ist nicht meine Satire. Es ist mir zu klobig."[39]

Als Heartfield 1913 in Berlin ankommt, will er Maler werden. Früh hat er die Eltern verloren und lebt als Waise bei verschiedenen Familien in Salzburg und Wiesbaden. 1908 geht er nach München auf die Staatliche Kunstgewerbeschule. Erste Kontakte zum harten Geschäft der Werbung macht er in der Reklameabteilung einer Papierverarbeitungsfabrik in Mannheim. Nun in Berlin ist „freischaffender Künstler"[40] sein erklärtes Berufsziel. Er besucht die Charlottenburger Kunst- und Handwerkerschule und studiert Aktzeichnen bei Ernst Neumann. Der Erste Weltkrieg setzt der Ausbildung ein Ende, die Karriere des Monteurs beginnt sich abzuzeichnen.[41] Mit Grosz, dem Freund,

---

[37] Axel Eggebrecht, [Rezension zu] ›Deutschland, Deutschland über alles‹, in: Die literarische Welt, 34/1929, S. 5.

[38] Paul Fechter, Kunstbetrieb und Judenfrage. Ein Vortrag, in: Deutsche Rundschau, Bd. 226, Januar/Februar/ März 1931, S. 42 sowie Jakob Wassermann, [Aus einem Brief an Rudolf Pechel], in: J.W., Rudolf Pechel, Paul Fechner, Briefwechsel zur Judenfrage, in: Deutsche Rundschau, Bd. 226, S. 137 – der Streit ist über diese beiden Stimmen hinaus ausführlich dokumentiert in: Heartfield, Der Schnitt entlang der Zeit, S. 236 – 244.

[39] Kurt Tucholsky, Brief an Jakob Wassermann, 1. März 1931, in: K.T., Ausgewählte Briefe 1913 – 1935, hrsg. von Mary Gerold-Tucholsky und Fritz J. Raddatz, Reinbek bei Hamburg 1962, S. 212.

[40] John Heartfield, Lebenslauf, Leipzig 1951, zit. nach: John Heartfield (Ausstellungskatalog), hrsg. von der Akademie der Künste zu Berlin, der Landesregierung Nordrhein-Westfalen und dem Landschaftsverband Rheinland, Köln 1991, S. 391.

[41] Eigentümlich quer zu der durchgängigen Bewertung von Werk und Persönlichkeit Heartfields als radikal gesellschaftskritisch steht die propagandistische Zuarbeit von Heartfield (und Grosz) fürs Auswärtige Amt um die Jahreswende1917/18 (vgl. dazu: Jeanpaul Goergen, »Soldaten-Lieder« und »Zeichnende Hand«. Propagandafilme von John Heartfield und George Grosz im Auftrag des Auswärtigen Amtes 1917/18, in: Kintop, Jahrbuch zur Erforschung des frühen Films, hrsg. von

kreiert er den Berliner Dadaismus, erklärt den Tod der Kunst und protegiert die Maschinenkunst Tatlins. Den Bruder unterstützt er, indem er als Designer und Layouter für dessen Verlag arbeitet. Sein Ruhm entwickelt sich langsam, aber stetig. Tucholsky notiert dazu: „Wenn ich nicht Peter Panter wäre, möchte ich Buchumschlag im Malik-Verlag sein. Dieser John Heartfield ist wirklich ein kleines Weltwunder."[42] Und längst arriviert. Seine Arbeiten sind in den Auslagen der Buchhandlungen, an Zeitungskiosken und in den Reinhardt-Bühnen wie im Piscator-Theater anzutreffen. Was Heartfields Kunst auszeichnet, sind stilistische Sicherheit und Kreativität. Der heiße Zorn und die bittere Wut, mit der Heartfield den Alltag der Weimarer Republik kommentiert, suchen ihresgleichen. Die Kombination von Kunst und Politik zeitigt einen Meister der besonderen Art: einen Ästheten! Am Gründungstag der KPD tritt er dieser Partei bei. Hätte es eines zusätzlichen Belegs für die politische Haltung des John Heartfield bedurft, hier wäre er. Allein es bedarf nicht dieser demonstrativen Offensichtlichkeit, die Parteinahme Heartfields zu erkennen. Seine Fotomontagen zeigen das Gesicht der herrschenden Klasse. Daß dieser Künstler das den Faschisten überlassene Deutschland verlassen muß, leuchtet ein. Selbstredend arbeitet er auch im Exil weiter an der jetzt um so notwendigeren Aufklärung. Die ebenfalls emigrierte *AIZ* ist das Forum, in dem er sich weiterhin satirisch der Zeitgeschichte widmen kann. In England engagiert er sich im Freien Kulturbund. „Da ich, solange die KPD in England bestand, Mitglied der Partei war, half ich die Parteibeschlüsse im Kulturbund zur Durchführung zu bringen. Ich machte Ausstattungen für verschiedene Vorstellungen auf der Bühne im Kulturbund-Haus, organisierte verschiedene künstlerische Veranstaltungen, Vortragsabende und hielt selbst eine Reihe von Vorträgen, auch an der Deut-

George Grosz, Heartfield-Karikatur, in: Der Knüppel (1924).

Frank Kessler, Sabine Lenk, Martin Loiperdinger, Bd. 3, Basel und Frankfurt a.M. 1994, S. 129ff.

[42] Kurt Tucholsky, Auf dem Nachttisch [1932], in: K.T., Gesammelte Werke, hrsg. von Mary Gerold-Tucholsky und Fritz J. Raddatz, Reinbek bei Hamburg 1960, Bd. III, S. 1004.

schen Hochschule."[43] Erst 1950 kehrt Heartfield nach Deutschland, in die DDR zurück. Der Schöpfer der Fotomontage muß nun erleben, daß seine Kunst unter Formalismusvorwurf gerät. „Auf seinem ureigensten Gebiet, der Fotomontage, die seiner psychisch-künstlerischen Verfaßtheit am meisten entsprach, die er einmalig in Europa vertreten hatte, gab es über Jahre hinweg keine Möglichkeit, weiterzuarbeiten."[44] Alte Freunde, wie Bertolt Brecht und Wolfgang Langhoff, inzwischen Intendant des *Deutschen Theaters*, helfen und laden ihn zur Mitarbeit ein. Ehrungen und Auszeichnungen stellen sich langsam ein. Am 26. April 1968 stirbt John Heartfield nach einem Herzschlag in Ostberlin.

---

[43] Heartfield, Lebenslauf, Leipzig 1950, zit. nach: John Heartfield (Ausstellungskatalog), S. 402 u. 404.
[44] Ilse-Maria Dorfstecher, John Heartfield als Bühnenbildner 1951 bis 1966, in: John Heartfield (Ausstellungskatalog), S. 379.

Dokumentation

George Grosz, Werbezettel für *Der blutige Ernst*, hrsg. von Carl Einstein und George Grosz, 1919.

Carl Einstein, *Café Schulze*, in: *Der blutige Ernst*, 1. Jg. 1919, Nr. 6.

Café Schulze

Eine Bandschleife rädert ein bärtiges (Eigelb) Biergesicht, dessen Auge ein Violinbogen zergeigt. Marmortisch klirrt im Radius von 75 cm durchlöchertes Firmament, worin blondes Bierglas segelt. Ein Fenster wirft Weiber auf glühende Krawatten der Trotteure. Billardqueue koitiert eine Hure. Sie liebkost stechend den weißen Ball. Die Drehtür wirft einen Menschen in das Cello. Angestrengte Sonne verwässert schmalstengligen Sherry-Brandy. Eine Zigarette schlürft Zerrüttung, spiralt das Bein einer 15jährigen, Adagio kuppelt.

Glotzen, ein Brett mit Whisky zerlöchern, ein Brett verleuchten.

Kopf ruht zufrieden in der Bauchschleife einer Matrone. Der Ventilator rollt lächerliche Dessous auf.

Langgedächerter Himmel klext in syntetischem Brillanten, den ein braunes Pferd durchtrabt.

Lärm kugelt Hutgarnituren. Starkstromkerzen leben in einem Reiher.

Kalligraphisch fernes Tier.

Husten zerklopft das Andante, das den Durst verringert.

Die geplatzte E-Saite explodiert, ein Mädchen zur Toilette.

Die zerkrümmte bettelnde Hand kehrt das Lokal um, die Drehtür zerquetscht den nervenkranken Bettler.

Im Aufschrei vergiftet er den Whisky, Haß pfaucht im Cointreau.

© Fannei & Walz Verlag

Jedermann sein eigner Fußball, Illustrierte Halbmonatsschrift, 1. Jg., Nr. 1, 15. Februar 1919.

Die Pleite, 1. Jg., Nr. 3, April 1919
Titelblatt: *Prost Noske! - - das Proletariat ist entwaffnet!*

George Grosz, *Den macht uns keiner nach (Honni soit qui mal y pense – „Made in Germany")*, aus der Mappe *Gott mit uns*, Hrsg. Malik-Verlag, Berlin 1921.

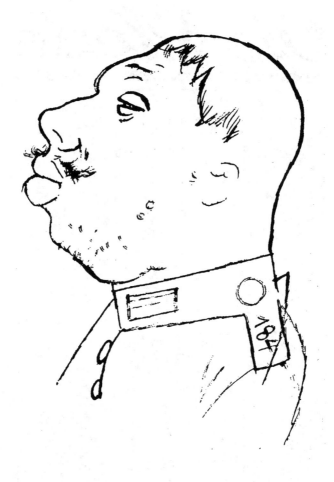

Grosz, Einstein und Heartfield

George Grosz, *Zuhälter des Todes,* aus der Mappe *Gott mit uns,* Hrsg. Malik-Verlag, Berlin 1921.

George Grosz, *Früh um 5 Uhr*, aus der Mappe *Im Schatten*, Hrsg. Malik-Verlag, Berlin 1921.

Die Pleite, Nr. 8, November 1923.
Titelblatt: *Siegfried Hitler: „Ich schlage vor, daß die Leitung der Politik ICH übernehme." „Der morgige Tag findet entweder in Deutschland eine nationale Regierung oder uns tot. Es gibt nur eins von beidem."*

George Grosz, *seid untertan der Obrigkeit*, aus der Mappe *Hintergrund.17 Zeichnungen von George Grosz zur Aufführung des „Schwejk" in der Piscatorbühne*, Hrsg.: Malik-Verlag, Berlin 1928 (Bl. 2).

George Grosz, *Maul halten und weiter dienen*, aus der Mappe *Hintergrund*, Hrsg.: Malik-Verlag, Berlin 1928 (Bl. 10).

John Heartfield mit Polizeipräsident Zörgiebel, Fotomontage für die *Arbeiter-Illustrierte-Zeitung*, Nr. 37, 1929.

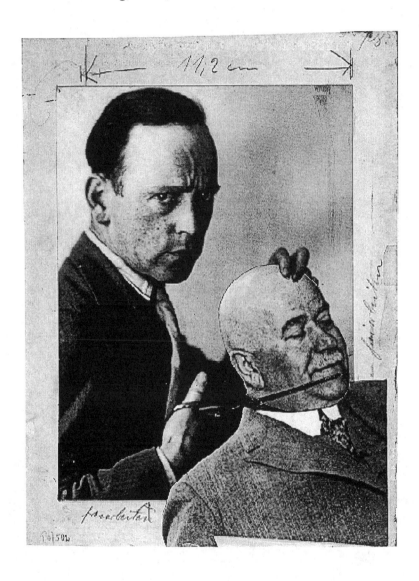

John Heartfield, *Ich kenne nur Paragraphen*, Fotomontage für Kurt Tucholsky, *Deutschland, Deutschland über alles*, Berlin 1929, S. 163.

John Heartfield, *Berliner Redensart*, Fotomontage für Kurt Tucholsky, *Deutschland, Deutschland über alles*, Berlin 1929, S. 176.

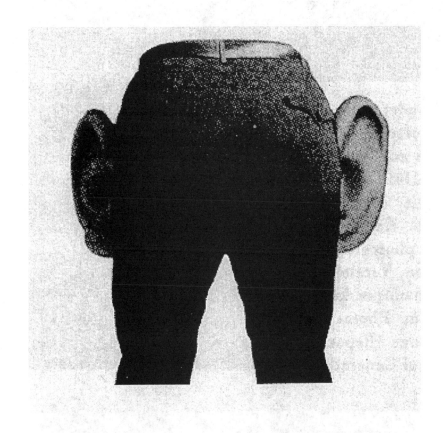

John Heartfield, *Tiere sehen dich an*, in: Kurt Tucholsky, *Deutschland, Deutschland über alles*, Berlin 1929, S. 63.

John Heartfield, *Millionen stehen hinter mir. Der Sinn des Hitlergrusses*, Titelseite der *Arbeiter-Illustrierte-Zeitung*, 16. Oktober 1932.

II. Einblicke:
Die literarische Satire (Kästner und Tucholsky, mit einem Exkurs zum Kabarett)

> Was auch geschieht:
> Nie dürft ihr so tief sinken,
> von dem Kakao, durch den
> man Euch zieht,
> auch noch zu trinken.
>
> Erich Kästner, 1932

Was für die Satire, diese Form beißender Verspottung, gilt: nämlich die Weigerung, sich hübsch übersichtlich in kleine, wohl beschriftete Schubladen einordnen zu lassen durch Wissenschaftler, die sie zum Untersuchungsgegenstand gewählt haben, gilt augenscheinlich ebenso für denjenigen, der die Satire zu seinem Metier erkoren hat, gilt also auch und besonders für den Literaten. Er sitzt zwischen allen Stühlen. Erich Kästner, der wie kein Zweiter für diese umgangssprachliche Redewendung[1] einstehen kann, da er selbst sie aufgegriffen und nur leicht verändert zum Titel seines vierten Gedichtbandes, *Gesang zwischen den Stühlen* (1932), bestimmt hat, ist einer der Autoren Deutschlands, die aufgrund ihres Werks und ihres Lebens von anderen schwerlich eindeutig klassifiziert werden können – dies nicht nur nicht zu Lebzeiten, sondern auch nicht nach dem Tode. Für Kinder hat er geschrieben, ja! Und sonst? Um mit Kästner zu sprechen: „Was aber soll man nun mit jemanden anfangen, der neben satirischen Gedichtbänden, worin die Konventionen der Menschheit entheiligt und ‚zersetzt' werden, wie es seinerzeit offiziell hieß und gelegentlich auch heute noch heißt – der neben solchen Injurien Kinderbücher geschrieben hat, denen die Erzieher Anerkennung und die Erzogenen Begeisterung entgegenbringen? Wie soll man dieses Durcheinander an Gattungen und Positionen zu einem geschmackvollen Strauße binden? Wenn man es versuchte, sähe das Ganze [...] aus wie ein Gebinde aus Gänseblümchen, Orchideen, saure Gurken, Schwerlilien, Mak-

---

[1] Kästner beschreibt sich selbst in dem Gedicht „Kurzgefaßter Lebenslauf" folgendermaßen: „Ich setze mich gerne zwischen Stühle. / Ich säge an dem Ast, auf dem wir sitzen. / Ich gehe durch die Gärten der Gefühle, / die tot sind, und bepflanze sie mit Witzen." In: Erich Kästner, Kästner für Erwachsene, Zürich 1983, Bd. I, S. 182.

karoni, Schnürsenkeln und Bleistiften."² Kästner blieb ein Schriftsteller, der zu keiner Partei gehört hat und trotzdem immer Partei ergriff, ein Pädagoge, ein Schulmeister, Idealist und Moralist im Berlin der zwanziger Jahren. Letztendlich machte er es sich ‚zwischen den Stühlen' bequem. Unumstritten ist: Erich Kästner ist noch heute in Deutschland ein von seinen ‚bekennenden' Lesern geliebter und unvergessener Schriftsteller. Dessen Popularität liegt allerdings vornehmlich in dem großen und dauerhaften Erfolg von Kinderbüchern begründet. Denn wer kennt nicht *Emil und die Detektive*, *Das doppelte Lottchen* oder *Pünktchen und Anton*? Im Schatten des berühmten Kinderbuchautors steht der Romancier und Lyriker, heute weniger bekannt, bei seinen Zeitgenossen jedoch wegen seines zeitsatirischen Gestus sehr geschätzt und trotzdem angefeindet. Als „Zuschauer im Parkett des Alltags, ein eigenwilliger Abonnent im Theater der Welt"³, schuf er eine literarische Publizistik⁴, die in allen Bereichen seine Handschrift trägt. Er war „Volksfreund und Weltpatriot, der nichts anderes tat, als cultiver son jardin, aber sein Garten war die humane Welt. Die Bäume in seinem Garten waren von Lessing und Heine gepflanzt. Die Blumen in seinem Garten stammten von Friedrich Schiller und Heinrich Mann, von Wedekind und Carl Sternheim. Aber der ganze Garten glich ihm selber und sah aus wie Erich Kästner. Er war ganz frische Natur, wie ein englischer Garten, epigrammatisch wie ein französischer Garten, und voller Poesie, simpel und üppig wie deutsche Bauerngärten."⁵

Solch erfülltes und durch die herangezogenen literarischen Heroen geadeltes Leben, welches Hermann Kesten mit den eben zitierten Sätzen wohl in Anlehnung an Kästners Studium der französischen und deutschen Literatur, Philosophie, Geschichte und Theaterwissenschaft in Leipzig, Rostock und Berlin so metaphernreich beschreibt, nimmt seinen Anfang in Dresden. Die Eltern, Emil und Ida Amalia Kästner, befördern schon früh die Persönlichkeit ihres 1899 geborenen Sohnes. Sie selbst teilen das Schicksal mit

---

[2] Erich Kästner, Kästner über Kästner, in: Das Kästner Buch in Texten und Bildern. Von und über Erich Kästner, hrsg. von Sylvia List, München 1986, S. 379.
[3] Vgl. Hermann Kesten, Wir, die Erben der Toten. Grabrede auf Erich Kästner. In: Das Kästner Buch, S. 535.
[4] Vgl. dazu die zweibändige Ausgabe „Literarische Publizistik 1923 – 1933", hrsg. von Alfred Klein, Zürich 1989. Klein versammelt dort zum ersten Mal die von Kästner für die „Neuen Leipziger Zeitung" geschriebenen Feuilletonbeiträge.
[5] Kesten, Wir, die Erben der Toten, S. 532.

vielen ihrer Generation: Der „Vater"[6], der als selbständiger Sattlermeister infolge fortschreitender Industrialisierung gescheitert war und fortan schlecht bezahlt in einer Kofferfabrik arbeiteten mußte, verkörpert das typische Los eines deklassierten Mittelständlers. Die Mutter dagegen kämpft ehrgeizig darum, ihrem Sohn die Möglichkeit zu bieten, aus dem proletarisierten beziehungsweise abgewirtschafteten Kleinbürgertum aufzusteigen. Noch als Vierunddreißigjährige erlernt sie den Friseurberuf, um dem kleinen Erich – unter täglichen Entbehrungen – Klavierunterricht, Theater- und Opernbesuche und sogar Reisen bieten zu können; dies Besonderheiten, die eher für die bürgerliche Klasse üblich sind. So sind die Dresdener Jugendjahre also geprägt durch den sozialen Abstieg des Vaters einerseits und den unerschütterlichen Willen der Mutter andererseits, ihrem Sohn trotz finanzieller Not jene Schul- und Allgemeinbildung zu ermöglichen, die ein späteres Studium erfolgversprechend erscheinen läßt. In seiner Autobiographie *Als ich ein kleiner Junge war* erinnert sich Kästner an den hohen Anspruch der Mutter, den zu ertragen er früh lernen mußte: „All ihre Liebe und Phantasie, ihren ganzen Fleiß, jede Minute und jeden Gedanken, ihre gesamte Existenz setzte sie fanatisch wie ein besessener Spieler, auf eine einzige Karte, auf mich. [...] Die Spielkarte war ich. Deshalb mußte ich gewinnen."[7] Der folgsame Sohn weiß nur zu gut, was das für ihn bedeutet: „Da sie die vollkommene Mutter sein wollte und war, gab es für mich, die Spielkarte, keinen Zweifel: Ich mußte der vollkommene Sohn werden."[8] Daß er dem familiären psychologischen Druck standgehalten und die in ihn gesetzten Hoffnungen nicht enttäuscht hat, belegt sehr eindringlich seine akademische Karriere, von der literarischen ganz zu schweigen.

Bevor jedoch die universitäre Laufbahn beginnt, ist der Erste Weltkrieg zu überstehen. Als 18jähriger zum Kriegsdienst bei einer Einjährig-Freiwilligen Kompanie der schweren Artillerie eingezogen, wird Kästner als Offiziersanwärter einer derart brutalen und despotischen Schnellausbildung unterzogen, daß dieser zeit seines Lebens von einem Herzleiden befallen ist. Nach der Entlassung aus dem Lazarett bleibt Kästner der Fronteinsatz zwar

---

[6] Emil Kästner war offensichtlich nicht der leibliche Vater; neuere Forschungen belegen, daß Sanitätsrat Dr. Emil Zimmermann der Erzeuger des Erich war (vgl. dazu: Franz Josef Görtz, Ein Hausbesuch mit weitreichenden Folgen. Neue Forschungen zu Erich Kästners Vater: Es war der Arzt der Familie, in: Frankfurter Allgemeine Zeitung, 4. September 1998).

[7] Erich Kästner, Als ich ein kleiner Junge war. Vom kleinen Einmaleins des Lebens, in: Das Kästner Buch, S. 35.

[8] Ebd.

erspart, aber die bitteren Erfahrungen und traumatischen Kriegserlebnisse seiner Kameraden haben sich Kästner nachhaltig eingeprägt. In zahlreichen Versen beschreibt der *Primaner in Uniform* das Grauen des Krieges: „[...] Der Rochlitz starb im Lazarett. / Und wir begruben ihn dann. [...] Wir saßen oft im Park am Zaun. / Nie wurde mehr gespaßt. Inzwischen fiel der kleine Braun. / Und Koßmann wurde vergast. [...] Wir dachten an Rochlitz, Braun und Kern. / Der Rektor wünschte uns Glück. / Und blieb mit Gott und den anderen Herrn / Gefaßt in der Heimat zurück."[9] In diesen Zeilen erkennt man unschwer schon den menschenfreundlichen Zyniker, der spätestens jetzt zu der Gruppe von Literaten stößt, die politische Inhalte direkt zum Gegenstand ihrer Darstellung machen. „Dann gab es Weltkrieg statt der Großen Ferien. / Ich trieb es mit der Fußartillerie. / Dem Globus lief das Blut aus den Arterien. / Ich lebte weiter. / Fragen Sie nicht wie."[10] In dem Gedicht *Sergeant Waurich* führt Kästner einen seiner strengsten Ausbilder und dessen unmenschliche Ausbildungsmethoden gleichsam vor: „Er war ein Tier und er spie und schrie / und Sergeant Waurich hieß das Vieh."[11] Diese Strophen sind mehr als eine literarische Abrechnung; exemplarisch zeigt Kästner den bestialischen Charakter des Krieges und die animalische Verhaltensweise der vom Machttrieb Besessenen. Sarkastisch konstatiert der Autor: „Wenn wir den Krieg gewonnen hätten, mit Wogenprall und Sturmgebraus, / dann wäre Deutschland nicht zu retten und gliche einem Irrenhaus. [...] Dann läge die Vernunft in Ketten. Und stünde stündlich vor Gericht. Und Kriege gäb's wie Operetten. Wenn wir den Krieg gewonnen hätten – zum Glück gewannen wir ihn nicht!"[12] Zu einem seiner berühmtesten Gedichte zählt *Jahrgang 1899*. Es ist in der Anthologie *Herz auf Taille* von 1928 veröffentlicht und kann als persönliches und zugleich als Bekenntnis seines Jahrgangs verstanden werden. In einfacher Sprache, ohne zu vereinfachen, zeichnet Kästner das Portrait einer desillusionierten Generation. Verse, die beim Lesen einen bitteren (Nach-)Geschmack hinterlassen, denn das Gefühl der Vergeblichkeit, eines ungelebten Lebens beschleicht den Leser um so stärker, je klarer die Sprache gehalten ist: „Wir haben die Frauen zu Bett gebracht / als die Männer in

---

[9] Erich Kästner, Primaner in Uniform, in: E.K., Schriften für Erwachsene, Bd. I, S. 186.
[10] Erich Kästner, Kurzgefaßter Lebenslauf, in: E.K., Schriften für Erwachsene, Bd. I, S. 181.
[11] Erich Kästner, Sergeant Waurich, in: E.K., Schriften für Erwachsene, Bd. I, S. 104.
[12] Erich Kästner, Die andere Möglichkeit, in: E.K., Gedichte, Zürich 1992, S. 232.

Frankreich standen. Wir hatten uns das viel schöner gedacht. Wir waren nur Konfirmanden."[13] Die Schärfe des Gedichts resultiert aus einer bewußten Blickverschiebung: Die Welt der Erwachsenen wird mit den Augen eines Heranwachsenden gesehen. Die vermeintlich unschuldige Jugend ist beendet, ehe sie noch recht begann. Die Erben der kriegführenden Väter werden ungefragt in deren Rolle gedrängt und müssen notgedrungen Verantwortung übernehmen, ohne allerdings darauf vorbereitet worden zu sein. Kästners Beschreibung „Man hat unsern Körper und hat unsern Geist ein wenig zu wenig gekräftigt" mutet fast als Entschuldigung für die jugendliche Unerfahrenheit an, würde nicht gerade in der Verdopplung des „wenig" die umgangssprachliche Verschmelzung von Zorn und Wehmut verborgen liegen. Der bittere Ernst der Erkenntnis kulminiert in der Doppeldeutigkeit des „zu wenig". In dem Gedicht *Kennst Du das Land, wo die Kanonen blühen?*, ebenfalls in *Herz auf Taille* erschienen und ebenfalls – wohl wegen der Anspielung auf Goethes Bildungsroman *Wilhelm Meisters Lehrjahre*[14] – eines seiner bekanntesten Gedichte, wird die Perspektive genau umgekehrt: Hier warnt der Vater die Kinder Deutschlands vor dem nächsten Krieg. Kästner überträgt die Welt des Militärs auf die scheinbar so harmlose der Angestellten. Den Leser ereilt die frappierende Erkenntnis, daß in beiden eine Disziplinierungsinstanz versteckt liegt, die den gesunden Menschenverstand auf doktrinäre Weise lähmt: „Wenn dort ein Vorgesetzter etwas will / – es ist sein Beruf etwas zu wollen – steht der Verstand erst stramm und zweitens still. Die Augen rechts! Und mit dem Rückgrat rollen."[15] Vom Standpunkt des melancholischen Beobachters Kritik zu üben an Landsleuten und Zeitgeschichte, dazu fühlt sich Kästner berufen. „Die Welt ist ein Theaterstück. Spielt eure Rollen gut! Ihr spielt ums Leben. / Seid Freund! Habt Macht! Habt Glück! Ich spiel nicht mit. In jedem Stück / muß es auch Menschen, die bloß zuschaun, geben. / Und wenn das Stück mißfällt, so laßt mich schließen, ist das noch längst kein Grund, aufs Publikum zu schießen."[16] Seine Lyrik zeigt, daß es ihm um mehr als um bloßes Herummäkeln geht. Dieser Poet bezieht sich auf vielfältige Traditionen: Als „Urenkel der deutschen Aufklä-

---

[13] Erich Kästner, Jahrgang 1899, in: E.K., Schriften für Erwachsene, Bd. V, S. 43.
[14] Johann Wolfgang von Goethe, Wilhelm Meisters Lehrjahre, in: Goethes Werke. Hamburger Ausgabe in 14 Bden., Hamburg 1955, Bd. II (Romane und Novellen), S. 145.
[15] Erich Kästner, Kennst du das Land, wo die Kanonen blühen, in: E.K., Schriften für Erwachsene, Bd. I, S. 60.
[16] Erich Kästner, Stimmen von der Galerie, in: E.K., Gedichte, S. 514.

rung"[17] entlarvt und desavouiert Kästner die Unzulänglichkeiten der Gesellschaft, um letztlich eines deutlich herauszuarbeiten: Rettung verbürgt allein die Inkraftsetzung der Vernunft. Lyrik wird bei Kästner „gereimte Vernunft", mittels derer über politische und gesellschaftliche Mißstände aufgeklärt werden soll. „Dabei sagte er, was mancher gedacht und keiner zu sagen gewagt hat"[18], und stellt eher beiläufig noch „die Dummheit, die Bosheit, die Trägheit und verwandte Eigenschaften an den Pranger. Er hält den Menschen einen Spiegel, meist einen Zerrspiegel vor".[19] Da die Protagonisten seiner Gedichte den Lesern anverwandelt sind, ergibt sich eine Erkenntnis fördernde Nähe des Textes zur tagtäglichen Erfahrung der Zeitgenossen. Fabrikant, Bischof, Bäckermeister, Beamtenwitwe, Lohnbuchhalterin, verlassenes Mädchen, einsamer Junggeselle – in Kästners Zeilen finden sich alle wieder. Die Banalitäten des gemeinen Lebens und seiner Zeitgenossen werden überhöht durch den lyrischen Ausdruck. Entgegen der sprichwörtlichen Vieldeutigkeit jeder Lyrik sprechen Kästners Verse von realer Gegenwart. Das Hier und Jetzt, der Alltag, die kleinen und großen Freuden sind Themen der Kästnerschen Sprach-Dichtung. Es scheint, daß dieser Schriftsteller dem Volk beständig aufs Maul schaut und sich nicht scheut, ihm mit Ironie und freundlichem Spott Stimme zu verleihen. Als „lyrischer Reporter seines Zeitalters"[20] wird er bezeichnet, als „Gebrauchslyriker" bezeichnet sich Kästner selbst, denn, „daß jemand ausspricht, was ihn bewegt und bedrückt – und andere mit ihm –, ist nützlich."[21] Der Gebrauchswert entscheidet, wertet die Rolle des Literaten im neusachlichen Getriebe der Kunst auf. „Die Lyriker haben wieder einen Zweck. Ihre Beschäftigung ist wieder ein Beruf. Sie sind zwar nicht so notwendig wie die Bäcker und Zahnärzte; aber nur, weil Magenknurren und Zahnreißen deutlicher Abhilfe fordern als nichtkörperliche Verstimmungen. Trotzdem dürfen die Gebrauchspoeten ein bißchen froh sein. Sie rangieren unmittelbar nach den Handwerkern."[22] Der Dichter als Handwerker? Oder doch eher als Arzt für die „Hautkrankheit des Erdenballs"?[23] Nach Kästners Selbstverständnis gelte es zunächst, gesellschaftliche Wider-

---

[17] Erich Kästner, Kästner über Kästner, in: Das Kästner Buch, S. 380.
[18] Kesten, Wir, die Erben der Toten, S. 530.
[19] Erich Kästner, Kleine Sonntagspredigt. Vom Sinn und Wesen der Satire, in: E.K., Gesammelte Schriften, Bd. V, Vermischte Beiträge, Köln 1959, S. 119.
[20] Hermann Kesten, Meine Freunde die Poeten, München 1959, S. 358.
[21] Erich Kästner, Prosaische Zwischenbemerkung, in: E.K., Gedichte, hrsg. von der Büchergilde Gutenberg, Frankfurt a. M. 1992, S. 182.
[22] Ebd.
[23] Kästner, Schriften für Erwachsene, Band I, S. 191.

sprüche allgemein-verständlich beim Namen zu nennen, um über literarische Satire problematische Sachverhalte bewußt zu machen. Nur die Einsicht eines jeden einzelnen könne zur Veränderung führen.²⁴ Der Dichter, ein Weltverbesserer? Kästner gibt sich bescheiden. „Die Welt verändern und verbessern, heißt: den einzelnen Menschen ändern und bessern. Da es zwei Milliarden Menschen gibt, liegt die Lösung der Aufgaben im Unendlichen. Daß sie im Unendlichen liegt, wird den Moralisten nur in seinen schwachen Stunden entmutigen. Daß sie mit jedem einzelnen Menschen zu tun hat, wird den Moralisten jederzeit befeuern."²⁵ Einen Wechsel auf Erfolg kann Kästner nicht ausstellen. Jedoch nicht Vergeblichkeit ist Grund für diese Zurückhaltung, sondern das Wissen darum, daß es kaum eindeutige Strategien für positive gesellschaftliche Veränderungen gibt. So bleibt denn die oft zitierte Frage „Herr Kästner, wo bleibt das Positive?" eine rein rhetorische.

Erich Ohser, Erich Kästner (1930)

Der Moralist als Satiriker wird zum Idealisten als Gebrauchspoet. Den Begriff „Gebrauchslyrik" hat Kästner von dem Schriftsteller und Publizisten Rudolf Frank entlehnt. Frank hatte einst erklärt, der Erfolg der Kästner-Lyrik liege darin begründet, daß dessen Verse dort gelesen würden, wo sie aufgefangen wurden: im Lärm auf der Straße, in der Bahn. Man höre sie an den Tischen des Kabaretts, man gebrauche sie als Fernglas, Lupe oder Zeitraffer, um besser, tiefer, rascher zu sehen; man genieße die Strophen, Zeilen, Reime wie beim Boxkampf den Schlag, den Stoß und die Finte. Diese aktuelle „Gebrauchslyrik [...] überläßt das sentimentale und poetische Genre den Lesebüchern und den Verfertigern von Tanzschlagern".²⁶ So zählen Kästners Prosa und seine Verse, gerade weil sie Gebrauchslyrik²⁷ sind, in einschlägi-

---

24 Kästner, Kleine Sonntagspredigt, S. 119.
25 Erich Kästner, Hermann Kestens »Glückliche Menschen«, in: E.K., Schriften für Erwachsene, Band VIII, S. 202.
26 Rudolf Frank zitiert nach Hans Wagener, Erich Kästner [Reihe Köpfe des 20. Jahrhunderts], Berlin 1973, S. 36.
27 Vgl. auch Hermann Kesten, Einleitung, Bd. 1, S. 25: „Die ‚Gebrauchslyrik' gehört zum Programm der ‚Neuen Sachlichkeit', der Gegenbewegung zum Expressionismus; sie parodiert mit der Mischung von Volkslied und Chanson, Bän-

gen Nachschlagewerken nicht zufällig zur „Neuen Sachlichkeit".[28] Diese Bezeichnung meint zunächst eine künstlerische Haltung, die dem Verismus sich verschrieben hat. Die gesellschaftliche Realität wird nach ihrer ungeschönten Seite zum Ausdruck gebracht, wobei sicherlich beim Autor eine gewisse oberflächensymptomatologische Grundstimmung festzustellen ist. Und genau an diesem Punkt formuliert sich ernsthafter Einspruch. Der wohl meist zitierte Essay, der diesen argumentativ zu begründen versucht, stammt von Walter Benjamin. Sein Titel *Linke Melancholie* (1931) droht inzwischen zu einem Schlagwort zu verkommen. So positiv Rudolf Frank Kästners Lyrik charakterisiert, so eindeutig verurteilt sie Benjamin. Kästners Lyrik und damit seine Gesellschaftskritik fußten nicht eigentlich auf der Analyse gesellschaftlicher Verhältnisse, sondern seien „Gliederverrenkungen" eines „linksradikalen Publizisten", der Kritik und Erkenntnis nicht wirklich formulieren könne oder gar wolle. Dieser Mangel sei für seine Lyrik fatal: Sie verfalle dem Amüsement, wo sie doch Schlagkraft suggeriere. Benjamin sieht Kästners Erfolg als Folge einer heimlichen Ähnlichkeit der saturierten Bürger, „jene[r] traurigen schwerfälligen Puppen, deren Weg über Leichen geht"[29], mit den Figuren in seinen Gedichten. „Die Beliebtheit dieser Gedichte", so Benjamin, „hängt mit dem Aufstieg einer Schicht zusammen, die ihre wirtschaftliche Machtpositionen unverhüllt in Besitz nahm und sich wie keine andere auf die Nacktheit, die Maskenlosigkeit ihrer ökonomischen Physiognomie etwas zugute tat."[30] Der Vorwurf der Mimikry, hier nimmt er seinen Anfang. Benjamin scheut keine starken Worte, um Kästner vernichtend zu treffen: „Die Abstände zwischen seinen Strophen sind in ihrem Nacken die Speckfalten, seine Reime ihre Wulstlippen, seine Zäsuren Grübchen in ihrem Fleisch, seine Pointen Pupillen in ihren Augen."[31] Fast glaubt man sich erinnert an George Grosz und seine Blätter, die den Zeitgenossen so überdeutlich zu Leibe rücken. Es ist gerade diese Offensichtlichkeit, die Benjamins Reserve gegen Kästner begründet. Darüber nämlich gehe radikale Kritik verloren; dessen Lyrik sei nurmehr „Umsetzung revolutionärer Reflexe"[32], ohne wirk-

---

kelsang und Kabarett; es ist eine zelebrale Lyrik mit programmatischer Nachlässigkeit."
[28] Vgl. von Wilpert, Sachwörterbuch der Literatur, S. 619, Kindlers Neues Literaturlexikon, hrsg. von Walter Jens, München 1990, Band 9, S.16f. und Renate Benson, Erich Kästner. Studien zu seinem Werk, Bonn 1973, S. 110.
[29] Benjamin, Linke Melancholie, S. 283.
[30] Ebd., S. 279.
[31] Ebd.
[32] Ebd., S. 281.

II. Einblicke 81

lich revolutionär zu sein. Als Walter Benjamin 1931 seine Rezension schreibt, ist Erich Kästner ein bedeutender Mann: Sein ironischer Kommentar *Max und sein Frack* über die Geldentwertung, den er spaßeshalber an das *Leipziger Tageblatt* schickte, wird für ihn zur Eintrittskarte ins Metier des Journalismus. Kästner arbeitet fortan an drei Magazinen mit: *Der Die Das*, *Das Leben* und *Die große Welt*. 1925 mit Auszeichnung promoviert, veröffentlicht Kästner satirische Gedichte, politische Glossen, Reportagen, Feuilletons, Theater- und Kunstkritiken in der *Weltbühne*, im *Tagebuch*, in der *Vossischen Zeitung*, im *Berliner Tageblatt*, in den *Dresdner Neuesten Nachrichten* und im *Prager Tageblatt*. Der junger Autor macht sich schnell einen Namen und festigt seine Stellung als Redakteur bei der *Neuen Leipziger Zeitung*, da insbesondere seine Kritiken von einem breiten Publikum mit großem Interesse verfolgt werden.[33]

Anfang der zwanziger Jahre lernt Kästner während seiner Tätigkeit bei der *Plauener Volkszeitung* Erich Ohser kennen, den „großen Erich", wie er von Freunden genannt wird. Das von den Nationalsozialisten erzwungene Pseudonym „e.o. plauen", unter welchem der talentierte, mit Berufsverbot bedrohte Zeichner ab 1934 durch die Serie *Vater und Sohn* berühmt wird, ist noch heute – Ironie des Schicksals – sein Markenzeichen. 1903 in einem Flecken im Voigtland geboren, Absolvent der Akademie für graphische Künste und Buchgewerbe in Leipzig, schließlich von Erich Knauf, dem Redakteur der *Plauener Volkszeitung*, entdeckt, zeichnet Ohser in Werbeschriften und Broschüren, entwirft Plakate für die Sparkasse, das Stadttheater, den Zoo, für eine Seifen- und Parfümfirma und andere Auftraggeber mehr. Das Künstlertrio der drei Erichs ist geboren: Kästner schreibt, „was das Zeug [hält]"[34], Erich Ohser illustriert, und Erich Knauf vermittelt Aufträge. 1927 erscheint in der *Plauener Volkszeitung* Kästners anzügliches und zweideutiges Spott-Gedicht *Das Abendlied des Kammervirtuosen*. Daß gerade in dem Jahr Beethovens 100. Geburtstag[35] begangen wird, ist dem Lyriker Kästner nicht präsent. Für den Illustrator Ohser und den Autor bedeutet diese vermeintliche Despektierlichkeit nach der Auffassung von Dr. Marguth, dem Direktor der *Plauener Volkszeitung*, die fristlose Entlassung. Kästner wird

---

[33] Luiselotte Enderle, Erich Kästner, hrsg. von Kurt Knusenberg, Reinbek bei Hamburg 1966, S. 48.
[34] Erich Kästner, Erich Ohser aus Plauen, in: E.K., Gesammelte Schriften, Bd. V, S. 560.
[35] Das Gedicht beginnt mit den Zeilen: „Du meine Neunte, letzte Symphonie! Wenn Du das Hemd hast mit roten Streifen [...]"

allerdings sogleich von der *Neuen Leipziger Zeitung* das Angebot unterbreitet, für sie als Theaterkritiker nach Berlin zu gehen. Der „große Erich" und der „kleine Erich"[36] verlassen also Leipzig, um in der großen Welt Berlins ihr Glück als Zeichner und als freier Schriftsteller zu versuchen.[37] Und sie haben Glück! Der also erfolgreiche Schriftsteller kann von der Invektive des Walter Benjamin nicht eigentlich überrascht sein. Denn von links betrachtet, ist politisches Engagement nur dann politisch wirksam, wenn es ganz links kommt. Und da scheint Kästner nicht zu stehen. Die Nationalsozialisten sehen das ganz anders. Sie lassen am 10. Mai 1933 auf dem Opernplatz in Berlin Kästners Bücher verbrennen. Daß Kästner dann mit einem Publikationsverbot belegt wird, ist nur Folge der neuen ‚Kulturpolitik'. Kästner emigriert nicht. Warum er bleibt, erläutert er eher lapidar als „notwendige Antwort auf überflüssige Fragen": „Ich bin ein Deutscher aus Dresden in Sachsen. / Mich läßt die Heimat nicht fort. / Ich bin wie ein Baum, der – in Deutschland gewachsen – / wenn's sein muß, in Deutschland verdorrt."[38] Mit dem Ende des Nationalsozialismus ist gerade Kästner für die Alliierten beim Wiederaufbau eines demokratisch verfaßten Deutschland ihr Mann der ersten Stunde. Er verkörpert das liberale Gewissen, das er unbeschädigt über die Zeit der nationalsozialistischen Katastrophe hinübergerettet zu haben scheint. Er ist einer der Publizisten und Literaten, denen sogleich Verantwortung übertragen wird. Er arbeitet in leitender Funktion am Feuilleton der Münchner *Neuen Zeitung*. Auch als öffentliche Person werden seine Worte vernommen: So äußert er sich zum Beispiel sehr kritisch über den „deutschen Atomfeuereifer".[39] Als Kästner 1974 stirbt, ehrt ihn die junge Republik als streitbaren, wenngleich auch ein wenig resignativen Repräsentanten der Vätergeneration.

„Satiriker können nicht schweigen, weil sie Schulmeister sind. Und Schulmeister müssen schulmeistern. Ja, und im versteckten Wald ihres Herzens blüht schüchtern und trotz allem Unfug der Welt die törichte, unsinnige Hoffnung, daß die Menschen vielleicht doch ein wenig, ein ganz klein wenig besser werden könnten, wenn man sie oft genug beschimpft, bittet, beleidigt

---

[36] Lieselotte Enderle, Damals in Leipzig ..., in: Das Kästner Buch, S. 58.
[37] Vgl. Erich Kästner, Einiges über Kinderbücher, in: Das Kästner Buch, S. 90.
[38] Erich Kästner, Notwendige Antwort auf überflüssige Fragen, E.K., Gedichte, Zürich 1992, S. 513.
[39] Erich Kästner, Gegen einen deutschen Atomfeuereifer, in: Kästner für Erwachsene, hrsg. von Rudolf Walter Leonhardt, Frankfurt a. M. 1966, S. 518.

II. Einblicke 83

und auslacht. Satiriker sind Idealisten."[40] Ob Tucholsky diese Art von Pädagogik mitgetragen hätte? Das gemütlich Betuliche Kästners kann dessen Sache nicht sein. Kurt Tucholsky war Dichter, Publizist und – dabei immer – Polemiker. Nun ist Polemiker im eigentlichen Sinne keine Berufsbezeichnung. Er war ein Meister der Satire. Und doch war er mehr als das: Er war ein Moralist in schlimmen Zeiten. Sein Sprachwitz, die Geschliffenheit seiner Sätze und der scharfe Ton seiner Ironie bestachen die Zeitgenossen und bestechen noch heute seine Leser. Darüber hinaus gilt Kurt Tucholsky den Nachgeborenen geradezu als Inbegriff des streitbaren und unbestechlichen Gesellschaftskritikers, der aufschrieb und damit öffentlich machte, was die Geschichte von Weimar in seinen Augen war: ein verschlungener Weg in die Katastrophe. Nicht nur die klassische Form des politischen Journalismus handhabt er mit großer Souveränität; unter seiner Feder gerät selbst das Gedicht zu einem Stück aufklärerischer Literatur. Die Lyrik für den Tag, aktuell, spritzig und anklagend, geschrieben für die Zeitung, geht ihm offensichtlich schnell von der Hand. Aber die Verse sind deshalb durchaus nicht ohne politischen Sinn und Bedeutung. Hier das Beispiel *Rosen auf den Weg gestreut* aus dem Jahre 1931:

> Ihr müßt sie lieb und nett behandeln
> Erschreckt sie nicht – sie sind so zart!
> Ihr müßt mit Palmen sie umwandeln,
> Getreulich ihrer Eigenart!
> Pfeift eurem Hunde, wenn er kläfft –:
> Küßt die Faschisten, wo ihr sie trefft.
>
> Wenn sie in ihren Sälen hetzen,
> Sagt: „Ja und Amen – aber gern!
> Hier habt ihr mich – schlagt mich in Fetzen!"
> Und prügeln sie, so lobt den Herrn.
> Denn Prügeln ist doch ihr Geschäft!
> Küßt die Faschisten, wo ihr sie trefft.
>
> Und schießen sie –: du lieber Himmel,
> Schätzt ihr das Leben so hoch ein?
> Das ist ein Pazifisten-Fimmel!
> Wer möchte nicht gern Opfer sein?
> Nennt sie: die süßen Schnuckerchen

---

[40] Erich Kästner, Bei Durchsicht meiner Bücher, in: E.K.:, Gesammelte Schriften für Erwachsenen, Bd. VIII, S. 199f.

> Gebt ihnen Bonbons und Zuckerchen ...
> Und verspürt ihr auch
> In eurem Bauch
> Den Hitler-Dolch, tief, bis zum Heft – :
> Küßt die Faschisten, küßt die Faschisten,
> Küßt die Faschisten, wo ihr sie trefft – ![41]

Diese Strophen sind deutlich genug; sie spielen an auf groteske Anbiederungsversuche, namentlich der Kommunisten, an den Nationalsozialismus.[42] Der Kehrreim nimmt die KPD-Parole: „Schlag die Faschisten, wo ihr sie trefft!" auf und stellt damit die politischen Wechselbäder der Kommunisten in der, wie man heute weiß, Endphase der Weimarer Republik bloß. Die NSDAP war sicherlich der Hauptgegner der kommunistischen Partei; gleichwohl scheute diese nicht davor zurück, gelegentliche Allianzen mit den Faschisten[43] einzugehen (vgl. dazu z.b. den Berliner Verkehrsarbeiterstreik von 1932) einzugehen, auch um von dem um sich greifenden Nationalismus zu profitieren.[44] Gleichzeitig forcierte sie den Kampf gegen die „kapitalfreundliche" SPD und folgte damit einer Anweisung der Kommunistischen Internationale, die nämlich in Verkennung der historischen Lage vor Ort ihren deutschen Ableger aufgefordert hatte, die Sozialdemokratie – nach einer Formulierung von Stalin: der Zwillingsbruder des Nationalsozialismus – anzugehen. Das Ergebnis dieser abstrusen Politik ist allgemein bekannt. Eine gespaltene Arbeiterschaft mußte 1933 kampflos den wirklichen Faschisten die Macht im Reich überlassen; das Schicksal der ersten deutschen Republik und mit ihr das Schicksal der reformistischen wie kommunistischen Arbeiterbewegung war besiegelt.

Tucholsky nimmt kein Blatt vor den Mund, jedes schriftstellerische Mit-

---

[41] Kurt Tucholsky, Rosen auf den Weg gestreut (Die Weltbühne, 31. März 1931), in: K.T., Gesammelte Werke, hrsg. v. Mary Gerold-Tucholsky und Fritz J. Raddatz, Bd. 9, Reinbek b. Hamburg 1975, S. 162f.

[42] Günter Dallmann verdanke ich (H.H.) den Hinweis auf eine mißverständliche, weil falsche Bezüge herstellende Passage in meinem Text „Kurt Tucholsky: »Eine Treppe: Sprechen – Schreiben – Schweigen«" (in: Berliner Profile, hrsg. von H. H., Erhard Schütz, Klaus Siebenhaar u. Bernd Sösemann, Berlin 1993, S. 130). Vgl. zum Folgenden auch Margarete Buber-Neumann, Kriegsschauplätze der Weltrevolution. Ein Bericht aus der Praxis der Komintern 1919 – 1943, Frankfurt a. M., Berlin, Wien 1973, S. 140ff.

[43] Vgl. z. B. Hans-Norbert Burkert, Klaus Matußek, Wolfgang Wippermann, „Machtergreifung" Berlin 1933, Berlin 1982, S. 28f.

[44] So versuchte die KPD, dem faschistischen Beispiel folgend, Ernst Thälmann auch als ‚Führer' aufzubauen und zu präsentieren.

II. Einblicke

tel, besonders das der Satire, ist ihm recht, wenn es gilt, Mißstände anzuprangern, politischen Kleinmut aufzuzeigen oder vor falschen Zugeständnissen zu warnen. Das Lesepublikum zollt ihm Beifall. Denn nicht nur die gewöhnlichen Leser halten begierig Ausschau nach den Texten des Kurt Tucholsky, selbst wenn sie mit Peter Panter, Theobald Tiger, Kaspar Hauser oder Ignaz Wrobel gezeichnet sind – ein jeder weiß inzwischen längst, daß hinter den vier Pseudonymen ein und derselbe sich verbirgt. Nicht nur der normale Zeitungsleser also durchstöbert die *Weltbühne*, das Stammblatt, für das Tucholsky seit 1913 (damals firmiert das Blatt noch als *Die Schaubühne*) kontinuierlich schreibt, die Zensurbehörde liest ebenso intensiv, wenn nicht gar intensiver, mit. Tucholsky nämlich gehört zu den von rechts Bekämpften und als vaterlandslose Gesellen Geschmähten. Und die einäugige Justiz von Weimar hält sich schadlos an denen, die presserechtlich verantwortlich sind. So verfolgt sie Carl von Ossietzky, den Herausgeber der *Weltbühne*, meint aber die Zeitschrift und ihre Richtung. Aus Schweden, wohin Tucholsky bereits 1928 übergesiedelt war, gibt dieser zu Protokoll: „Carl von Ossietzky geht für achtzehn Monate ins Gefängnis, weil sich die Regierung an der *Weltbühne* rächen will, rächen für alles, was hier seit Jahren gestanden hat."[45] Als während der Haft ein zweiter Prozeß gegen Ossietzky angestrengt wird, überlegt Tucholsky, ob er zurückkehren und seinem Freund beispringen soll. Er kommt jedoch nicht nach Berlin, auch nicht für die Zeit des Prozesses – eine Entscheidung, die Tucholsky zeit seines noch verbleibenden Lebens quälen wird. Ossietzky stirbt 1938, zweieinhalb Jahre nach Tucholskys Selbstmord, an den Folgen der KZ-Haft, Folter und Demütigungen, die er im faschistischen Deutschland erleiden mußte.

Anzeige einer Tucholsky-Lesung von 1921.

Als die Deutsche Studentenschaft am 10. Mai 1933 daran geht, den ‚neuen' deutschen Geist zu beschwören, indem sie den sogenannten „undeutschen" öffentlich verbrennt, sind auch Tucholskys Bücher darunter. Man ‚ehrt' ihn und Ossietzky mit einem eigenen Feuerspruch: „Gegen Frechheit

---

[45] Kurt Tucholsky, Für Carl von Ossietzky (Die Weltbühne, 15. Mai 1932), in: Gesammelte Werke, Bd. 10, S. 75f.

und Anmaßung. Für Achtung und Ehrfurcht vor dem unsterblichen deutschen Volksgeist – Tucholsky, Ossietzky."[46] Bereits am 23. August des Jahres 1933 verkündet der *Deutsche Reichs- und Preußische Staatsanzeiger* die Ausbürgerung Tucholskys. Er befindet sich in illustrer Gesellschaft, denn die Liste verzeichnet u.a. folgende Namen: Rudolf Breitscheid, Helmuth von Gerlach, Emil Gumbel, Alfred Kerr, Heinrich Mann, Leopold Schwarzschild und Ernst Toller. Während die hier Aufgezählten zumeist versuchen, im Exil, wenn auch unter erschwerten Bedingungen, weiterhin ihrer Profession nachzugehen, schätzt Tucholsky seine Chancen eher skeptisch ein. Er fühlt sich als „aufgehörter Schriftsteller": „Man kann nicht schreiben, wo man nur noch verachtet. – Schreiben ist, wie mir scheint, Kraftüberschuß. Und der ist noch nicht da. – Ich habe das nicht mehr auf – das ist mein Eindruck. – Ich werde nie in einer anderen Sprache schreiben können ... von Ausnahmen abgesehen, geht das ja nicht. – Mein Mitteilungsbedürfnis ist gleich null."[47] Schweigen sei die einzig angemessene Reaktion auf den Sieg des Faschismus in Deutschland, so jedenfalls sieht es Tucholsky: „Daß unsere Welt in Deutschland zu existieren aufgehört hat, brauche ich Ihnen wohl nicht zu sagen", schreibt er an seinen alten Freund Walter Hasenclever, „und daher: Werde ich erst amal das Maul halten. Gegen einen Ozean pfeift man nicht an."[48] Tucholsky hatte – so scheint es jetzt – gegen den Ozean angepfiffen; besonders sein *Deutschland, Deutschland über alles*-Buch war als zu schriller Pfiff verurteilt worden. Nun scheint die Wirklichkeit selbst Tucholskys satirische Bestandsaufnahme von 1929 zu übertreffen. Tucholsky spürt das Ende von Weimar, als Schock und zugleich als Niederlage einer ganzen Generation von Intellektuellen, die durch das öffentliche Wort, die politische Aufklärung der drohenden Katastrophe entgegenwirken wollten und scheiterten. Der 1890 als Sohn eines reichen jüdischen Kaufmanns Geborene durchlief eine für seine Generation übliche Erziehung: Schule, Gymnasium und Studium der Jurisprudenz. Schon während der Schulzeit hatte Tucholsky erste Fingerübungen auf dem Gebiet der Schriftstellerei gemacht. Der erste große Erfolg allerdings gelingt ihm, während er sich eigentlich mit der Abfassung seiner Dissertation zu beschäftigen hat: 1912 erscheint *Rheinsberg, ein Bilderbuch für Verliebte*. Die Kritik und das Publikum sind gleicherma-

---

[46] Die Feuersprüche, in: „Das war ein Vorspiel nur ...". Bücherverbrennung Deutschland 1933, Voraussetzungen und Folgen, hrsg. v. Hermann Haarmann, Walter Huder u. Klaus Siebenhaar, Berlin und Wien 1983, S. 192 (Marginalspalte).
[47] Kurt Tucholsky, zit. n. Klaus-Peter Schulz: Kurt Tucholsky mit Selbstzeugnissen und Bilddokumenten, Hamburg 1959, S. 161.
[48] Kurt Tucholsky, Brief an Walter Hasenclever vom 11. April 1933, in: K.T., Briefe, Auswahl 1913 bis 1935, hrsg. v. Roland Links, Berlin (DDR) 1983, S. 298.

II. Einblicke 87

ßen begeistert; man ergötzt sich an der heiteren Ausgelassenheit, der Natürlichkeit, mit der „Wölfchen" und „Claire" ihren heimlichen Liebesausflug unternehmen. Binnen kurzem sind 50.000 Exemplare verkauft. Das Studium ist noch nicht abgeschlossen, als Siegfried Jacobsohn Tucholsky an die *Schaubühne* holt. Jacobsohn wandelt nicht zuletzt unter dem Einfluß von Tucholsky die *Schaubühne* zur *Weltbühne* um; die Wochenschrift konturiert sich damit zu jenem kritischen publizistischen Organ, das noch heute Synonym für engagierten und aufklärerischen Journalismus ist. 1924 reist Tucholsky als Korrespondent der *Weltbühne* und der *Vossischen Zeitung* nach Paris. Von da an kehrt er nurmehr besuchsweise nach Deutschland zurück. Daß er sich auch weiterhin in der Rolle des politisch engagierten Publizisten Ignaz Wrobel den Fragen der Zeit stellt, als Peter Panter oder Theobald Tiger die Theaterentwicklung verfolgt und sich die literarischen Neuerscheinungen vornimmt, weiß sein Publikum sehr zu schätzen. Tucholsky alias Kaspar Hauser reüssiert in den folgenden Jahren als Schriftsteller und Essayist. Er wird Rowohlt-Autor. Die Namen, die Tucholsky sich gibt, markieren die verschiedenen Facetten seines vielseitigen Talents. Der permanente Rollentausch, der Wechsel der stilistischen Mittel verlangen offensichtlich mehrere Identitäten, um das Herausschlüpfen aus dem einen und die Versenkung in das andere Idiom zu gewährleisten. Tucholsky selbst bezeichnet sein Versteckspiel einmal als „heitere Schizophrenie". Dingfest machen sollte man ihn im geschriebenen Wort: Scherz, Satire, Ironie und tiefe Bedeutung sind die Markenzeichen seiner Prosa, die man als sprechendes Schreiben bezeichnen könnte. Daß er sich des Berliner Dialekts bedient, ist dabei nicht das Entscheidende, sondern er entdeckt und beherrscht die darin sich äußernde Neugier und sprichwörtliche Offenheit gegenüber der prosaischen Wirklichkeit. Die Fähigkeit, dieser großstädtischen Haltung literarisch-publizistischen Ausdruck zu verleihen, macht ihn zu einem großen Berliner Satiriker. „Humor", so bekennt Tucholsky einmal, „ruht oft in der Veranlagung von Menschen, die kalt bleiben, wo die Masse tobt, und die dort erregt sind, wo die meisten ‚nichts dabei finden'."[49] Dieses gemischte Temperament scheint Tucholsky eigen zu sein, wenn's um sein Geschäft als Literat und Publizist geht. Im Persönlichen sieht es anders aus, Ausgeglichenheit oder wenigstens Gelassenheit stellen sich nicht ein. Dafür zehren chronische Nasenbeschwerden, derentwegen er sich im Winter 1934/35 fünfmal operieren lassen muß, und zermürbende Kopfschmerzen zu sehr an seiner Gesundheit. Schlimmer allerdings sollte sich eine andere, schleichende Krankheit auswirken: Einsamkeit, die gepaart war mit dem sich verstärkenden Gefühl der Vergeblichkeit. Eine der letzten Eintragungen im *Q-Tagebuch* Dezember

---

[49] Kurt Tucholsky, Schnipsel (1932), in: Gesammelte Werke, Bd. 10, S. 107.

1935 lautet: „Daß ich mein Leben zerhauen habe, weiß ich. Daß ich nicht allein daran schuld bin, weiß ich."[50] Am 21. Dezember 1935 nimmt Kurt Tucholsky sich das Leben; er liegt in Mariefried unweit des Schlosses Gripsholm begraben.

Willy Haas hat einmal darauf hingewiesen, daß Tucholsky und Walter Mehring im Geiste Verwandte gewesen seien, Freunde, die einander schätzten. „Sie waren beide aggressiv, nicht von einer Parteidoktrin her, nicht nur aus Prinzip, sondern aus einer gewissen prophetischen Besessenheit, der Besessenheit Kassandras."[51] Deren warnende Stimme allerdings ist immer ironisch grundiert, besonders in ihren kabarettistischen Gedichten und Liedern! Und in den besten Beispielen fehlt auch nicht, was sonst gerne den Deutschen fehlt: Esprit. „Beide hatten viel von den klassischen, witzigen Pariser Kabaretts, zumal von den politischen Kabaretts, gelernt und in ihre Chansons eingeschmolzen: den spezifischen satirischen Witz, der sofort einschlagen sollte und mußte; die besondere, nachlässige Eleganz der damaligen Pariser Bohème, ihre Verve, ihre Respektlosigkeit, ihr Temperament, ihren Haß gegen den Bourgeois – selbst etwas von ihrem Nihilismus, ihrer pittoresken Koketterie, ihrer Neigung zum Bluff, aber auch von ihrem echten Pathos der sozialen Anklage."[52] So lang diese positive Charakterisierung, so vielfältig die Attribute für ein Genre, das für die kurze Zeit der sogenannten goldenen zwanziger Jahre einen Glanzpunkt markieren sollte: das literarische Kabarett. Tucholsky und Mehring haben großen Anteil an dessen Erfolg.

Es ist der große Theatermagier Max Reinhardt, der Mehring den Eintritt ins Zentrum der großstädtischen Kleinkunst ermöglicht. Als dieser im Dezember 1919 mit der *Orestie* des Aischylos im Zirkus Schumann sein Großes Schauspielhaus eröffnet, wird im Keller ein Kabarett aus der Taufe gehoben, das in Erinnerung an Reinhardts erste Unternehmung *Schall und Rauch* heißt. Alles, was in der leichten Muse Rang und Namen hat, ist hier versammelt: Blandine Ebinger, Klabund, Gustav von Wangenheim, Hans Heinrich von Twardowski, Paul Graetz (der am Premierenabend übrigens Tucholskys *Der alte Motor* rezitiert). „Den ‚Clou' des Abends aber bildete das Puppenspiel *Einfach klassisch! Eine Orestie mit glücklichem Ausgang*, Text: Walter Mehring, Musik: Friedrich Hollaender"[53], der auch am Flügel sitzt und begleitet.

---

[50] Tucholsky, Die Q-Tagebücher, S. 353.
[51] Willy Haas über Walter Mehring, in: W. M., Großes Ketzerbrevier. Die Kunst der lyrischen Fuge, München 1975, S. 345.
[52] Ebd.
[53] Rainer Otto, Walter Rösler, Kabarettgeschichte. Abriß des deutschsprachigen Kabaretts, Berlin/DDR 1981, S. 79.

II. Einblicke

Berlin ist ein fruchtbarer Boden fürs Kabarett. Es sprießt und blüht und gedeiht. Nur wenige Etablissements allerdings lösen das geforderte literarische Niveau ein. Mehring legt die Meßlatte sehr hoch. Mit seinen Chansons und Sketches artikuliert er den Zeitgeist – in einer Mischung aus expressionistischer Wortgewalt und Berliner Jargon. Er versucht dem Lebensrhythmus in der Metropole Ausdruck zu verleihen. Die Zeichen der Zeit: Schnelligkeit, Hektik, schrille Töne aus Reklame und Presse, Demimonde grundieren die Zeilen. Das Berliner 6-Tage-Rennen gerät Mehring zum Sinnbild des Amüsements. In großstädtischem Rund, „Arche Noah voll Gedränge", trifft sich die Welt (oder was sich dafür hält). „Heiß gelaufen / Kreisen ist der Lauf der Zeit / Mit den Zeiten um die Wette / Rund ums Rad die Radlerkette / Und Sekunde vor Sekunde rückt der Zeiger / Weiter – / Vor – / Stoß!"[54] Natürlich ist Mehring nicht der einzige, der mit seiner Kleinkunst reüssiert. Rosa Valetti und Trude Hesterberg haben ihr eigenes, ebenfalls künstlerisch sehr ambitioniertes Kabarett *Größenwahn* und *Wilde Bühne*. Mehring arbeitet auch für diese beiden, dediziert seine Texte an Hesterberg, mit der er sich zeitweilig die Leitung der *Wilden Bühne* teilt.

Aus dem 1. Programmheft, Eröffnung des Kabaretts „Schall und Rauch", 8. Dezember 1919.

Mehring wird am 29. April 1896 in Berlin geboren. Nach dem Abitur nimmt er das Studium der Kunstgeschichte in München und Berlin auf, bis er, als Richtkanonier ausgebildet, in den Ersten Weltkrieg eingezogen wird. Der Ausbruch der nationalen Begeisterung und des deutschen Hochmuts schockiert ihn, die im Krieg statthabende Menschenverachtung trifft ihn tief. Mehring schließt sich den Expressionisten um Herwarth Walden und den *Sturm* an. Daß er anschließend wie Grosz und Heartfield dem Kreis der Ber-

---

[54] Walter Mehring, 6 Tage Rennen, in: Großes Ketzerbrevier, S. 152f.

liner Dadaisten, die im Vergleich zum Züricher Dadaismus weitaus politischer sich geben, angehört, wundert niemanden, der die deutsche Geschichte kennt. Mehrings ästhetisches Anliegen zielt auf Gesellschaftskritik, die getragen ist von beißendem Witz, scharfer Ironie und böser Satire. Gleichwohl ermangeln seine Texte der Tucholskyschen federnden Leichtigkeit. Mehring ist geschmeidiger, mithin gefälliger; sein Talent beruht weniger auf analytischer Schärfe, denn auf dichterischer Musikalität. Und doch: „Das leuchtende, inspirierte und inspirierende dichterische Wort hat seine spezifische Schwere, das ahnt der belletristische Leser, ohne es recht zu verstehen."[55] Nun wird erklärlich, warum Theaterleute wie Erwin Piscator gern auf Mehring zurückgreifen. Dessen Drama *Kaufmann von Berlin*, von Piscator 1929 in seiner Bühne am Nollendorfplatz mit Aplomb uraufgeführt, vereinigt Tagespolitik, politisches Theater und Satire aufs Vortrefflichste miteinander. Der Erfolg läßt nicht auf sich warten.

In den zwanziger Jahren ist das Kabarett Erprobungsfeld für die literarische Satire. Natürlich gerät es manchmal in die gefährliche Nähe des großbürgerlichen Amüsierbetriebs mit seiner schwülstigen Atmosphäre der Séparées in Plüsch und Dämmerlicht. Daß die proletarischen Kabarettisten diese verabscheuen, versteht sich von selbst. Sie gehen auf die Straße oder in die Arbeiterlokale bzw. -säle. Dort spielen und singen sie vor Ihresgleichen. In der satirischen Zeitschrift *Stachelschwein* erläutert Karl Schnog von den *Wespen* das Anliegen einer alternativen Kleinkunst: „Wir wollen das Brettl aus der Sphäre der Tanzdielen oder der österreich-ungarischen Restaurants mit bunten Einlagen herausführen. Weil ja schließlich Leute wie (alphabetisch!) Mehring, Reimann, Ringelnatz, Schnog, Tiger und Weinert dafür schreiben. Wir wollen ‚ins Volk gehen', wie die Russen das um 1905 herum nannten (wir begannen in einer herrlichen Kaschemme am Alexanderplatz, im *Hackebär*, und kokettierten eifrig mit einer wüsten Budike am Wedding), weil es sich lohnt, vor Menschen zu sprechen, die zwar keinen Kragen, aber eine Idee mit sich tragen."[56] Ganz offensichtlich soll nun die Arbeiterschaft in ihrem Kiez durch eine politisch grundierte Satire weiter klassenkämpfe-

---

[55] Haas, S. 346.
[56] Karl Schnog, zit. nach Reinhard Hippen, Es liegt in der Luft. Kabarett im Dritten Reich, Zürich 1988, S. 34f.; dort findet sich mitten im Text eine längere Auslassung (zwischen „Wir wollten ‚ins Volk gehen', wie die Russen ..." bis zu „weil es sich lohnt, vor Menschen ..."), die durch das vollständige Zitat bei Ruth Greuner, (in: Nachwort. Signale der Zeit. Streifzug durch satirische Zeitschriften der Weimarer Republik, Berlin o.J. [1972], S. 261) aufgehoben werden kann.

II. Einblicke

risch agitiert werden, wobei natürlich auch der Bruderzwist zwischen den proletarischen Klassenbrüdern SPD und KPD nicht ausgespart bleibt. Mit ausgesprochener Häme und hintergründigem Humor intoniert Ernst Busch 1929 im Berliner *Larifari* das Seifenlied, das eine Episode aus den Reichstagswahlen von 1928 persifliert, als die SPD Seife mit dem Prägedruck „Wählt SPD!" verteilen ließ:

> Wir haben unsre Brüder
> Mit Wahlkampfseife bedacht.
> Das tun wir das nächste Mal wieder;
> Es hat sich bezahlt gemacht.
>
> Wir schlagen Schaum,
> Wir seifen ein.
> Wir waschen unsre Hände
> Wieder rein.[57]

Insbesondere der Refrain *Wir schlagen Schaum* erregt die sozialdemokratischen Gemüter; noch heute ist er Synonym für die inkonsequente Haltung der SPD (bei der Bewilligung der Kriegskredite 1914) und für ihre Hinhaltetaktik (in ihrer Regierungsverantwortung am Ende der Weimarer Republik). Ernst Busch entwickelt sich zu einem proletarischen Vorzeigekünstler; er reüssiert als Sänger, Rezitator und nicht zuletzt als Schauspieler in Theater und Film. Dieser arbeitet aufgrund seiner dezidiert kommunistischen Parteinahme mit an der Herstellung von Gegenöffentlichkeit, wie Oskar Negt und Alexander Kluge[58] es ausdrücken würden. Denn im Gegensatz zu einer bürgerlich strukturierten Öffentlichkeit wohnen den Formen proletarischer Öffentlichkeit Momente von Widerständigkeit inne, die nicht nur dem spezifischen Klassencharakter der Arbeiter entsprechen, sondern deren Klassenbewußtsein ausprägen helfen sollen. Insgesamt ist die Kultur der Weimarer Republik von dieser Polarität gekennzeichnet – in der Literatur, der Publizistik, der bildenden Kunst nicht anders als im Theater. Gerade bei Piscator und seiner Bühne am Nollendorfplatz wird dieser klassenmäßige Riß durch die Gesellschaft immer und immer wieder thematisiert – mit eindeutiger

---

[57] Julian Arendt, Das Seifenlied, zit. nach Hippen, Es liegt in der Luft, S. 25.
[58] Vgl. dazu Oskar Negt, Alexander Kluge, Öffentlichkeit und Erfahrung. Zur Organisationsanalyse von bürgerlicher und proletarischer Öffentlichkeit, Frankfurt a. M. 1972.

Sympathie für die arbeitende und unter applaudierender Zustimmung der besitzenden Klasse, deren Vertreter gerne auf den teuren Plätzen in der ersten Reihe sitzen, während vom Olymp die *Internationale* angestimmt wird. Mehrings Chansons treffen genau den Ton, um beide Seiten zu befriedigen. *Hoppla, wir leben*, mit dem Ernst Tollers gleichnamiges Zeitdrama eröffnet wird, ist aggressiv, sehr klassenkämpferisch, doch zugleich sozialkritisch relevant – über alle Klassengrenzen hinweg.

Mehring ist längst ein begehrter Schriftsteller und Publizist; die berühmten Magazine, Zeitschriften und Zeitungen stehen ihm offen.[59] Die Emigration nach Frankreich unterbricht jäh die Karriere. In der Zeit zwischen 1934 – 1938 lebt Mehring überwiegend in Wien, der ‚Anschluß' Österreichs läßt Mehring nach Paris fliehen, bis der Beginn des Zweiten Weltkrieges das Ende des Exils in Frankreich einläutet. Mehring wird interniert, ihm gelingt mit Unterstützung des *American Rescue Committee* die Flucht nach Amerika. Erst 1953 endet mit der Rückkehr nach Deutschland, genauer in die Bundesrepublik, das USA-Exil. Ehrungen, wie die Verleihung des Professor h.c., stellen sich erst zum Lebensabend ein; die runden Geburtstage sind Anlaß zur späten Würdigung. Im Alter von 85 Jahren stirbt Mehring am 3. Oktober 1981 in Zürich.

Es mag eine unzulässige Vereinfachung bedeuten, wenn Mehring hier insbesondere wegen seines Anteils an der Hausse des Kabaretts verhandelt wird. Doch seine Meriten um diese Kunstgattung sind unbestreitbar. Mehring trifft den Ton der Zeit, er klingt zeitnah und ist doch überzeitlich. Noch heute spürt der Leser in den Spottgedichten und Chansons das typisch berlinerische Flair. Ganz anders dagegen Joachim Ringelnatz, der als Seemann daherkommt und aus der Sehnsucht nach Ungebundenheit, der Weite der Weltmeere und aus hintergründigem Schalk literarisches Seemannsgarn zu spinnen weiß. Er hat das traurige Gemüt einsamer Kinder, lebt aber das rauhe Matrosenleben, bis er mit seinen humoristischen Versen Anerkennung und Applaus findet. 1883 in Wurzen als Hans Bötticher geboren, wird er als Joachim Ringelnatz in die Literatur eingehen. Die Spekulationen über diesen doch so ungewöhnlichen Namen reichen von der Annahme, Ringelnatz rühre

---

[59] Mehring schreibt bereits von 1920 – 1924 und dann, nach einer Pause, die in seiner Mitarbeit an Leopold Scharzschilds „Tagebuch" begründet liegt, wieder von 1929 – 1933 für die „Weltbühne". Das letzte „Weltbühnen"-Heft vom 7. März 1933 enthält den Beitrag „Fascistische Malerei". Vgl. dazu Eberhard Adamzig, Der Publizist Walter Mehring in der „Weltbühne", in: Text + Kritik. Zeitschrift für Literatur, H. 78 (1983): Walter Mehring, S. 11 – 19.

II. Einblicke

her von Ringelnaß (eine von Matrosen verwendete Bezeichnung für das Seepferdchen, mit dem Ringelnatz wegen seiner langen Nase eine gewisse physiognomischen Ähnlichkeit empfunden habe), bis zu der Vermutung, Ringelnatz sei eine Anspielung auf das mit Liebe angelegte und gehegte Terrarium „mit 8 Kreuzottern, 8 Ringelnattern, 66 Eidechsen".[60] Gleichwohl sei anzunehmen, so meint Walter Pape, daß hinter dem vermeintlich zufälligen Synonym eine tiefere Bedeutung stecke: der Abschied von Bötticher bisherigem künstlerischen und wirklichen Leben.[61] Für den Neubeginn wählt er einen neuen Namen. Als *Kuttel Daddeldu* betritt nun der „Dichtermatrose" (Mehring) die Szene. „Sein einziges Requisit ist das Weinglas oder die Schnapsbuddel. Halb geleert schon, wenn er auf die Bühne torkelt. Sein erstes Wort ‚Prost'."[62] Selbstparodie und Selbstironie („Meine lange Nase und mein zackiges Profil reizen zur Karikatur") erscheinen als Waffe im täglichen Kampf, als Erwachsener in einer doch so haltlosen und aggressiven Welt Kind bleiben zu wollen. Melancholie umflort den Künstler, nur bedingt erfährt er Trost und Tröstung in der Hinwendung an die – Kinder[63]. Treffend ist und bleibt das Wort seines Freundes Willo Uhl

Werbezettel, Beilage, Blätter der Reinhardt-Bühnen, Berlin, H. VII, Spielzeit 1930/31.

---

[60] Joachim Ringelnatz, Brief an Annemarie Ruland, 21. Mai 1918, nach Walter Pape, Joachim Ringelnatz, Parodie und Selbstparodie in Leben und Werk, Berlin 1974, S. 157.
[61] Pape, Joachim Ringelnatz, Parodie und Selbstparodie in Leben und Werk, S. 158.
[62] Eugen Tannenbaum, Kabarett-Silhouetten. Joachim Ringelnatz, in: BZ am Mittag vom 11. Dezember 1922.
[63] Vgl dazu z.B. die CD „Joachim Ringelnatz: »Ritze, Rotze, Ringelratz«. Ausgesprochene Frechheiten mit Otto Sander", Patmos Verlag, Düsseldorf 1996.

vom „tragischsten Dichter-Clown dieser wirren Zeit".[64] Die ästhetische Existenz bedeutet für den Artisten Ringelnatz wohl doch nur Flucht vor und aus der Realität, weshalb Erich Kästner zum Beispiel kommentiert, daß die „groteske[n] Einfälle, seine erschütternd zusammenhangslosen Zusammenhänge, seine jungenhaften Derbheiten" eine Schutzmaske seien, hinter der er seine „kindhafte Sentimentalität"[65] verberge.

Die Geliebte Leonharda Piper, genannt „Muschelkalk", die er 1920 heiratet, kann seinem bürgerlichen Leben die richtige Richtung nicht geben. Will sie es vielleicht erst gar nicht, weil sie spürt, daß dieses Sich-Treiben-Lassen gerade die Quelle seiner melancholischen Ironie, seiner kindlichen Naivität und überbordenden Phantasie ist? Die hintersinnigen Wortspielereien und der derbe Seemannsjargon können den Menschenfreund nicht zudecken. Mit erhobenem Zeigefinger und mildem Lächeln begegnet Ringelnatz der Welt, um sie dann doch nicht ganz ernst nehmen zu müssen. Aber sie meint es ernst mit ihm. Kritiker, wie Felix Joachimson, sehen in Ringelnatz' Habitus, in der Form seiner Selbststilisierung nicht nur Überlebensstrategie oder Versöhnungsversuche mit dem eigenen zerrissenen Dasein, sondern den „grauenhafte[n] Zerstörungsprozeß, wurzelnd im Revolutionären, im Triebhaften, im Paradoxon der Zeit": Sein Werk sei, so die tragische Pointe, echtes Kabarett, weil es Gegenwartsdichtung sei.[66] Alle Bemühungen, in ein geordnetes bürgerliches Leben einzutreten, scheitern. Seine künstlerische Potenz kann Ringelnatz zwar in der Münchner Künstlerkneipe *Simplicissimus* in der Türkenstraße 57 unter der Fuchtel von Kathi Kobus bewahrheiten, und auch im inzwischen, 1920, von Hans von Wolzogen, dem Sohn des einstigen *Überbrettl*-Gründers, übernommenen *Schall und Rauch* gastiert er mit großem Erfolg. Aber von einer gesicherten und gefestigten Existenz kann keine Rede sein. Sein Leben bleibt das eines reisenden Artisten.

Das Genre, das Ringelnatz vertritt, wird oft und zu Unrecht als zu leicht befunden. Der langjährige Redakteur der satirischen Zeitschrift *Simplicissimus*, Hermann Sinsheimer, charakterisiert die Ringelnatzsche Persönlichkeit einmal sehr treffend: „Er war der Romantiker des Nachtlebens, ein echter Romantiker und Weltfremdling, der wahrhaftig seine lyrischen Perlen in den

---

[64] Willo Uhl, Vortragsabend Joachim Ringelnatz, in: Frankfurter Zeitung und Handelsblatt, 25.Oktober 1924.
[65] Erich Kästner, Vortragsabend Joachim Ringelnatz, in: Neue Leipziger Zeitung vom 20.Oktober 1924.
[66] Felix Joachimson, Drei Frauen und Ringelnatz. Wilde Bühne, in: Berliner Börsen-Courier vom 7. Oktober 1923.

deutschen Kabaretts vor die Säue warf, mit denen ihn, den besten und verträumtesten aller Menschen, nichts verband als der Alkoholkonsum."⁶⁷ Ringelnatzens radikale Hingabe ans Metier bedeutet existentielle Selbstgefährdung. Um so heiterer seine Verse, die „poetischen Purzelbäume" wie Herbert Eulenberg einmal schrieb. Und doch verbirgt sich hinter den lyrischen Miniaturen, die das Beiläufige, das Kleine, Nebensächliche so liebevoll gestalten, immer mehr! Allein das Anarchistische seines *Kinderverwirrbuchs* spricht eine deutliche Sprache:

> Kinder, ihr müßt euch mehr zutrauen!
> Ihr laßt euch von Erwachsenen belügen
> Und schlagen. – Denkt mal: fünf Kinder genügen,
> Um eine Großmama zu verhauen.⁶⁸

Ringelnatz ist ein Dichter, der Alltägliches ironisch überhöht und so die Proportionen zwischen groß und klein auf ein erträgliches Maß zu reduzieren weiß. Das Große wird klein, das Kleine groß. Tiefe Menschenliebe ist der Fundus, aus dem solch befreiender Blick sich speist. Kindliche Neugier auf die Rätsel der Welt treibt Ringelnatz, Trunkenheit ob der Fülle möglicher Abenteuer in der eigenen Nußschale ist die Triebfeder seines Humors.

Am 13. Januar 1932 weist Tucholsky den Schriftsteller und Literaten Rudolf Leonhard darauf hin, daß „neulich der Gubener Anzeiger oder so etwas geschrieben [habe]: Mehring und Ringelnatz und Kästener [sic!] und Tucholsky ... sie nehmen sich selber nicht ernst, ,haben *also* nicht den Anspruch, ernst genommen zu werden'."⁶⁹ Wenn dem so wäre! Die Geschichte der Weimarer Justiz bezeugt das Gegenteil. Und in den Reihen der Gegner, derer also, denen die junge Republik ein linker Dorn im rechten Auge ist, beobachtet man mit Argwohn und gibt sich entschlossen: „Die Herrschaft der Linken ist das *große Hindernis* für die sittliche Erneuerung unseres Volkslebens. Sie muß fallen, wenn es mit unserem Volk wieder aufwärts gehen soll."⁷⁰ Mit der Machtübergabe an die Nationalsozialisten am 30. Januar

---

67 Hermann Sinsheimer, Gelebt im Paradies, München 1953, S. 244.
68 Joachim Ringelnatz, Kinder, ihr müßt euch mehr zutrauen! In: J. R., Kinderverwirrbuch, Das Ringelnatz Lesebuch, hrsg. von Daniel Keel, Zürich 1984, S. 88.
69 Kurt Tucholsky, Brief an Rudolf Leonhard vom 13. Januar 1932, in: Tucholsky: Briefe. Auswahl 1913 bis 1935, S. 264.
70 Ein Aufruf unserer Dichter und Wissenschaftler. Wir stehen zum Volksentscheid! In: Deutsche Zeitung vom 5. August 1931, zit. nach Anton Kaes (Hrsg.): Weima-

1933 ist das Schicksal der Linken, ist das Ende von Weimar besiegelt. Das faschistische Regime in Deutschland geht sehr schnell daran, nach seinen Vorstellungen die erste deutsche Republik in eine offene Diktatur umzuwandeln. Kritische Geister oder naive Schwärmer wie Ringelnatz passen wegen der unterschwelligen Aufmüpfigkeit nicht mehr ins Bild. Die Polizeidirektion München untersagt im April 1933 Ringelnatz' Auftreten in der Künstlerkneipe *Simplicissimus*. Geldnot und Erkrankung – die Ärzte diagnostizieren Tuberkulose – peinigen Ringelnatz bis zum Tod im Jahre 1934 – auch öffentliche Hilferufe seiner Freunde kurz vor dem Ende kommen zu spät, die Freunde können sein Leben nicht retten.

---

rer Republik. Manifeste und Dokumente zur deutschen Literatur 1918 – 1933, Stuttgart 1983, S. 554.

Dokumentation

Erich Kästner, Gedichte

Nachtgesang des Kammervirtuosen (1925)

Du meine Neunte letzte Sinfonie!
Wenn du das Hemd* anhast mit rosa Streifen ...
Komm wie ein Cello zwischen meine Knie,
und laß mich zart in deine Seiten greifen!

Laß mich in deinen Partituren blättern.
(Sie sind voll Händel, Graun und Tremolo.)
Ich möchte dich in alle Winde schmettern,
du meiner Sehnsucht dreigestrichnes Oh!

Komm, laß uns durch Oktavengänge schreiten!
(Das Furioso, bitte, noch einmal!)
Darf ich dich mit der linken Hand begleiten?
Doch beim Crescendo etwas mehr Pedal!

Oh deine Klangfigur! Oh die Akkorde!
Und der Synkopen rhythmischer Kontrast!
Nun senkst du deine Lider ohne Worte ...
Sag einen Ton, falls du noch Töne hast!

Anmerkung: In besonders vornehmer Gesellschaft ersetze man das Wort ›Hemd‹ durch das Wort ›Kleid‹

Die Zeit fährt Auto (1927)

Die Städte wachsen. Und die Kurse steigen.
Wenn jemand Geld hat, hat er auch Kredit.
Die Konten reden. Die Bilanzen schweigen.
Die Menschen sperren aus. Die Menschen streiken.
Der Globus dreht sich. Und wir drehn uns mit.

Die Zeit fährt Auto. Doch kein Mensch kann lenken.
Das Leben fliegt wie ein Gehöft vorbei.
Minister sprechen oft vom Steuersenken.
Wer weiß, ob sie im Ernste daran denken?
Der Globus dreht sich und geht nicht entzwei.

Die Käufer kaufen. Und die Händler werben.
Das Geld kursiert, als sei das seine Pflicht.
Fabriken wachsen. Und Fabriken sterben.
Was gestern war, geht heute schon in Scherben.
Der Globus dreht sich. Doch man sieht es nicht.

Kennst Du das Land, wo die Kanonen blühn? (1927)

Kennst Du das Land, wo die Kanonen blühn?
Du kennst es nicht? Du wirst es kennenlernen!
Dort stehn die Prokuristen stolz und kühn
in den Bureaus, als wären es Kasernen.

Dort wachsen unterm Schlips Gefreitenknöpfe.
Und unsichtbare Helme trägt man dort.
Gesichter hat man dort, doch keine Köpfe.
Und wer zu Bett geht, pflanzt sich auch schon fort!

Wenn dort ein Vorgesetzter etwas will
– und es ist sein Beruf etwas zu wollen –
steht der Verstand erst stramm und zweitens still.
Die Augen rechts! Und mit dem Rückgrat rollen!

Die Kinder kommen dort mit kleinen Sporen
und mit gezognem Scheitel auf die Welt.
Dort wird man nicht als Zivilist geboren.
Dort wird befördert, wer die Schnauze hält.

Kennst Du das Land? Es könnte glücklich sein.
Es könnte glücklich sein und glücklich machen!
Dort gibt es Äcker, Kohle, Stahl und Stein
und Fleiß und Kraft und andre schöne Sachen.

Selbst Geist und Güte gibt's dort dann und wann!
Und wahres Heldentum. Doch nicht bei vielen.
Dort steckt ein Kind in jedem zweiten Mann.
Das will mit Bleisoldaten spielen.

Dort reift die Freiheit nicht. Dort bleibt sie grün.
Was man auch baut—es werden stets Kasernen.

Kennst Du das Land, wo die Kanonen blühn?
Du kennst es nicht? Du wirst es kennenlernen!

Moralische Anatomie (1928)

Da hat mir kürzlich und mitten im Bett
eine Studentin der Jurisprudenz erklärt:
Jungfernschaft sei, möglicherweise, ganz nett,
besäß aber kaum noch Sammlerwert.

Ich weiß natürlich, daß sie nicht log.
Weder als sie das sagte,
noch als sie sich kenntnisreich rückwärtsbog
und nach meinem Befinden fragte.

Sie hatte nur Angst vor dem Kind.
Manchmal besucht sie mich noch.
An der Stelle, wo andre moralisch sind,
da ist bei ihr ein Loch ...

Primaner in Uniform (1929)

Der Rektor trat, zum Abendbrot,
bekümmert in den Saal.
Der Klassenbruder Kern sei tot.
Das war das erste Mal.

Wir saßen bis zur Nacht im Park
und dachten lange nach.
Kurt Kern, gefallen bei Langemarck,
saß zwischen uns und sprach.

Dann lasen wir wieder Daudet und Vergil
und wurden zu Ostern versetzt.
Dann sagte man uns, daß Heimbold fiel.
Und Rochlitz sei schwer verletzt.

Herr Rektor Jobst war Theolog
für Gott und Vaterland.

Die literarische Satire 101

Und jedem, der in den Weltkrieg zog,
gab er zuvor die Hand.

Kerns Mutter machte ihm Besuch.
Sie ging vor Kummer krumm.
Und weinte in ihr Taschentuch
vorm Lehrerkollegium.

Der Rochlitz starb im Lazarett.
Und wir begruben ihn dann.
Im Klassenzimmer hing ein Brett
mit den Namen der Toten daran.

Wir saßen oft im Park am Zaun.
Nie wurde mehr gespaßt.
Inzwischen fiel der kleine Braun.
Und Koßmann wurde vergast

Der Rektor dankte Gott pro Sieg.
Die Lehrer trieben Latein.
Wir hatten Angst vor diesem Krieg.
Und dann zog man uns ein.

Wir hatten Angst. Und hofften gar,
es spräche einer Halt!
Wir waren damals achtzehn Jahr,
und das ist nicht sehr alt.

Wir dachten an Rochlitz, Braun und Kern.
Der Rektor wünschte uns Glück.
Und blieb mit Gott und den andern Herrn
gefaßt in der Heimat zurück.

Anmerkung: Noch heute erinnern sie sich, dabei ihre Pensionen verzehrend, gerne der großen Zeiten.

© Carl Hanser Verlag München Wien 1998.

Kurt Tucholsky, Texte und Gedichte

Herr Wendriner kauft ein (1924)

„ ... 'n Abend ... ne schöne Fülle hier ... Na, wollen mal sehen ... Drängeln Se doch nich so ... Nein, ich drängle gar nicht! ... Ochse! ... Unglaublich. Wir kommen ja gleich ran, wir waren zuerst hier. Warten Sie auch nochn bißchen? ne Goldgrube, diß Geschäft, was meinen Sie! Die verdienen hier, was se wolln. Ja – nun habe ich den Leuten geschrieben, wenn sie die Hypothek per 15. übernehmen, dann werde ich die Sache machen. Die Leute sind gut – aber bei der jetzigen Stagnation, kein Mensch hat Geld ...Wem sagen Sie das! Ich hab den Leuten erklärt: Entweder ihr entschließt euch gleich, oder ich gehe raus – Frollein! Frollein, ja wir waren zuerst da. Padong! ... Also zuerst mal von den Sardellen hier – sind se auch frisch? Na gut, ein halbes. Entweder ihr entschließt euch gleich, oder die Provision geht zu euern Lasten – nicht so kleine, Frollein, ja mehr von unten! Und dann ein halbes Pfund Gemüsesalat ... Wissen Se, in der Woche eß ich immer mit meiner Frau zu Hause, es ist billiger, und man weiß doch, was man hat. Ich hab heut abend noch ne Konferenz, und vorher will ich noch essen. Gefüllte Tomaten – nee. Aber 'n bißchen Aufschnitt können Sie mir geben. Haben Sie die gesehn? Erinnert ein bißchen an die Klara von Fritz. Die Frau ist schon fabelhaft. Wissen Se, wenn ich noch so wär wie früher – aber man hat ja so viel zu tun ... Nu sehen Sie sich das Stück dahinten an! Eine dolle Angelegenheit! Schweinebraten, Frollein, aber nicht so fett. Ja, Schüh auch. Nein, die Sache ist noch nicht abgeschlossen – wissen Sie, steuertechnisch ist das nicht ganz einfach – aber wir haben da einen sehr tüchtigen Syndikus ... Jäck macht noch Schwierigkeiten – immer gibt er Konterorders. Ein Fläschchen englische Sauce, Frollein, aber recht scharf! Gott, ich hab ihn genommen, weil ich mir gesagt habe: Er hält mir wenigstens die Angestellten zusammen. Sie, Sie kennen doch auch den Lachmann? Kommt doch der Junge heute morgen zu Jäck und will Gehaltszulage haben! Wie finden Sie das? Von den Kallwill-Äpfeln, Frollein! Ich hab mir aber den Jungen vorgenommen! Jetzt, in dieser Zeit – was denkt sich so ein Bengel eigentlich ...? Waren Sie schon in den neuen Revuen? Da soll sich ja was tun! Wir gehn Sonnabend. Ich will mal sehen, ob ich nicht durch Lachmann ermäßigte Billetts kriegen kann. Haben Se gelesen, heute im Achtuhrabendblatt, mit den Gespenstern? Okkultismus – ich weeß nich ... Sie! Wer singt da auf der Straße? Kommunisten? Ich denke, das ist vorbei? Ach so, bloß Wandervögel! Sie – heute hab ich die Reichswehr vorbeiziehn sehn, die sind da an unserm Geschäft langgekommen – ich sage Ihnen: fabelhaft! Wie früher! Sehr gut. Na, der Hindenburg macht seine Sa-

Die literarische Satire

che schon ausgezeichnet, das muß man ihm lassen. Prozeß in Leipzig? ... Ich weiß nicht – nu geben Sie schon den Zettel her! ... Ich lese keine Politik. Nee, wissen Se, grundsätzlich nicht. Man hat ja nichts wie Ärger davon. Vierundzwanzig achtzig, wieso? Ach so – ja. Kommen Se, da kommt die Neun! Ich weiß nicht, ich hab wieder meine Leberbeschwerden beim Gehen – ich muß doch mal zum Spezialisten. Nein, wir haben einen sehr guten, einen Vetter von meiner Frau. Eine erste Kapazität. Er nimmt fünfzig Mark für eine Konsultation. Na – mir macht ers natürlich billiger. Wissen Sie, hier oben fangen die Schmerzen an, und da unten hören sie auf. Nachts gar nicht – bloß am Tage. Dabei leb ich schon diät. Sollten Se mal ein heißes Bad nehm. Was haben Sie? Neuralgie? Grüßen Sie Ihre Frau! Atchö.

Auch 'n Mensch. Wissen möcht ich: wovon lebt der eigentlich –?"

Was kosten die Soldaten? (1928)

Wir haben Lungenkranke,
die brauchten Berg und Schnee; sie heilen – ? Kein Gedanke!
Wir brauchen die Armee.
Da kostet jeder Junge mit Stiefel und Gewehr
pro Mann eine Lunge – !
   Das ist unser Heer.

Von dem, was die verschwenden,
von dem, was da veraast: könnten wir Gutes spenden,
wo die Schwindsucht rast.
Der Proletarierjunge krepiert so nebenher. . .
Pro Mann eine Lunge –
   das ist unser Heer.

Es fällt durch graue Scheiben
ein trübes Tageslicht;
die Kranken, die da bleiben,
überleben den Sommer nicht.
„Zeigen Sie mal die Zunge!
Na ja – das wird nichts mehr!"
Pro Mann eine Lunge –
   das ist unser Heer!

Sie haben Feldgeschütze,
Schiffskreuzer und Musik;

in schwarz-rot-goldner Mütze
bezahlts die Republik.
Sie setzen an zum Sprunge.
Sie sind das Militär.
Sie stehlen uns Herz und Lunge.
Wann – Junge! Junge! –
wirfst du sie in hohem Schwunge
ihrem Kaiser hinterher – ?

Das Parlament (aus: *Deutschland, Deutschland über alles*, 1929)

Ob die Sozialisten in den Reichstag ziehn –
    Is ja janz ejal!
Ob der Vater Wirth will nach links entfliehn,
oder ob er kuscht wegen Disziplin –
    is ja janz ejal!
Ob die Volkspartei mit den Schiele-Augen
Einen hinmacht mitten ins Lokal
Und den Demokraten auf die Hühneraugen ...
    is ja janz ejal!
        is ja janz ejal!

Die Plakate kleben an den Mauern –
    is ja janz ejal!
mit dem Schmus für Städter und für Bauern:
„Zwölfte Stunde!" – „Soll die Schande dauern?"
    is ja janz ejal!
Kennt ihr jene, die dahinter sitzen
Und die Schnüre ziehn bei jeder Wahl?
Ob im Bockbiersaal die Propagandafritzen
Sich halb heiser brüllen und dabei Bäche schwitzen –:
    Is ja janz ejal!
        is ja janz ejal!
        is ja janz ejal!

Ob die Funktionäre ganz und gar verrosten –
    is ja janz ejal!
Ob der schöne Rudi den Ministerposten

Endlich kriegt – (das wird nicht billig kosten):
   is ja janz ejal!
Dein Geschick, Deutschland, machen Industrien,
Banken und die Schiffahrtskompagnien –
   welch ein Bumstheater ist die Wahl!
Reg dich auf und reg dich ab im Grimme!
Wähle, wähle! Doch des Volkes Stimme
   is ja janz ejal!
      is ja janz ejal!
         is ja janz ejal - !

Die Zeit schreit nach Satire (1929)

                                     Für Walter Hasenclever

1

Per Eilboten.
Sehr geehrter Herr!
    In der Annahme, daß Sie für die Ausarbeitung einer literarischen Groß-Revue mit satirischem Einschlag Interesse haben, erlauben wir uns, uns mit der Bitte an Sie zu wenden, unserm Herrn Generaldirektor Bönheim – möglichst heute noch – Gelegenheit zu einer persönlichen Rücksprache mit Ihnen zu geben.
    Wir erwarten Ihren Anruf zwischen 11 und ½ 12 Uhr.
    Indem wir hoffen, von Ihnen umgehend eine zusagende Antwort zu erhalten, begrüßen wir Sie

                      mit vorzüglicher Hochachtung
                      Deutscher Literatur-Betrieb G.m.b.H.
                      Abteilung: Theater
                      Für den geschäftsführenden
                      Direktor:
                      (gez.) Dr. Milbe

2

„Hallo!"
    „Hier Deutscher Literatur-Betrieb!"
    „Hier Peter Panter. Sie hatten mir geschrieben, Ihr Herr Generaldirektor

Bönheim möchte mich sprechen; es handelt sich um eine Revue ..."
„'n Augenblick mal. – – Ja – ?"
„Sie hatten mir geschrieben ..."
„Wer ist denn da?"
„Hier Peter Panter. Sie hatten mir geschrieben: Ihr Herr Generaldirektor Bönheim möchte mich ..."
„Ich verbinde mit dem Generalsekretariat Generaldirektor Bönheim."
„Hier Generalsekretariat Generaldirektor Bönheim?"
„Hier Peter Panter. Sie hatten mir geschrieben: Ihr Herr Generaldirektor Bönheim möchte mich sprechen – es handelt sich um eine Revue ..."
„'n Augenblick mal ...! – – Ja, was gibts denn –?"

„Hier Peter Panter. Sie hatten mir geschrieben: Ihr Herr Direktor Bönheim möchte mich sprechen; es handelt sich um eine Revue ..."
„Sie meinen Herrn Generaldirektor Bönheim –! Herr Generaldirektor ist nicht zu sprechen, er ist verreist; wenn er hier wäre, wäre er in einer wichtigen Konferenz."
„Ja, aber ... in dem Brief stand, es wäre eilig ... unterzeichnet hat ein Herr Doktor Milbe."
„Das ist Abteilung: Theater. Ich verbinde mit der Abteilung: Theater."

(Schlaganfall)
Darauf: Verabredung mit Herrn Dr. Milbe.

3

„Also, sehn Se, ich hab mir das so gedacht –: wir machen eine Revue, verstehn Se, also eine Revue, so was hat Berlin überhaupt noch nicht gesehn! Scharf, verstehn Sie mich, witzig, spritzig – also es ist ja gar kein Zweifel: diese Zeit schreit ja nach Satire! – das wird eine ganz große Sache! Wir haben sofort an Sie gedacht – nehm Sie ne Zigarette? – kommt ja gar kein anderer in Frahre. Wir engagieren Pallenberg, die Valetti, Paul Graetz, Ilka Grüning, Otto Wallburg – – Hallo? 'tschuldjen 'n Momentchen ...! (Viertelstündiges Telefongespräch) – also, wo waren wir stehengeblieben – Ja! Engagieren also die Massary, Emil Jannings, Lucie Höflich ... Nu ist da allerdings ein Haken: Ablieferungstermin des Manuskripts in acht Tagen. Ja, also das is nich anders! Warten ist zu teuer. Wir haben das Theater gepachtet – wir müssen mit der Sache raus. Na, Sie werden das schon machen! Regie? Piscator! Seffaständlich! Hat schon zugesagt; wenn er also nicht kann, dann Jeßner. Oder Haller. Auf alle Fälle: Ia. Da können Sie sich auf uns verlassen.

Die literarische Satire 107

Und gehn Sie ran, besonders in den Couplets ... nein, halt, machen Sie keine Couplets – machen Sie Sonx – jetzt macht man Sonx – natürlich nicht zu literarisch, nicha, wir wenden uns ja an ein großes Publikum ... also 'n bißchen allgemein-verständlich ... wir haben so etwa gedacht: *Dreigroschenoper,* mitm Schuß Lehár. Komponisten? Na, wahrscheinlich Meisel und Kollo oder Hindemith und Nelson, ein bißchen einheitlich muß es ja schon sein. Das Geschäftliche –? besprechen wir noch – unser leitender Herr ist heut grade in Moabit. Als Zeuge. Wissen Sie, ich war früher auch literarisch tätig; was meinen Sie, beneide ich Sie, wie gern würd ich wieder ... Hallo? nein! gehn Sie noch nicht weg! ich hab Ihnen noch was zu sagen! (Dreiviertelstündiges Telefongespräch) – Also wir verbleiben dann so, nicht wahr: es bleibt dann dabei: am 18. liefern Sie ab, und am 19. fangen wir an mit den Proben. Hier gehts raus ..."

4

„Doktor Milbe hat mich aber um halb elf bestellt."
„Tut mir sehr leid, Herr Doktor Milbe ist in einer wichtigen Konferenz."
„Da werd ich warten – Nanu! Mehring? Was machen Sie denn hier? ... und was ... der Onkel Kästner!"
„Tag, Panter. Ja, wir kommen hierher, wir haben uns unten getroffen, wir wissen auch nicht ... Mehring sagt mir, er arbeitet hier an einer Revue. Ich arbeite hier auch an einer Revue."
„Ich auch. Ganz ulkig – mir hat der Mann gar nichts gesagt, daß er noch andere auffordert ... da hätten wir doch gut zusammenarbeiten können ... so ein –"
„Herr Doktor Milbe läßt die Herren bitten!"
(gezischt) – Ich hab Ihnen doch gesagt, nicht alle drei zusammen –!
Also ... sehr nett, daß Sie kommen: ich habe die Herren gleich zusammengebeten, nicht wahr, es ist einfacher – – es war ja auch so besprochen. Bitte nehmen Sie Platz ... Tja ... also wir haben Ihre Texte durchgesehen ... durchgesehen ... ja, also da muß ich Ihnen nun leider sagen: also so geht das nicht. Sehn Se mal ... Hallo? 'tschuldjen 'n Momentchen ... (Halbstündiges Telefongespräch) – Wo waren wir stehengeblieben ... ja, also meine Herren, ich habe Ihnen das ja eben auseinandergesetzt, warum es so nicht geht. Herr Kästner, das ist ja viel zu fein, was Sie da gemacht haben – das verstehen die Leute ja gar nicht ... nee, die Revue soll natürlich gut sein, aber zu gut soll sie auch wieder nich sein! Herr Panter, das ist unmöglich, unmöglich, verstehen Sie mich – sehn Sie, hier das da, das ist gut, diese Szene mit dem Spreewaldkahn –"

„Die hatte ich mir als Parodie gedacht; die Szene ist gar nicht ernst ..."
„Na, das ist ja ganz gleich – dann machen wir sie eben ernst. So müßte die ganze Revue sein ... und hier, das da –:
    Komm mal rüber –
    komm mal rüber mit der Marie!
Sie irren, wenn Sie glauben, daß unsere Besucher für Geld ‹Marie› sagen – na ja, ich versteh das ja, aber wir haben Smoking-Publikum ... und dann hier, das mit der Reichswehr, das geht natürlich nicht. Und das mit Zörgiebel muß weg ... aber sonst ist es ganz ... Hallo? 'tschuldjen mich ... Zum Donnerwetter! Ich bin jetzt in einer wichtigen Konferenz! Ich will jetzt nicht gestört werden! Nein! Ja! Weiß ich nicht! Hören Se mal! (Halbstündiges Telefongespräch) – Also wo ... ja, Herr Mehring, nehmen Sie mir das nicht übel – ich habe das nicht verstanden! Also ich versteh das nicht! Na, dann bin ich eben literarisch nicht so gebildet wie ihr ... ich habe schließlich meine journalistischen Sporen verdient; ich trau mich gar nicht, das Herrn Generaldirektor Bönheim vorzulegen, der lacht uns ja glatt aus! Hier –:
    Und weil der Eskimo anders als der Börsianer spricht:
    Deswegen verstehen, verstehen wir alle, wir alle uns nicht!
Verstehn Sie das? Natürlich spricht er anders. Na, und das da:
    Es liegt eine Leiche im Landwehrkanal.
    Fischerin, du kleine –
also erstens ist das alt – und außerdem ist das unappetitlich; die Leute wollen doch nachher essen gehn. Nee, meine Herren – so geht das nicht. Also arbeiten Sie mir das um ... verstehen Sie mich, pikant, witzig, spritzig; ich habe für heute nachmittag auch noch Herrn Polgar und Herrn Marcellus Schiffer und Herrn Roellinghoff gebeten – wir müssen das schaffen. Sonst wende ich mich eben an Herrn Ammer oder an Herrn Villon oder schlimmstenfalls an Herrn Brecht ... also um vier Uhr, meine Herren, beim Regisseur ... auf Wiedersehn –!"

5

„Ich habe ihm erklärt: ich übernehme die Inszenierung überhaupt nicht. Ich weiß gar nicht, warum er Sie hier alle zu mir herbestellt hat! Wenn ich das mache, dann mach ich es nur unter folgenden Bedingungen: Gesinnung! Gesinnung! Gesinnung! Es muß was rein von der Wohnungsnot; es muß was rein von der Aufhebung des § 194 der Strafprozeßordnung – das sind doch Probleme! Außerdem ist da natürlich der Film."
„Was für ein Film?"
„Der Film nach dem Stück von Bronnen."

Die literarische Satire

„Was für ein Stück von Bronnen?"
„Das Stück nach dem Roman von Remarque. Also dieser Film nach dem Stück nach dem Roman – daraus mache ich einen Tonfilm, also es wird eigentlich kein Tonfilm, aber ich mach das so, mit einer laufenden Treppe, Jeßner hat ... Guten Tag, Herr Doktor! Guten Tag! Herr Direktor Bönheim – sehr nett, daß Sie gekommen sind ..."
„Wo kann man bei Ihnen mal telefonieren –?"
„Hier, bitte ..." – –
„So. Also jetzt kanns losgehen. Ja, also, meine Herren, wir fangen morgen an, mit den Proben, aber es müssen da noch einige Kleinigkeiten geändert werden. Das hier, geben Sie mal her, das hier geht nicht. Über die Justiz können wir uns so nicht lustig machen; das muß – bitte mal den Rotstift, danke! – das muß hier raus. Meine Herren, wenn Sie es nicht wissen sollten: wir sind mit Bosenstein & Klappholz liiert, und hinter denen stehn IG-Farben, solche Witze über die Börse – nee, also Taktlosigkeiten, verzeihen Sie, aber das wolln wir nicht machen. Immer hübsch im Rahmen bleiben. Na, hier ... das mit der Internationale ... die können Sie ja singen lassen, wenn Sie durchaus meinen; das hören ja die Leute vorm Abendbrot immer ganz gerne. Also arbeiten Sie mir das um –"
„Herr Generaldirektor Bönheim wird am Telefon verlangt!"
„Ich? – 'tschuldjen einen Augenblick mal –!"
(Bängliche Pause. Geflüster)
„Herr Doktor Milbe meint ... mit der Massary!"
„Na das können Sie doch machen, Panter; Sie haben doch schon so oft für die Frau Couplets, danke, ich rauch jetzt nicht, machen wollen ..."
„So, da bin ich wieder. Ja, also ich höre eben, Emil Jannings hat abtelegrafiert und Otto Wallburg auch, das schadet aber nichts, das besetzen wir um, ich habe da ein paar sehr begabte junge Leute. (Milbe, ich dachte an ... puschpuschpusch ...) Ja, also wie weit sind Sie nu –? Mit den Streichungen. Ja. Herr Mehring, was hat Ihnen eigentlich der Reichskanzler getan? Lassen Sie doch den Mann in Frieden – wird auch kein leichtes Leben haben. Is nich wahr? Nein, sehn Se mal ... zum Beispiel die berliner Verkehrsregelung, das ist ein Skandal! Vorhin hat mein Wagen geschlagene fünf Minuten am Wittenbergplatz halten müssen – da müßtet ihr mal was schreiben! Ja. Na, und der Titel?"
„Ja, der Titel ...?"
„Herr Kästner, wie nennen Sie das Ding?"
„Herz im Spiegel."
„Und Sie Herr Panter?"

„Schwedenpunsch."
„Und Sie, Herr Mehring?"
„Nacht auf dem Blocksberg."
„Also schön – dann heißt die Revue: Jeder einmal in Berlin. Meine Herren, Herr Doktor Milbe wird Ihnen das Weitere auseinandersetzen; ich habe noch eine wichtige Konferenz ... Auf Wieder –!"
„Gewiß, Herr Generaldirektor. Famos, Herr Generaldirektor! Also, meine Herren, wie ich Ihnen gesagt habe: die Revue – steht. Nu arbeiten Sie sie um!"

6

„Halt!"
„Warum Halt?"
„Wie kommt der Alligator auf die Bühne?"
„Ich habe das so angeordnet – Herr Klöpfer will das so ..."
„Das hat doch aber ... hat doch aber gar keinen Bezug auf den Text –? Es ist ein Lied des Kuppelvaters ... was soll um alles in der Welt ..."
„Ich schmeiße euch die Rrrolle hin, wenn Herr Panter hier immer stört! So kann ich nicht probieren! Da soll der Teufel probieren – ich nicht! Da –"
„Aber, Herr Klöpfer ... wir ..."
„Halten Sie Ihren Mund! Ich erwürrge Sie mit meinen nackten Händen! Wenn ich aus diesem Drecktext nicht was mache, dann lacht kein Aas, dann geht überhaupt keiner rein! Alle Nuancen sind von mir, alles von mir: hier, das mit dem Reifen, und beim zweiten Refrain mache ich falschen Abgang und komm mit ner Gasmaske wieder raus, und wenn ich hier nicht den Alligator auf den Arm nehmen kann, dann könnt ihr mich alle ..."
„Herr Panter, lassen Sie ihm schon den Alligator –! Es ist vielleicht wirklich ganz gut! (Piano) Am Abend geb ich dem Tier Rizinus!"

7

„Das sing ich nicht."
„Ja, Kinder, wenn ihr nicht singt, was da steht – ihr könnt doch nicht eigene Verse reinmachen!"
„Warum können wir das nicht! Das können wir sehr schön! Dann mußt du uns eben bessere Texte machen, Panterchen!"
„Gnädige Frau, das geht wirklich nicht. Von mir aus kann ja hier gesungen werden, was will ... aber mein Name steht auf dem Zettel – –"

Die literarische Satire 111

„Ich kann das nicht! Ich kann das nicht! Meine Nerven halten das nicht aus! Ich werf euch den ganzen Kram hin! Entweder ich singe hier, oder ich singe hier nicht! Sie gehn überhaupt raus, Sie alter Bock – den ganzen Tag ist der Kerl hinter der Kate her ... gearbeitet wird hier nichts ... ich wunder mich, daß ihr die Betten nicht mit ins Theater bringt!"
„Aber, Kindchen ... es ..."
„Dieses Bordell ist ein Theater ... ich meine: dieses Theater ... ich geh überhaupt ab! Spielt euch euern Dreck alleine –!"

8

„Bühne frei –! Halt mal, nicht! noch nicht anfangen! Was ist, Herr Direktor –?"
„Milbe, ändern Sie mir das um! Hier, das hier im vierten Bild. Unmöglich! Wie konnten Sie das stehenlassen! Stresemann verkehrt im Bühnenklub, so kann man nicht mit unserer Diplomatie umspringen! Herr Kommerzienrat Moosheimer hat mir überhaupt schon Vorwürfe gemacht, daß ich mich auf die Sache eingelassen habe – mir ist schon mies vor der ganzen Revue ... unntä ... dann dürfen die Schupos im achten Bild keinesfalls wieder ihre Uniform anziehen; die müssen französische Uniformen nehmen, wir haben ja noch welche aus der vorigen Revue ... lassen Sie Pichorek mal sofort nachsehen – und das Lied gegen den Reichstag wird gestrichen ... das ..."
„Hat aber auf der Generalprobe sehr gewirkt, Herr Direktor!"
„Das ist mir pipenegal! Wer ist hier Direktor, Sie oder ich? Diese revolutionären Texte, ich bin ein guter Republikaner ... die Karikatur vom Kronprinzen in der Gerichtsszene kommt mir auch runter, es ist leicht, einem toten Löwen einen Fußtritt zu versetzen, außerdem hab ich nicht Lust, euretwegen meine ganzen Geschäftsverbindungen ..."
„Bühne frei! Gong –!"

9

(*Deutsche Tageszeitung*): – – Dieser rote Schund – –
(*Vossische Zeitung*): ... unser Freund Peter Panter wohl seinen matten Tag gehabt haben mag. Das kann jedem passieren. Aber an solchen Tagen dichtet man eben nicht. Nach der Reichstagsszene, die seltsam salzlos war, ging der Sprecher ab, und wir blieben zurück, ratlos, was das wohl zu bedeuten hätte; es schien dann, als wollte der Schauspieler, der den Reichstagspräsidenten darstellte, noch irgend etwas sagen, aber wahrscheinlich hat hier die Erfin-

dungsgabe des Autoren nicht gereicht ... was französische Polizisten in einem deutschen Versammlungssaal zu tun haben, wird wohl das ewige Geheimnis unseres Autors bleiben ... es war kein guter Tag für ihn. Man werfe diesem Raubtier einen andern Braten vor und lasse es durch neue Reifen springen.

10

(Frau Wendriner am Telefon; morgens halb elf) – „hat sie gesagt, wenn sie ein neues Mädchen für dich hat, wird sie mich anklingeln. Du kannst dich unbedingt auf sie verlassen; sie besorgt mir immer die Tassen nach, fürs Geschirr; sie ist durchaus zuverlässig. Gestern –? Im Majolika-Theater, zu der neuen Revue, Premiere. Nei-en – mäßig. Die Bois ganz nett, aber es war alles so durcheinander, wir haben gar nicht gelacht. Es hieß erst, das wär nu die ganz große Sache, aber wir wollten schon nach der Pause gehen. Oskar ist dann noch geblieben, weil er Paul nach der Vorstellung noch sprechen wollte, geschäftlich. Das einzige war noch Graetz und die Hesterberg, sonst gar nichts. Margot hat gestern angerufen; warum du denn gar nicht mal bei ihr anrufst, sie will mich morgen anklingeln, und du sollst doch auch mal Lina anklingeln, damit Lina Trudchen anruft, wegen dem Schleiflack, Käte ist sehr zufrie –"

11

„Sie sind schuld –!"
„Ich? Das ist ja großartig! Sie sind schuld –!"
„Wer hat es gleich gesagt? Wer hat es gleich gesagt?"
„Macht hier nicht sonen Krach im Theaterbüro! Davon kommt das Geld auch nicht wieder! – Statt sich anständige Autoren zu holen! Presber! Remarque! Ferdinand Bruckner! Nein, da holen sie sich ihre guten Freunde ran ..."
„Das verbitte ich mir."
„Sie haben sich hier gar nichts zu verbitten – das ist mein Unternehmen, Herr Doktor Milbe –! Was steht ihr überhaupt hier alle rum? Wollt ihr vielleicht Geld von mir? Dafür wollt ihr noch Geld? Wozu zahle ich meine Theaterpacht ... Ich will euch mal was sagen –"
„Was ist denn das für ein Ton –?"
„Sie sind entlassen! Sie ehmfalls! Ich werde hier mit eisernem Besen ..."
„Sie mir auch! Diese Dreckbude von Theater – Mahlzeit!"

Die literarische Satire 113

„Raus hier! Hat einen Charakter wie ein Klosettdeckel –"
„Panter! Los! Ab!"
„Sie hätten ..." – „Ich habe ..." – „Sie Riesenroß, wer hat gleich am ersten Tag ... aber auf mich hört ja keiner, in meinem eigenen Betrieb ... das wird mir von heute ab ... ich bin ein alter Theaterhase, und diese Lausejungen ... Ich verkaufe den Betrieb überhaupt, da könnt ihr sehen, wie ihr ohne mich fertig werdet! Ich geh ins Tonfilmsyndikat oder zurück zur Konfektion –!"

„Ihr kommt runter? Ich geh rauf – mein Geld holen."
„Da bemühen Sie sich gar nicht erst nach oben. Geld is nich. Aber Krach."
„Um Gottes willen ... was ist da oben los? Man möcht ja meinen, es wär Mord und Totschlag – wer schreit denn da so –?"
„Das? Das ist die Zeit. Sie schreit nach Satire –!"

© Rowohlt Verlag

Walter Mehring, *Der Coitus im Dreimäderlhaus (Mein neustes Gedicht mit einer Einlage: Die neue Nationalhymne)*, in: *Jedermann sein eigener Fußball*, 1. Jg. (1919), Heft 1, S. 4.

Peitsch Dir den Hintern lila, mein süßer Fratz
Mondschein die kahle Platte (und ich lausche dem Graswuchse)
Wo einst das Halali der Hofjagd –
(Läuse sind phänomenalstes Dammwild)
Du Staatskokotte *Germania*
Mir krabbelt grad eine die Heerstraße lang
Wie einst im Mai nach Potsdam
Da kam kein Kaiser und kein König
Nur graue Salbe
1,25 garantiert rein
Aus den Beständen der Schloßapotheke.
Hab Dir nich Kleene
Immer fest druff
(Sprach Prinz Eugen der edle Ritter
Pour le mérite vom Gardekorps)
Und Zieten aus dem Busch
Auch die Republik braucht Soldaten
(Noske lächelt verschämt
Wenn der Deutschnationale schwarz-weiß flaggt)
Cäcilie mein Engel,
Lüfte das Hemd, Heut ist Kaisers Geburtstag
Wir machen 'ne Extratour
Nach Amerongen
Hintenrum
Alte 175er
Ich rechne auf Euch!
Regiment Reinhard wohldiszipliniert mit fünf Mark täglicher Löhnung
(Nicht zu verwechseln mit Arthur Kahane vom Deutschen Theater)
Und die Büchse der Pandora
Oder Allzeit
    Schußbereit
Ja der deutsche Soldat trifft immer ins Schwarze
Wo es am blondesten ist.
Sei mir gegrüßt Du mein schönes Sorrent
Ach kitzle mir mal am Hosenlatz
Mensch Ebert in Weimar!

Na Dickerchen willst mal
Letzte Liebe von Joethe
Kinder und Volksbeauftragte die Hälfte
Ohne Trinkgeldzwang
Ober 'ne Schale Jungfernhaut
Und tüchtig Melange drüber
Der Herr ist noch neu
Und denn rinn ins Vergnügen!
Familienbad die Nationalversammlung.

So braust ein Ruf wie Donnerhall
Wie Schwergeklirr und Wogenprall:
Ein deutsches Weib, ein deutscher Suff,
Ach Männe hak mir mal die Taille uff!

© Peter Schifferli Verlag AG „Die Arche"

Hoppla! Wir leben! (1927)

In diesem *Hôtel zur Erde*
 war die Crème der Gesellschaft zu Gast –
Sie trug mit leichter Gebärde
 die schwere Lebenslast –
 Sie hielt auf gute Ernährung –
bis sie eine Kriegserklärung
 als Scheck in Zahlung gab –
Da kamen die Diplomaten
um über den Fall zu beraten –
Die sprachen: Wir brauchen einen Krieg
und Größere Zeiten eben! Es gibt nur eine Politik:
 Hoppla, wir leben –
 Wir leben
   und rechnen ab!

Säbelrasseln – Volksekstase –
Welche Tänze tanzt man morgen?
 Hoppla!
Blaukreuzgase – Menschheitsphrase !
Unsere Sorgen!

Hoppla!
Es blutet uns das Herze
vor lauter Druckerschwärze
Hoppla!
    Gleichheit soll's für alle geben =
In Schützengräben!
Hoppla!
    wir leben!

Nun waren im *Hôtel zur Erde*
die Militärs zu Gast –
Die führten mit Schwertern
                Beschwerde,
dem Vaterland zur Last –
  sie machten blutige Spesen
  und nicht viel Federlesen
  um jedes Massengrab.
Doch als es hieß: bezahlen! –
– den Krieg, den sie befahlen –
da kamen der Herr Generalfeldmarschall
und die Geistlichkeit daneben –
die sangen – ergreifend – den Dankchoral:
    Hoppla ! wir leben!
Wir leben –
        und rechnen mal ab:
Die Muschkoten – und die Roten –
das sind unsre Feinde morgen –
und die drei Millionen Toten
Unsre Sorgen!
    Hoppla!
Die schwere Not der Herzen
die werden wir verschmerzen –
    Freiheit ?
        eine sollt ihr haben!
Laßt euch begraben!
Hoppla!
    Wir leben!

**

In diesem *Hôtel zur Erde*
   vom Donnerhall umbraust –
da hat die Schlachthof-Herde
   im Heldenkeller gehaust.
   Sie mußte ihre Zechen
   mit blanken Knochen blechen –
      Dann machte die Bande schlapp!
Da kamen
      die Herren Generaldirektorn
      und forderten Vergeben!
   Wir gaben euch ein Notquartier
   – und was zum Überleben.
Ihr seid Halbtote!
               aber WIR –
      Hoppla!
         wir leben –
      WIR leben!

         Jetzt rechnen WIR ab!

Denn ihr habt nichts zu verlieren!
   Aber uns wird keiner borgen!
      Hoppla!
   Hungern! Frieren – und krepieren:
      Eure Sorgen!
         Hoppla!
   Wir bluteten
            Moneten –
Bezahlt sie ab! Proleten!
      Freiheit ?
            hinter Gitterstäben –
      bis die Schuld zurückgegeben!
      Hoppla!
         WIR leben
            und rechnen sie ab!

                  **

In diesem *Hôtel zur Erde*
    ist die Creme der Gesellschaft zu Gast –
Sie trägt mit leichter Gebärde
    die schwere Lebenslast –
    Die Feinde sind verdroschen!
    Gib dem Krüppel einen Groschen!
    Wir haben es selber so knapp!
Die Philister:
Minister und Richter:
    es sind wieder dieselben Gesichter –
    Es ist wieder ganz wie vor dem Krieg –
    vor dem nächsten Kriege eben –
    Im Charleston liegt die Schlachtmusik:
    – Hoppla!
        Die leben!

Wann rechnen mit ihnen WIR ab? –

Wenn den Bau wir demolieren,
    Welche Tänze tanzt Ihr morgen?

Wenn statt Euren hie regieren
    unsre Sorgen?
        Hoppla!
Sucht Schutz bei Eurem GOTTE
– dem Elektrischen Schafotte!
        Hoppla!
              kommt mit Euren Generälen!
WIR befehlen:
    Hoppla!
        Wir leben!

© classen Verlag

Die literarische Satire 119

Joachim Ringelnatz, Gedichte

Bumerang (aus: *Turngedichte*, 1920)

War einmal ein Bumerang;
War ein Weniges zu lang.
Bumerang flog ein Stück,
Aber kam nicht mehr zurück.
Publikum – noch stundenlang –
Wartete auf Bumerang.

Der Bandwurm (aus: *Kuttel Daddeldu*, 1920)

Es stand sehr schlimm um des Bandwurms Befinden.
Ihn juckte immer etwas hinten.
Dann konstatierte der Doktor Schmidt,
Nachdem er den Leib ihm aufgeschnitten,
Daß dieser Wurm an Würmern litt,
Die wiederum an Würmer litten –

Im Park (aus: *Reisebriefe eines Artisten*, 1927)

Ein ganz kleines Reh stand am ganz kleinen Baum
Still und verklärt wie im Traum.
Das war des Nachts elf Uhr zwei.
Und dann kam ich um vier
Morgens wieder vorbei,
Und da träumte noch immer das Tier.
Nun schlich ich mich leise – ich atmete kaum –
Gegen den Wind an den Baum,
Und gab dem Reh einen ganz kleinen Stips.
Und da war es aus Gips.

Komm, sage mir was du für Sorgen hast (aus: *Allerdings*, 1928)

Es zwitschert eine Lerche im Kamin,
Wenn du sie hörst.
Ein jeder Schutzmann in Berlin
Verhaftet dich, wenn du ihn störst.

Im Faltenwurfe einer Decke
Klagt ein Gesicht,
Wenn du es siehst.
Der Posten im Gefängnis schießt,
Wenn du als kleiner Sträfling fliehst.
Ich tät es nicht.

In eines Holzes Duft
Lebt fernes Land.
Gebirge schreiten durch die blaue Luft.
Ein Windhauch streicht wie Mutter deine Hand.
Und eine Speise schmeckt nach Kindersand.

Die Erde hat ein freundliches Gesicht,
So groß, daß man's von weitem nur erfaßt.
Komm, sage mir, was du für Sorgen hast.
Reich willst du werden? – Warum bist du's nicht?

Kindergebetchen (1929)

Erstes

Lieber Gott, ich liege
Im Bett. Ich weiß, ich wiege
Seit gestern fünfunddreißig Pfund.
Halte Pa und Ma gesund.
Ich bin ein armes Zwiebelchen,
Nimm mir das nicht übelchen.

Zweites

Lieber Gott, recht gute Nacht.
Ich hab noch schnell Pipi gemacht,
Damit ich von dir träume.
Ich stelle mir den Himmel vor
Wie hinterm Brandenburger Tor
Die Lindenbäume.
Nimm meine Worte freundlich hin,
Weil ich schon sehr erwachsen bin.

Die literarische Satire 121

Drittes

Lieber Gott mit Christussohn,
Ach schenk mit doch ein Grammophon.
Ich bin ein ungezognes Kind,
Weil meine Eltern Säufer sind.

Verzeih mir, daß ich gähne.
Beschütze mich in aller Not,
Mach meine Eltern noch nicht tot
Und schenk der Oma Zähne.

© Karl H. Henssel Verlag

III. Wechselblicke
Zeitschriften und Magazine

Simplicissimus – ein Name, „schwer auszusprechen und klanglos"[1], bei dem der passionierte Literaturkenner sofort den 1668 in Deutschland erschienenen Schelmenroman *Der abenteuerliche Simplicissimus Teutsch* von Hans Jakob Christoffel von Grimmelshausen erinnert. Ähnliche oder weitergehende literarische Assoziationen stellen sich kaum ein, wenn man des graphischen Markenzeichens der Blattes gewahr wird, hält man es denn einmal in den Händen: die rote, kläffende Bulldogge. Die Verwandtschaft im Namen hat die breite Öffentlichkeit inzwischen fast vergessen. Sie sieht nur die durch ihre Aufmachung so einprägsame Zeitschrift, die für Ironie, schneidende gesellschaftliche und politische Satire steht, aber auch – wegen des Erscheinungsorts – für Schwabinger Bohème und Permaneder-Haltung[2] im Gegensatz zu Berliner Schick und Schnauze. Die heimliche Hauptstadt München scheint der wirklichen während der Jahrhundertwende wenigstens eines voraus zu haben: eine literarisch und satirisch ambitionierte Wochenschrift.

Der *Simplicissimus* ist bereits mit dem Datum seines Erscheinens am 4. April 1896 eine Institution; er wird sogleich zum Inbegriff für beißenden Spott, abgründigen Humor und Verächtlichmachung, ist Synonym für zündenden Witz innerhalb einer Presse, in welcher Satire, Karikatur und Prosa sich wechselseitig befruchten: ein Sonderfall unter den seit dem 19. Jahrhundert besonders populären illustrierten Zeitschriften. Offen benennt er Mißstände und übt Kritik: Zweiundfünfzigmal im Jahr wird der Obrigkeitsstaat in all seinen Facetten öffentlich vorgeführt. Mehr nicht? Das wirklich große Verdienst des *Simplicissimus* sei, wie Leo Tolstoi lobt, daß er nicht lüge. Derartige Satire ist also der Wahrheit verschwistert. Damit ist der *Simplicissimus* zu einem historischen Dokument aufgewertet und erweist sich als ein publizistisches Medium, welches den Historikern der kommenden Jahrhun-

---

[1] Th. Th. Heine, zit. bei Anton Seiler, Glanz und Elend des Simplicissimus, in: Simplicissimus. Eine satirische Zeitschrift, München 1896 – 1944, Ausstellungskatalog, München 1978, S. 37.

[2] Herr Permaneder, eine von Thomas Mann bewußt überzeichnete Figur aus seinem Roman „Buddenbrooks. Verfall einer Familie", ist Synonym für jenen bajuvarischen Typus, der schlichten Gemüts ist, derb und volkstümlich sich verhält und grob oder besserwisserisch seine Meinung kundtut.

derte zu einem der wichtigsten und kostbarsten Quellen gereichen wird.[3] An ihm läßt sich ablesen, wie der Zeitgenosse über seine Zeit dachte, fühlte und – schimpfte. Und noch heute fällt sein Name sehr oft, wenn es gilt, ohne viel Nachdenkens eine bedeutende, deutschsprachige Satire-Zeitschrift zu nennen. Die unmittelbaren Vorläufer des *Simplicissimus* bringt das 19. Jahrhundert hervor. Die illustrierte satirische Zeitschrift ist zwar keine Erfindung dieser Zeit, erlangt aber hier erstmals die Funktion eines bewußt und konsequent eingesetzten publizistischen Mediums.[4] In Frankreich, genauer in Paris, steht die Wiege für dieses publikumswirksame Genre. Bereits 1830 wird von Charles Philipon *La Caricature* herausgegeben. Zielscheibe des literarischen und zeichnerischen Spotts ist der Herzog von Orléans, Louis-Philippe. Als birnenförmiger Kopf dargestellt oder ganz auf eine Birne reduziert, dick und faul, ein auf Kosten des Volkes lebender Monarch, diese Bilder werden umgehend und über die Landesgrenze hinweg berühmt. Aber nicht *La Caricature*, sondern *Le Charivari*, nur zwei Jahre später und ebenfalls von Philipon gegründet, avanciert im Laufe der Zeit zum Prototyp aller europäischen Witzblätter. Mitarbeiter wie Daumier und Gavarnis zeichnen dabei für die Qualität der Zeitschrift verantwortlich. In England wird in Anlehnung an das französische Vorbild dann 1841 die heute noch legendäre Zeitschrift *Punch*[5] aus der Taufe gehoben (der Name soll übrigens zurückgehen auf die Figur des Pulcinella [der gefräßige, listige Diener] aus der italienischen Commedia dell'arte).[6] Ihre Gründer Henry Mayhew und Mark Lemon vertreten einen gemäßigten, ausgekühlten Stil: vorsichtige Kritik, die niemanden direkt verletzen soll, intellektuell, ‚sophisticated' und das Ganze auf höchstem journalistischen Niveau. Für Deutschland entwickeln Kaspar Braun und Friedrich Schneider die seit 1844 erscheinenden *Fliegenden Blätter*, die im Titel bewußt an die Flugblätter der Reformationszeit anknüpfen, zum erfolgreichsten Witzblatt. Volkstümliche Künstler, wie Moritz von Schwind, Carl Spitzweg, und Wilhelm Busch, garantieren durch ihre Zuarbeit jahrelangen Publikumserfolg. Dabei setzen die Autoren wie Karikaturisten mehr auf eine vermeintlich harmlose Form der Unterhaltung, die, ganz aus dem biedermeierlichen Zeitgeist geboren, die kleinbürgerliche Heiterkeit pflegt, denn auf derbe Kri-

---

[3] Vgl. dazu Helga Abret, Aldo Keel, Im Zeichen des Simplicissimus. Briefwechsel Albert Langen und Dagny Björnson, 1895 – 1908, München 1987, S. 93.
[4] Vgl. Carla Schulz-Hoffmann, Zur Geschichte der illustrierten satirischen Zeitschrift, in: Simplicissimus. Eine satirische Zeitschrift, S. 23.
[5] Der Untertitel „The London Charivari" läßt die geistige Verwandtschaft zum Pariser Original erkennen.
[6] Schulz-Hoffmann, Zur Geschichte der illustrierten satirischen Zeitschrift, S. 30.

tik an Gesellschaft und Politik zielt, wie sie später vom *Simplicissimus* verfochten werden wird. Der *Wahre Jakob*, 1884 in Stuttgart gegründet, schiebt dagegen die rein politische Satire in den Vordergrund: Er avanciert zum Sprecher in einer offenen Klassengesellschaft und stellt die imperialistischen Bestrebungen bzw. die Kolonialpolitik des deutschen Reiches an den Pranger.

Was also in Deutschland fehlte, war eine illustrierte Zeitschrift, die sich nicht an einem vorgegebenem Muster abarbeitete, sondern sowohl in der Aufmachung, in Form und Inhalt, als auch von der Thematik her einen unverwechselbaren Charakter, ein prägnantes Erscheinungsbild durch die Karikaturen und Texte herauszubilden verstand. Dem Verleger Albert Langen[7] sollte dies gelingen, als er 1898 die satirische Zeitschrift *Simplicissimus* der Öffentlichkeit übergibt. Diese Zeitschrift ist von Anbeginn an einzigartig und eindrücklich wegen der Schärfe ihrer Wort- wie Bildbeiträge, eine in der deutschen Presselandschaft vorbildhafte Synthese von Intelligenz und Kultur.[8] Der Schlüssel zum Erfolg? Ursprünglich sollte das Blatt ein literaturkri-

---

[7] Langens ursprüngliche Absicht war es, Gesellschaftskritik durch Literatur zu betreiben und neuen geistigen Strömungen mittels des zu gründenden Mediums zum Durchbruch zu verhelfen. Erst nach ungefähr einem Jahr gewann die Wochenschrift an Profil: Der anfangs blinde „Simplicissimus" begann, schärfer als alle anderen die Übel der Zeit zu erkennen und anzuprangern. Vgl.: Christian Schütze, Die Geschichte des Simplicissimus, in: Das Beste aus dem Simplicissimus. Eingeleitet von Golo Mann, ausgewählt und kommentiert von Christian Schütze, o.O., o.J. [nach 1961].

[8] Für diese Qualität ist der „Simplicissimus" heute noch bekannt. Allerdings muß festgehalten werden, daß sich die Zeitschrift thematisch und strukturell radikal verändert hat: Obwohl die Redaktion der nationalsozialistischen Regierung am 1. April 1933 „loyales Verhalten in bindender Form" zugesichert hat, wird die GmbH 1936 aufgelöst, als der gleichgeschaltete Verlag Knorr & Hirth den „Simplicissimus" übernimmt. Von der NS-Parteispitze als Aushängeschild fürs Ausland betrachtet, kann die Redaktion trotz niedriger Papierverteilung doch weiterarbeiten. Das Profil des „Simplicissimus" schwindet jedoch im Dunst nationalsozialistischer Ideologie dahin. Die vergeblichen Versuche des Feuilletonisten Walter Foitzick, des letzten Redakteurs, mit Federzeichnungen von Alfred Kubin oder Stichen von Otto Nückel den Niedergang abzuwenden, zeigen die ausweglose Situation des Blattes. Mit dem sich langsam abzeichnenden Kriegsende sieht sich die einst unabhängige und angriffslustige Zeitschrift widerstandslos: Direkt vom Propagandaministerium gelieferte Beiträge, so z.B. von Mjölnir, „dem Berliner Chefideologen aller Karikaturisten" (Simplicissimus. Eine satirische Zeitschrift, S. 51), und Erich Schilling, müssen nun veröffentlicht werden. Die Zeitschrift stirbt im 49. Jahrgang mit der Ausgabe vom 13. September 1944. Nach dem Ende

tisches Blatt werden und nach Langens Vorstellung Autoren aus dem Ausland (insbesondere Skandinavien, Frankreich und Rußland) ein uneingeschränktes Forum bieten. An den herrschenden Zeittendenzen in Politik und Gesellschaft kann und will der *Simplicissimus* jedoch nicht vorbeisehen. So proklamiert das erste Titelblatt bereits deutlich eine Kampfansage: „Unsern Feinden. Dummheit, Misanthropie, Prüderie und Frömmelei". Unter der Überschrift *Simplicissimus spricht* stellt sich das vorläufige Programm – allerdings eher noch gemäßigt – in Versen vor: „Hier bin ich: frei und jung und ahnungslos; / Nicht Schwert, noch Helm und Lanze will ich tragen, / mit heißen Worten nur will ich euch schlagen."[9] Dem saturierten, sich im so trügerisch friedlichen wie kaiserlichen Deutschland breitmachenden Bürger verschlägt es Woche für Woche den Atem. Mit dem Erscheinen der roten Bulldogge von Th. Th. Heine in Heft 8 des ersten Jahrgangs gewinnt die Zeitschrift dann das Profil gebende Element: die Karikatur. Heine hatte ein Bild mit dem Titel *Vom Kriegsschauplatz in Wien* entworfen, auf dem drei Soldaten der österreichischen Armee ein Plakat des *Simplicissimus* mit Säbelhieben zerstören[10], während eine rote Bulldogge gegen einen der Polizisten das Bein hebt. Das „Hundevieh"[11] wird zum erfolgreichen Signum des *Simplicissimus*.[12]

Th.Th. Heine: Dies ist das Hundevieh, Simplicissimus, Nr. 1 (1906)

---

des Zweiten Weltkrieges wird zweimal der Versuch unternommen, den „Simplicissimus" wiederzubeleben: am 28. März 1946 von Willi Ernst Freitag und im Oktober 1954 von Olaf Iversen, dem ab 1959 Otto Iffland nachfolgt. Während die erste Bemühung nach vier Jahren bereits fehlschlägt, hält sich der ‚zweite' Nachkriegs-„Simplicissimus" samt roter Bulldogge immerhin 24 Jahre. Doch das Kläffen des Hundes wirkt längst nicht mehr bedrohlich und störend. Still verschwindet die einst revolutionäre Zeitschrift im Juni 1967.

[9] Simplicissimus, 1. Jg., Nr.1, 4. April 1896, S. 2.
[10] Als Anspielung auf das „Simplicissimus"-Verbot in Österreich, in dessen Zusammenhang ein von Th. Th. Heine gestaltetes Plakat eliminiert werden mußte.
[11] Th. Th. Heine: Das ist das Hundevieh, Simplicissimus, 10. Jg. (1906), Nr. 1 (Titelblatt).

"Frei und jung" war die satirische Zeitschrift wohl, "ahnungslos" ist sie jedoch bei weitem nicht mehr. Mutiger und frecher denn je schlägt sie jede Woche aufs Neue über die Strenge. Der Staat wehrt sich mit einem Verkaufsverbot an Bahnhöfen[13] und Beschlagnahmungen, die aufs Korn Genommenen mit Anklagen wegen Verletzung des Persönlichkeitsrechts.[14] Derartige Vorkommnisse sind inzwischen fast gang und gäbe und werden von der Redaktion mit Fassung getragen, schließlich bedeutet solche Art von Empörung auch eine erhöhte publicity. Der spektakuläre Fall der Majestätsbeleidigung[15] von 1899 dagegen wirkt sich existentieller aus: Er zwingt Lan-

---

[12] Erfolg hat bekanntlich viele Väter: Eugen Roth berichtet mit Bezug auf Korfiz Holm, jahrelanger Begleiter Langens und Schriftleiter der Zeitschrift, Willy Grétor habe die Idee zur Gründung einer satirischen deutschen Zeitschrift nach dem Vorbild der "Gil blas Illustre" oder der "L'assiette au beurre" gehabt. Frida Strindberg behauptet dagegen, ihr Mann, August Strindberg, habe den Vorschlag Grétor und Langen unterbreitet. Oder waren es Langens Bekannte Otto Erich Hartleben und Maximilian Harden, die den Plan einer satirischen Zeitschrift gehegt hätten? Nach Th. Th. Heine sei Langen selbst der Initiator gewesen. Wie dem auch sei: Der "Simplicissimus" lag ganz offensichtlich in der Luft, und wer den Namen letztendlich dazugab, kann nicht mehr festgestellt werden.

[13] Trotz der Tatsache, daß mit diesem Verbot eine der wichtigsten Verkaufsstellen wegfällt, läßt sich Langen nicht beirren und reagiert auf den Schachzug des Staates mit einer beißenden Satire auf die Eisenbahn. Ein neues Zielobjekt ist gefunden: "Wozu sind Eisenbahnen eigentlich da? Um die Menschen sicher und schnell von einem Ort zum anderen zu führen – oder lösen wir eine Fahrkarte, damit die preußische Eisenbahnverwaltung während der Dauer dieser Fahrt unser geistiges Wohl in Obhut nimmt? Ist die Eisenbahn eine großartige Verkehrseinrichtung oder eine Riesen-Kinderbewahranstalt mit tausend Filialen im ganzen Land? [...] Wen glaubt man eigentlich zu treffen? Den ›Simplicissimus‹? Nein! Der steht Gott sei Dank fester auf seinen Beinen als ein preußischer Staatsminister ..."(zit. nach Seiler, Glanz und Elend des „Simplicissimus", S. 41).

[14] Als Beispiel dient der Fall der Schwabinger Gräfin Franziska zu Reventlow, die wegen ihres Beitrags "Das Jüngste Gericht" (Nr.41 des 1. Jahrgangs) wegen Gotteslästerung angeklagt wird, was dann die Beschlagnahme der "Simplicissimus"-Nummer zur Folge hat.

[15] Die Palästinareise des Kaisers 1889 bietet der Redaktion des "Simplicissimus" eine Fülle von Angriffspunkten. Während Wilhelm der II. unter dem Vorwand des Gebets an heiligen Stätten dreihundert Millionen Mohammedanern Schutz versprechend seine Reise zelebriert, vertritt die Deutsche Bank in Konstantinopel vornehmlich Deutschlands Interesse am Kapitalexport und hofft auf die Konzession zum Bau der Bagdad-Bahn. Für eine derart aggressive Politik hat die "Simplicissimus"-Redaktion kein Verständnis und gibt eine Palästina-Nummer heraus: Th. Th. Heine steuert ein Bild bei, das den zu Kaiser Barbarossa sprechenden

gen bis zum Jahr 1903 ins Exil. Der Druckort wechselt von Leipzig nach Stuttgart. Langen leitet von Paris aus die Zeitschrift – mit Unterstützung seiner Frau Dagny Björnson, die, immer zwischendurch nach München reisend, die unternehmerischen Pflichten ihres Mannes übernimmt.[16] Die Zahl der verkauften Exemplare schnellt von 15000 auf 85000. Mit diesem Skandal nun ist der Zeitschrift endlich Weltruhm gesichert. Ludwig Thoma, Mitarbeiter und Redakteur in jenen Jahren, beschreibt die daraus sich ergebenden Chancen für die Mitarbeiter: „Wir standen als angehende Dreißiger fast alle im gleichen Alter, hatten keinen Willen als den eigenen zur Richtschnur und handelten nach Gesetzen, die wir uns selbst auferlegten. Es gab keinen Chef, dessen Meinung und Wünsche zu berücksichtigen waren; es gab keine äußerliche, außerhalb des Könnens und der Förderung des Ganzen liegende Autorität. Sie ruhte auf Persönlichkeit und Leistung."[17]

Nach der Enttäuschung über die Niederlage Deutschlands im ersten Weltkrieg wendet sich der Blick des *Simplicissimus* auf die Weimarer Republik – allerdings nur auf einzelne Bereiche. Eine eindeutige, politische Haltung findet die Zeitschrift in den Wirren der Weimarer Zeit nur sehr schwer. Am 9. November 1918 vom Balkon des Berliner Schlosses ausgerufen, sieht sich die junge Republik mehr oder weniger hilflos erzkonservativer bis reaktionärer und neuer, d.h. demokratischer, sozialistisch bis kommunistisch orientierter Politik gegenüber. Der *Simplicissimus* bekämpft die radikalen Gegner der Republik und ficht gleichzeitig gegen Ruhrbesetzung und Versailler Vertrag und schürt damit den durch Versailles neu entflammten Nationalismus. Die Frage nach der Kriegsschuld und den Reparationszahlungen polarisiert Nachkriegsdeutschland. Daraus resultiert für den *Simplicissimus* das Paradox,

---

Gottfried von Boullion zeigt mit dem Untertitel: „Lach' nicht so dreckig, Barbarossa! Unsere Kreuzzüge hatten doch eigentlich auch keinen Zweck." Frank Wedekind („politischer Mitarbeiter' seit der Gründung des „Simplicissimus" und umstrittener Dramatiker seiner Zeit) veröffentlicht unter dem Pseudonym „Hieronymos" ein Gedicht mit dem Titel „Im heiligen Land", welches annähernd so viele Majestätsbeleidigungen wie Verse enthält. Die Ausgabe (Jg.3, Nr.31) wird umgehend beschlagnahmt, die folgende Nummer 32 gleich verboten; über Heine wird eine Strafe von sechs Monaten Gefängnis verhängt, Wedekind flieht nach Zürich (wird aber dennoch zu sieben Monaten Gefängnis verurteilt) und Langen über die Schweiz nach Paris (vgl. dazu ausführlich Helga Abret, Aldo Keel, Die Majestätsbeleidigungsaffäre des „Simplicissimus"-Verlegers Albert Langen, Frankfurt a. M. 1985).

[16] Vgl. Helga Abret und Aldo Keel, Im Zeichen des Simplicissimus. Briefwechsel Albert Langen und Dagny Björnson 1895 – 1908, München 1987, S. 92ff.

[17] Ludwig Thoma, zit. nach Seiler, Glanz und Elend des „Simplicissimus", S. 35.

außenpolitisch eine Haltung zu vertreten, deren Grundlagen von ihm innenpolitisch bekämpft werden.[18] Diesem Widerspruch auf Dauer nicht gewachsen, stürzt sich der *Simplicissimus* auf Themen, die zwar hinreichend Anlaß für eine satirische Behandlung bieten (Inflation, Schiebertum, Rentenmark, Wirtschaftskrise und der heraufziehende Nationalsozialismus), aber letztendlich wenig dazu angetan scheinen, auf ein ausgeblutetes und ver(w)irrtes Volk aufklärerisch einzuwirken. Keine gute Voraussetzung für eine ernst zu nehmende satirische Zeitschrift! Hinzu kamen wirtschaftliche Probleme. Arnold und Heine leiten bis 1924 die Redaktion des *Simplicissimus* und kämpfen beharrlich gegen die finanzielle Misere, aber in einer Zeit, in der eine Ausgabe der Wochenschrift tausend Mark kostet und ein viertel Jahr später schon zwei Millionen, ist es unmöglich, auf regelmäßige Simplicissimusleser und vor allem -käufer zu zählen, denn „wer mit dem Werteverfall ein Wettrennen bis zum nächsten Bäckerladen zu bestehen hat, hält nicht mehr an, um eine humoristische Wochenschrift zu kaufen".[19]

Karl Arnold, Selbst (1926).

Karl Arnold, 1883 in Neustadt bei Coburg geboren, mit Kandinsky, Klee, Purrmann und Weisgeber in der Stuck-Klasse ausgebildet, ist sicher einer der umtriebigsten und bedeutendsten Mitarbeiter des *Simplicissimus*: 1907 erscheint seine erste Zeichnung, ab 1908 verfaßt er regelmäßig Beitrage, und ab 1920 werden seine Karikaturen unter dem Titel *Berliner Bilder* veröffentlicht. Die Serie versammelt Stereotypen einzelner Gesellschaftsgruppen. Indem Arnold Emporkömmlinge, Zuhälter, Plutokraten, Snobs und Gesellschaftslöwen dem Spott preisgibt, avanciert er zum ersten gesellschaftskritischen Karikaturisten der Weimarer Zeit. Anders als Grosz bleibt seine Handschrift stets elegant; der Zeichenstil zitiert nicht zufällig den neusachlichen Gestus. Notorisch sind auch zahlreiche Zeichnungen, die den Berliner oder den Bayer in seiner landsmannschaftlich typischen Eigenart zeigen und dabei gleichzeitig auf politische Konflikte und Mißstände hinweisen. Besonders bekannt ist das von Arnold entworfene Blatt mit dem Titel *Hoppla, wir leben*, eine Anspie-

---

[18] Schütze, Die Geschichte des Simplicissimus, S. 15.
[19] Ebd.

lung auf das gleichnamige Drama von Ernst Toller, mit dem am 3. September 1927 die Piscator-Bühne am Nollendorfplatz eröffnet worden ist. Zwei fettleibige, pygmäische Berliner Typen, Kapitalisten, in Abendgarderobe, in deren Mitte eine mondäne, in der Mode der Zeit gekleidete Frau indigniert, wie aus der Unterschrift der Karikatur deutlich wird, auf die Theaterbühne blickt. Der Untertitel lautet: „n' guter Logenplatz und die Revolution auf der Bühne, da sag' ick blos: vive la republique!". Hitler gegenüber verhält sich der *Simplicissimus* seltsam unentschlossen. Es ist Arnold, der sich Hitler und dessen nationalsozialistischer Politik annimmt: 1923 beispielsweise mit den Zeichnungen *Innere Politik* und *Der Münchner*. Dennoch wird der Kampf gegen Hitler nur „mit halben Herzen mitgemacht." Denn „eine Satire gegen Hitler zu schreiben oder zu zeichnen, hatte überdies den Nachteil, ihm mehr Wichtigkeit beizumessen, als ihm damals noch zuzukommen schien." Eine fatale Selbstbescheidung, wie Hermann Sinsheimer rückblickend bekennt: „Wir waren zusammen mit all seinen politischen Gegnern schlechte Propheten und glaubten uns oft Zurückhaltung auferlegen zu müssen, um ihn nicht noch populärer zu machen als er bereits war."[20] In Hitler sieht der *Simplicissimus* zu lange den auf Dauer „verhinderten" Diktator[21]. Heine notiert kurz vor seinem Tode 1948: „Unsere Karikaturen waren sehr populär, aber sie machten im Grunde auch den Karikierten populär. Wir haben also erfolglos gekämpft."[22]

Erst in den Jahren zwischen 1930 und 1933, unter dem Chefredakteur Franz Schoenberner, zeigt der *Simplicissimus* eine politisch eindeutigere Haltung, wie beispielsweise die Zeichnungen *Aufstieg der Begabten*[23], *Literatur am Hakenkreuz-Stammtisch*[24], *Die Jagd nach dem Glück*[25], *Professoren Examen*[26], *Heil Preußen!*[27] und *Nur Optimismus bringt Rettung!*[28] belegen. Zu

---

[20] Ebd., S. 235.
[21] Erich Schilling, Adolf, ein verhinderter Diktator, 34. Jg., Nr. 4. Titelseite.
[22] Zit. nach Simplicissimus. Ein Rückblick auf die satirische Zeitschrift. Auswahl und Text von Eugen Roth, Hannover 1954, S. 84.
[23] Olaf Gulbransson, Aufstieg der Begabten, Simplicissimus, 35. Jg., Nr. 28, in: Simplicissimus. Eine satirische Zeitschrift, München, S. 307.
[24] Karl Arnold, Literatur am Hakenkreuz-Stammtisch, Simplicissimus, 35. Jg., Nr. 35, in: Simplicissimus. Eine satirische Zeitschrift, München, S. 307.
[25] Th[omas] Th[eodor] Heine, Die Jagd nach dem Glück, Simplicissimus, 35. Jg., Nr. 26, in: Simplicissimus. Eine satirische Zeitschrift, München, S. 306.
[26] Eduard Thöny, Professoren Examen, Simplicissimus, 36. Jg., Nr. 16, in: Simplicissimus. Eine satirische Zeitschrift, München, S. 308.
[27] Karl Arnold, Heil Preußen! Simplicissimus, 37. Jg., Nr. 7, in: Simplicissimus. Eine satirische Zeitschrift, München, S. 310.

spät! Die Zeitschrift ist bereits wirkungslos geworden. Die Realgeschichte von Weimar, die zunehmende Faschisierung mit ihrem Ende haben die Zeichnungen, die Karikaturen an Schärfe überholt. Das Gros der Deutschen scheint blind für Warnungen satirischer Art. „Eine Zeit brach an, in der das Groteske, aber nicht mehr Witz und Satire triumphierten."[29] Die Republik ist tot: „Sie war von Anbeginn ein Sorgenkind. / War lahm und taub. Auf einem Auge Blind. / Und mit den andern schielte sie nach rechts. / Sie merkte nie, von wannen ging der Wind. / Sie war fürs Militär – wie Kinder sind – / Und völlig nebensächlichen Geschlechts. / Sie ließ sich gern mit großen Herren ein. / Die legten sie nach Kräften erst hinein / Und brachen ihr dann vollends das Genick. / Sie starb und dachte noch, daß muß so sein. / Drum steht auf ihrem schlichten Leichenstein: / Hier ruht, nach Wunsch, die Deutsche Republik."[30]

Der Theaterkritiker Fritz Engel bemerkt 1926 in seinem Aufsatz *Der Staat und das Schrifttum*, daß es eine bayrische wie eine preußische Kunst gebe, und bedauert, daß die „morschen Reservatgrenzen"[31] auch nach der Gründung der Republik 1918 in Kunstdingen erhalten geblieben seien. Wen mag es nach dieser Feststellung wundern, daß selbige Trennung für die satirischen Magazine und Zeitschriften ebenso gilt? Der „preußische Adler und der bayrische Löwe sitzen [...] in getrennten Käfigen"[32], und jeder auf seine Art versucht, publizistisches Terrain zu gewinnen. So ist Münchens ganzer Stolz der *Simplicissimus*, und Berlins pausbäckiges Vorzeigekind hört auf den Namen *Kladderadatsch*. Als die erste Nummer des *Simplicissimus* erschien, blickt der kecke Berliner Schalk bereits seit fünfzig Jahren vom Titelbild und schaut kritisch-spitzbübisch auf die deutsche, vornehmlich natürlich auf die Berliner Politik, Gesellschaft und Kultur. Am 7. Mai 1848 wird die erste Nummer des *Kladderadatsch – Organ für und von Bummler* von Albert Hofmann und David Kalisch herausgegeben und von da an wöchentlich. Gregor Heinrich Albert Hofmann, 1818 in Berlin geboren, arbeitete nach

---

[28] Karl Arnold, Nur Optimismus bringt Rettung! Simplicissimus, 37. Jg., Nr. 42, in: Simplicissimus. Eine satirische Zeitschrift, München, S. 310.
[29] Ruprecht Konrad, Politische Zielsetzung und Selbstverständnis des „Simplicissimus". In: Simplicissimus. Eine satirische Zeitschrift, München, S. 108.
[30] H. Seiffert, Nachruf auf die Deutsche Republik, in: Simplicissimus, (1932), 37. Jg., Nr. 15, S. 174.
[31] Fritz Engel, Der Staat und das Schrifttum, in: Der Schriftsteller 13, (Februar 1926), Nr. 1, zit. nach Kaes (Hrsg.), Weimarer Republik, Manifeste und Dokumente, S. 80.
[32] Ebd.

einer Lehre als Buchhandelsgehilfe für die in Grimma erscheinende Zeitschrift *Unser Planet*. Im Januar 1841 gründete er das *Allgemeine Organ für die Interessen des Kunsthandels*, vier Jahre später zeichnet er für die Firma A. Hofmann & Comp. verantwortlich, für ein Unternehmen, welches die Möglichkeit bot, kleinere politische Schriften in satirischer und/oder ernster Form zu veröffentlichen. In dieser Zeit entstand auch die Idee, ein Witzblatt größeren Stils ins Leben zu rufen. Kein geringerer als David Kalisch stand ihm hierbei zur Seite.[33] 1820 in Breslau geboren, erlernte Kalisch zunächst den Beruf eines Kaufmanns, tingelte, von neugieriger Umtriebigkeit geleitet, nach Paris und verdingte sich dort abwechselnd als Kaufmann, Fremdenführer und „Projektemacher". Mittellos, aber „reich an Erfahrung und Menschenkenntnis"[34], kehrte er zurück nach Deutschland und kam über Leipzig, wo er zunächst für den *Charivari* arbeitete, nach Berlin. Am *Königstädtischen Theater* eroberte er mit seiner Posse *Einmalhunderttausend Thaler* das Berliner Publikum: Kalisch verstand es, typische Charaktere der Berliner Gesellschaft zu parodieren. Seine pointierten Redensarten fanden schnell Eingang ins Berliner Idiom, so daß bald viele seiner vermeintlich harmlosen Lieder auf Berlins Straßen nachgesungen wurden. David Kalisch war fortan jedem ein Begriff. Beim *Kladderadatsch* war er deshalb nicht zufällig der Garant für den sprichwörtlichen Berliner Humor. Kein anderer als Kalisch vermochte die Vitalität des Berliners und jene berühmte, aber auch beargwöhnte Schnoddrigkeit der Berliner Art journalistisch so treffend in Szene zu setzen.[35]

Mit dem *Kladderadatsch* trat ein echter Berliner Junge auf die Bildfläche, „mit Spreewasser getauft, mit einem vorlauten Mundwerk ausgestattet und

---

[33] Zur Redaktion des „Kladderadatsch" zählten des weiteren Ernst Dohm (1819 – 1883) und Rudolf Löwenstein (1819 – 1891), ab 1862 trat der Lyriker Johannes Trojan (1837 – 1915) als wichtiger Textgestalter hinzu und zeichnete von 1885 bis 1909 als Schriftleiter verantwortlich. Wilhelm Scholz war lange Jahre hindurch der einzige Karikaturist des Blattes, bis ihm Gustav Brandt ab 1884 zur Seite gestellt wurde, unterstützt auch von Franz Jüttner und Arthur Wanjura. Auch Wilhelm Busch und Franz Stuck lieferten gelegentlich Beiträge.

[34] Zit. nach Liesel Hartenstein, Die Geschichte des Kladderadatsch, in: Facsimile. Querschnitt durch den Kladderadatsch, hrsg. von L.H., München, Bern u. Wien 1995, S. 9.

[35] Erwähnt seien nur die Figur des Bank- und Börsenmannes Zwikkauer und die Figur des ewigen Quartaners Karlchen Mießnick, dazu die Gespräche „Unter den Tulpen" und „Bei den Weißen".

lauter tollen Streichen im Kopf".[36] Daß die Redaktion zu diesem Zeitpunkt aus Nicht-Berlinern bestand, schien ohne Bedeutung. Neugier erweckt vor allem der Name des Blattes: Zum einen übernahm er den historischen Ausspruch: einen „Kladderadatsch machen" (d.h. Fenster und Laternen einwerfen[37], womit – natürlich – auf die bürgerliche Revolution um 1848[38] angespielt wird), zum anderen war er wegen des Berliner Idioms äußerst einprägsam und damit werbekräftig.[39] Bereits am Abend des ersten Tages, an dem das Blatt herausgegeben wurde, waren viertausend Exemplare verkauft, und die Zeitschrift mußte in immer höheren Auflagen gedruckt werden. Die politische Position des Satire-Blattes mit dem „dicken Kladderadatschjesichte"[40] war Mitte des 19. Jahrhunderts demokratisch. Unerschrocken kämpft das Blatt für die Wahrung der in der Märzrevolution errungenen Freiheiten und für ein geeintes Deutschland, einen liberalen Verfassungsstaat und eine frei gewählte Volksvertretung. Doch damit nicht genug! Ziel war es, die „moralische Veredelung der Bürger [zu] fördern." Eine hehre, das idealistische Bil-

---

[36] Hartenstein, Die Geschichte des Kladderadatsch, S. 10.

[37] Sprachhistorisch wird im Norddeutschen unter diesem Begriff auch ein Fall bezeichnet, der mit krachendem und klirrendem Zerbrechen verbunden ist (vgl. Jakob und Wilhelm Grimm [Hrsg.], Deutsches Wörterbuch, Band 11, Leipzig 1873, Nachdr. München, 1984, S. 892).

[38] Vgl. die erste Titelseite des „Kladderadatsch": „Die Zeit ist umgefallen! Der Geist hat der Form ein Bein gestellt! Der Zorn Jehovas brauset durch die Weltgeschichte! Die Preußische Allgemeine, die Vossische, die Spenersche, – Gesellschafter, Figaro und Fremdenblatt haben zu erscheinen aufgehört – Urwahlen haben begonnen, – Fürsten sind gestürzt – Throne gefallen – Schlösser geschleift, – Weiber verheert – Länder gemißbraucht – Juden geschändet – Jungfrauen geplündert – Priester zerstört – Barrikaden verhöhnt – Kladderadatsch!", Titelblatt Nr. 1, 7. Mai 1848, in: Facsimile. Querschnitt durch den Kladderadatsch, S. 31.

[39] Im Berliner Jargon, wie bereits angedeutet, ist „Kladderadatsch" das alte Wort für das Zerbersten einer vollen Terrine oder einen Stoß Teller (Hans Meyer, Der richtige Berliner in Worten und Redensarten, München 1965, S. 122), Das Deutsche Wörterbuch von Mackensen führt neben den Bedeutungen „Krach, Gepolter" auch „plötzlicher Zusammenbruch" an (Deutsches Wörterbuch, hrsg. von Lutz Mackensen, München 1982, S. 586).

[40] Klaus Schulz, Kladderadatsch. Ein bürgerliches Witzblatt von der Märzrevolution bis zum Nationalsozialismus 1848 – 1944, Bochum 1975, S. 31. Der Ausdruck rührt von dem auf dem Titelblatt abgebildeten Schalk. Kalisch erwarb auf einer Leipziger Ostermesse von dem Buchhändler Barthol Senff einen kleinen Holzschnitt, der den Kopf eines frechen Lausbuben darstellte. Dieser avancierte später zum Kladderadatsch-Kopf (vgl. dazu: Hartenstein, Die Geschichte des Kladderadatsch, S. 9).

dungsideal des 18. Jahrhunderts fortschreibende politische Pädagogik sollte die Leitlinie sein.

Wie weit hat sich der *Kladderadatsch* von dieser Vorstellung während der Weimarer Zeit entfernt! Eine politische Kehrtwendung hin zum deutschen Nationalismus, ja Chauvinismus ist auf allen Seiten zu beobachten. Dieser Umschwung ereignet sich natürlich nicht mit einem Schlag. In den neunziger Jahren des 19. Jahrhunderts versucht das Blatt ein letztes Mal in der Geschichte des *Kladderadatsch*, ungeachtet des zunehmenden wilhelminischen Einflusses, gesellschaftliche und politische Mißstände anzuprangern: Es geißelt den Militarismus des wilhelminischen Staates, den feudalen Kastengeist des Offizierskorps, die verfehlte Beamtenpolitik und den servilen Untertanengeist des deutschen Volkes, aber der eigentlich schon Ende der fünfziger Jahre des 19. Jahrhunderts aufkeimenden Befürwortung einer alldeutschen Machtpolitik will sich der „Berliner Junge" nicht entgegenstemmen. Dabei ist eigentlich bis zum Jahrhundertwechsel „der *Kladderadatsch* nie im Strome der Zeit mitgeschwommen, sondern hat sich immer in der Nähe des Ufers zu halten gewußt, wo er, von Vorsprung zu Vorsprung, oder, wenn es nicht anders ging, auch von Grasbüschel zu Grasbüschel eilend, stets den Lauf des Wassers überblicken und wohl auch um die nächste Biegung spähen konnte, bevor der große Haufen merkte, wohin die Reise ging. Im neuen Jahrhundert freilich, als die Flüsse reguliert und kanalisiert und steile Uferwände angelegt wurden, da konnte er sich an den abschüssigen Böschungen bald nicht mehr halten. Er rutschte hoffnungslos ab und stürzte sich mit einem Salto mortale schließlich selbst in die Fluten, ertrank dabei zwar nicht, schwamm aber kräftig mit und verlor dadurch die Übersicht, die den Reiz seiner früheren Position ausgemacht hatte".[41] Noch 1882 hatte der *Kladderadatsch* proklamiert, er sei nicht Organ irgendeiner Partei und er wolle, gemäß seinem Grundsatz, ohne Unterschied der Partei alles, was faul ist, seiner Satire unterwerfen.[42] Unter der Schriftleitung von Paul Warncke sympathisiert er mit den im Land um sich greifenden sozialdarwinistischen Tendenzen und stimmt in das völkisch-nationale Konzert mit ein.[43] Überschwenglich begrüßt der *Kladderadatsch* den Ersten Weltkrieg, schwärmt von deutscher Wehrkraft und verunglimpft feindliche Politiker und Soldaten. Als 1918 der Krieg verloren ist, ist der *Kladderadatsch* einer der ersten, die auf Rache sinnen:

---

[41] Hartenstein, Die Geschichte des Kladderadatsch, S. 15.
[42] Vgl. dazu Hartenstein, Geschichte des Kladderadatsch, S. 14.
[43] Vgl. dazu Schulz, Kladderadatsch, S. 191.

> Vaterland, du geliebtes, deutsches Land,
> Stiegst herab du von dem stolzen Throne?
> Dir vom Haupte fiel die Krone,
> Und das Schwert entsank der starken Hand.
> Vaterland, du geliebtes, deutsches Land,
> Hart wohl ist dein Schicksal, hart und bitter:
> Deine Feinde, sie sind keine Ritter,
> Und dein Los, es liegt in ihrer Hand.
>
> Vaterland, dich hat kein – Feind besiegt;
> Gegen tausend mußtest du dich wehren,
> Und der hohe Tag wird wiederkehren,
> Wo zur Sonne stolz dein Adler fliegt.
>
> Vaterland, du geliebtes, deutsches Land,
> Deine Berge stürzen über dir zusammen –
> Aber einst wird wieder neu entflammen
> Sich dein Herz zu edler Liebe Brand!
>
> Vaterland, ob all dein Glück verklingt,
> Ob dir nichts auch bleibt heut, als zu weinen –
> Einst, ich weiß, muß doch der Tag erscheinen,
> Der uns Rache bringt![44]

Nun auf der äußersten rechten Flanke des Bürgertums angesiedelt, wird die einst liberale, satirische Zeitschrift zum Vorkämpfer „jener immer stärker anschwellenden Bewegung, die die kleinbürgerlichen und mittelständischen Schichten dem Nationalsozialismus in die Arme trieb und damit mithalf, das freiheitliche Deutschland, den Traum der Achtundvierziger, zu zerstören".[45] Dazu vergleichend ein im Jahr 1919 veröffentlichtes Leitgedicht von Paul Warncke:

> Erwache, Volk! Ein neues Jahr
> Steigt aus den Dunkelheiten.
> Einer führt dich aus Not und Gefahr –
> Hilf ihm den Weg bereiten!
> Wir kennen ihn nicht,
> Aber er ist auf dem Wege;

---

[44] Paul Warncke, Waffenstillstand, Kladderadatsch vom 17. November 1918 (Titelblatt), in: Facsimile. Querschnitt durch den Kladderadatsch, S. 178.
[45] C. A., Der ‚Kladderadatsch' – ein Spiegel deutscher Geschichte, in: Neue Zürcher Zeitung, Nr. 119, 2. Mai 1965, Beilage.

> Auf! Auf, daß jeder an Werk und Pflicht
> Rüstig die Hände lege.[46]

Vierzehn Jahre später, in der Ausgabe vom 12. Februar 1933, stehen auf dem Titelblatt die Zeilen:

> Es geht ein Hauch wie Morgenwehen
> Durch alle deutschen Lande:
> Das deutsche Volk will auferstehen
> Nach langer Nacht der Schande.
> Gebt acht: ein neuer Tag beginnt,
> Weil uns das gleiche Blut durchrinnt,
> Und weil wir einer Mutter Kind
> Und alle, alle Brüder sind![47]

So schließt sich der Kreis. Wer in Deutschland 1932 noch von geistiger Freiheit spreche, halte, wie Axel Eggebrecht feststellt, Leichenreden. Der freie Geist liege im Sterben.[48] Denn schon wird Hitler als *Der Bildhauer Deutschlands*[49] gefeiert, es wird gegen Juden und Emigranten gehetzt[50] und dem Nationalsozialismus gehuldigt.[51] Der *Kladderadatsch* muß nicht erst gleichgeschaltet werden! Die jüdischen Inhaber des Verlages H. & S. Hermann, die das Blatt 1925 erworben hatten, werden gezwungen, ihr Unternehmen an Ernst Steininger zu verkaufen. Neuer Hauptschriftleiter ist Curt Hotzel, der auch für den *Stahlhelm-Sender* verantwortlich zeichnet. Ihm und seinem Bericht über die „großen Frontsoldatentage" hatte der *Kladderadatsch*, noch bevor er zum Steininger-Verlag gehört, bereits 1931 eine Sondernummer gewidmet.[52] Am 3. September 1944 wird der *Kladderadatsch* im 97. Jahr seines Erscheinens eingestellt.

---

[46] Hartenstein, Geschichte des Kladderadatsch, S. 16.
[47] Ebd.
[48] Vgl. Axel Eggebrecht, Wer weiter liest, wird erschossen!, in: Die Weltbühne 28, 12. Januar 1932, Nr. 2, S. 51, zit. nach Kaes, Weimarer Republik, S. 151.
[49] Kladderadatsch-Blatt von 1933, in: Facsimile. Querschnitt durch den Kladderadatsch, S. 199.
[50] Vgl. ebd., S. 203.
[51] Vgl. ebd., S. 204.
[52] Schulz, Kladderadatsch, S. 204.

Zeitschriften und Magazine

Ein völlig anders geartetes Beispiel satirischen Journalismus gibt das *Magazin der aktuellen Ewigkeitswerte*: *Der Querschnitt* ab. Sicher eine Singularität und doch in gewisser Weise symptomatisch für eine großstädtische Kultur der Weimarer Republik, in deren Presselandschaft Vergleichbares sich nicht findet. Vielleicht ist schon die Gründungs- und Anfangsgeschichte des *Querschnitts* so exklusiv, daß diese Zeitschrift einfach zum Synonym eines Intelligenzblattes der Moderne werden muß, das neusten Tendenzen in Kunst und Literatur nachspürt, sie kommentiert und damit popularisiert. Hervorgegangen aus Katalogblättern der renommierten Galerie Flechtheim, die Freunde und Bekannte über die europäische und deutsche Kunst-Avantgarde und damit über die von ihr vertretenen Künstler informieren will, verschiebt sich diese Galerie-Mitteilung langsam zu einer eigenständigen monatlich erscheinenden Zeitschrift.

Der Querschnitt legt einen Längsschnitt durch die Zeit. Ein Zeitgeist-Magazin könnte man ihn treffend nennen,

Titelblatt, Heft 6 (VII. Jg.), Juni 1927

heute würde er als Hochglanz-Lifestyle-Heft vertrieben werden. Glanz verbreitet er allerdings in seiner Berliner Blüte – den Glanz der goldenen zwanziger Jahre! Der eigentlich Verantwortliche ist Hermann von Wedderkop, ein Bonvivant, elegant und weltgewandt, der das Periodikum von 1921 bis 1931 herausgibt und ihm seinen Stempel aufdrückt. Von Wedderkop will das Neue wagen: „Zeitschrift ist ein verödetes Wort, verbrauchter Typus. Muffig, ranzig, verfilzt, ausgelaugt [...]. Der vollkommenste Typus ist das amerikanische ‚Magazine', dem Geist eines Volkes verpaßt, das eine deutlich empfindbare, starke und einfache Tendenz hat, dazu unbelastet ist."[53] Mit Fingerspitzengefühl für die Nuance und mit Spaß an der Sache gelingt ihm ein publizistisch wahrlich einzigartiger Seiltanz zwischen allen Stühlen und Stilen. Das erstaunliche Ergebnis: „das unverwechselbare Gesicht des besten kosmopolitischen Magazins".[54] Was nun prägt dieses Gesicht? Es ist eine Mischung von Weltgewandtheit, Modernität und Alltäglichkeit; dazu kommt die jede Konvention journalistischen Schreibens und Kommentierens über Bord werfende Offenheit gegenüber jeder Zeitströmung – sei es in Musik, Sport, Literatur, Theater, Ballett, Revue, Kunst, Photographie, Architektur oder in Politik! Ohne Ansehung ihrer ästhetischen, kulturellen oder gesellschaftlichen Valenz werden alle Erscheinungen gleichwertig behandelt, mehr noch: bewußt kontrastiv gegeneinander gesetzt, so montiert, daß aus der Gegenüberstellung Spannung erwächst. Eine Spannung, die nicht selten satirisch sich entlädt. Und das ist Programm, gewollte Provokation. „Wir haben die beste Absicht", so erklärt von Wedderkop mit schöner Offenheit, „Leben in die dehnende Gleichförmigkeit zu bringen. Der Stoff liegt auf der Straße, ein glücklicher Startmoment für eine Zeitschrift, die nicht in dem trägen Strom mittreiben will, die nicht traurigen Gruß versendet, den sich Würde schuldig zu sein glaubt. Wir werden würdelos sein, wahllos bezüglich unserer Beiträge, dem Zufall preisgegeben. Wir werden die Zeitschrift hinhalten, den Zufall hineinschütten lassen."[55] Wahllos und zufällig ist das Erscheinungsbild allerdings nur auf den ersten Blick. Das Miteinander von trivialer Unterhaltung und ernsthafter Information, von Karikatur und Kunst, von Dokumentar- und Kunstphoto, von Reportage und literarischem Text, von Tageskritik und theoretisierendem Essay läßt gleichwohl ein Prinzip erkennen: „Das Durcheinander des Salat-Prinzips werden wir als Grundsatz beibehalten. Wir werden noch stärker mischen, die Ingredienzien [sic!] verbessern."[56] Was dabei herauskommt, könnte man als internationalen Stil bezeichnen. Der Duft der großen, weiten Welt umwölkt die Lebenskultur der Weimarer Republik. Demimonde trifft auf High Society. Snobismus hat Konjunktur. Ein Feuerwerk Haupt- und Nebensächlichkeiten. Alles ist erlaubt! „Das Heterogenste aufeinander zu bolzen", lautet die Devise. Und das Publikum amüsiert sich. „Dieser für eine Zeitschrift unter den jetzigen Umständen beispiellose Erfolg

---

[53] Hermann von Wedderkop, Standpunkt, in: Der Querschnitt, III. Jg. (1923), H. 1, S. 1.
[54] Christian Ferber, Rückblick auf einen Siegeszug, 1981, in: Der Querschnitt. ›Das Magazin der aktuellen Ewigkeitswerte‹ 1924 – 1933, zusammengest. und hrsg. von Ch.F., Frankfurt/M. u. Berlin 1981, S. 9.
[55] Ebd., S. 2.
[56] Ebd., S. 5.

ist zu danken in der Hauptsache der Breite ihrer Basis sowie der Lebendigkeit ihrer Anschauung. Für kein Thema, sei es noch so bedeutend oder unbedeutend, ist an sich der *Querschnitt* verschlossen. Voraussetzung ist lediglich die Stärke seiner Beziehungen zur heutigen Zeit."[57] Der Garant des Erfolges ist aber eindeutig der große Bilderreichtum. Die Sorgfalt, mit der die Illustrationen, die Photos und selbst die Reklamebildchen[58] ausgewählt werden, verrät

Der Querschnitt, X. Jg. (1930), H. 2, S. 127.

Kennerschaft und Witz. Eine Photocollage, die Abbildungen von verschiedenen Frauenbeinen (*Aegyptische Beine, Negerbeine [Chocolate Kiddies], Griechische Beine, Frau Ober-Reg.-Rat G., Else Berna* und *Eine Amerikanerin*) kombiniert[59], richtet sich nicht nur an den Ethnologen oder Anthropologen, sondern an den Zeitgenossen, den Städter, der sich seines Kennerblicks nicht schämen muß und im vergleichenden Blick eines Schmunzelns sich sicher nicht erwehren kann. Es geht allerdings auch bissiger zu, wenn beispielsweise die Schauspielerin Tilla Durieux, während eines Kabarettauftritts mit einem Schund- und Schmutz-Couplet abgelichtet, mit einer indischen Säulenplastik des 17. Jahrhunderts konfrontiert wird.[60] „Harte Kontraste fordern Leerstellen im Dazwischen: Freiräume für die produktive Ein-

---

[57] Hermann von Wedderkop, Der Siegeszug des »Querschnitt«, in: Der Querschnitt, IV. Jg. (1924), H. 2/3, S. 90.
[58] Die Leibniz-Keks-Reklame (Der Querschnitt, X. Jg. [1930], H. 2, S. 127) nimmt im Hintergrund die figurative Bildsprache eines Werner Heldt auf und kombiniert sie mit der nüchternen Produktwerbung, der Kekspackung von Bahlsen.
[59] Der Querschnitt, V. Jg. (1925), H. 9, Abb. zwischen S. 784 u. S. 785.
[60] Der Querschnitt, VII. Jg. (1927), H. 1, Abb. zwischen S. 64 u. S. 65.

bildungskraft oder provozierende Enthüllungen."[61] Überhaupt sind die hintergründigen Bezüge und ironischen Kommentare dafür verantwortlich, daß dem durchaus ernsthaften Bemühen um sachliche Information über politische und kulturelle Entwicklungen stets der Gestus der Überdrehung, des Spotts, beigegeben wird. Der Leser ist angehalten, abzuwägen, auf Distanz zu gehen, das Geschaute und Gelesene kritisch zu prüfen. Zugleich aber tritt ihm die Avantgarde in all ihren Facetten entgegen: Im *Querschnitt* veröffentlicht, was Rang und Rahmen hat in der modernen Kunst und Literatur. Das Mitarbeiterverzeichnis liest sich wie das Vademecum der Moderne: Fernand Léger, Picasso, Juan Gris, André Lhote, Jean Richard Bloch, Amédée Ozenfant, Jean Giraudoux, Max Beckmann, George Grosz, Emil Orlik, Hans Poelzig, Werner Hegemann, Alfred Döblin, Gottfried Benn, Klaus Mann, Carl Sternheim, Majakowksi, Ezra Pound, Thornton Wilder und und und! Der ästhetische Habitus der Zeitschrift hat Signalwirkung: Graphik auf zitronengelbem Umschlag mit zinnoberrotem Titel *Der Querschnitt* außen, im schwarzweißen Inneren Einschübe von Photos, Zeichnungen und Werbeanzeigen, die ein besonderes Maß an gestalterischer Eigenständigkeit auszeichnet. Auch und gerade an ihnen läßt sich Zeitgeist ablesen. Insofern scheint in die Hefte wirklich Metropolenkultur eingegangen und in ihnen konserviert zu sein. Das schnelle, hektische Leben in der Großstadt, die Permanenz ständiger Neuorientierung, das Konfrontiertsein mit einer Flut von optischen Reizen – das alles findet sich auf den Seiten. Dieses Magazin ist wahrhaftig modern; es spielt mit den Gegenständen, die ihm sozusagen aus der Gesellschaft ins Blatt fallen. Es nimmt sie ernst, indem es sie so plaziert, daß der Eindruck absoluter Wichtigkeit entsteht, die sogleich durch die Montage ironisch gebrochen wird. Hier ist ein Beispiel für die unbarmherzige Gleichmacherei des modernen Lebens. Dieses „extravagante Neben- und Nacheinander"[62] bereitet intellektuelles Vergnügen, wenn Dosierung und Mischung stimmen: „internationales Flair, künstlerisch-literarische Weltläufigkeit, essayistischer Glanz auf dem Höhenkamm und unvermittelt daneben die Tiefen: Klatsch, Tratsch, Kolportage, Cocktailrezepte nebst Kostproben dilettierender Kleinkünstler".[63]

Daß diese mondäne Berliner Zeitschrift zum Prototyp eines neuen Kulturjournalismus wird, mag auf dem Hintergrund der sogenannten roaring twenties keinen verwundern, ebensowenig die Tatsache, daß den Nationalso-

---

[61] Klaus Siebenhaar, „Bismarck in der Badewanne". Anmerkungen zu einer Legende: Die Berliner Zeitschrift *Querschnitt* (1921 – 1936), in: Medien & Zeit. Forum für historische Kommunikationsforschung, 7. Jg. (1992), H. 1, S. 36.
[62] Baake, Q – Schielen nach ewiglicher Aktualität, S. 258.
[63] Siebenhaar, „Bismarck in der Badewanne", S. 36.

zialisten dieses Produkt eines „überspitzten jüdischen Intellektualismus" (Goebbels) ein Dorn im Auge ist. Nun scheint ein direkter Angriff auf den *Querschnitt* nicht nötig; mit dem Weggang von Hermann von Wedderkop übernimmt Viktor Wittner die Herausgeberschaft. Er versucht mehr recht als schlecht, das von von Wedderkop zum Weltstadt-Magazin entwickelte Heft auf Niveau zu halten. Es gelingt ihm in Maßen. Langsam und stetig mutiert der *Querschnitt* zu einer biederen Zeitschrift. *Der Querschnitt* verblondet zusehends: Die ehemals selbstbewußte, elegant gekleidete Dame mit Bubikopf und Seidenstrümpfen, die Ikone der großstädtischen Moderne, verwandelt sich in die deutsche Frau mit Zöpfen und in Trachtenkleid. Gleichwohl nimmt das neue Regime dem *Querschnitt* seine snobistische Grundhaltung übel. Bis zur Olympiade 1936 darf er noch erscheinen, ehe ihn im September desselben Jahres das Verbot trifft. Anlaß ist eine Glosse – und damit bestätigt das Magazin ein letztes Mal seine satirische Treffsicherheit: Auszüge aus einem fingierten Fremdwörterbuch verzeichnen unter

> *Absurd* ... wenn einer auf bessere Zeiten hofft
> *Charakter* ... ein Hindernis in der Karriere
> *Erotik* ... ein beliebtes Gesellschaftsspiel zu zweien
> *Journalismus* ... Seiltanz zwischen den Zeilen
> *Kapital* ... ein mythologischer Ausdruck für eine schöne Sache
> *Makulatur* ... die öffentliche Meinung von gestern
> *Statistik* ... Mädchen für alles
> *Zivilisation* ... der Beweis, daß ein Stück Seife wichtiger ist, als die Vernunft.[64]

Nicht jede Zeitschrift, nicht jedes Magazin richtet sich an eine intellektuell derart exklusive Klientel. Auch und besonders der sogenannte Otto Normalverbraucher will ein illustriertes Blatt lesen, das vergnüglich, witzig und doch anspruchsvoller ist als die herkömmliche Illustrierte. *Ulk*, die satirische Wochenbeilage des *Berliner Tageblatts* seit 1874, heißt jenes Presseerzeugnis, das genau diese Lücke füllen will. Theodor Wolff, der Chefredakteur des *Berliner Tageblatts*, überträgt keinem geringeren als Kurt Tucholsky im Dezember 1918 die Herausgeberschaft. Ein republikanischer Neubeginn für den bereits 1872 gegründeten *Ulk*? Tucholsky weiß, daß Wolff zwar „ein anständiges und politisch bedeutsames Witzblatt"[65] will; trotzdem muß jedoch dem durchschnittlichen Lesergeschmack entsprochen werden. Mit ande-

---

[64] Der Querschnitt, H. 9 (1936), S. 555.
[65] Kurt Tucholsky, Brief an Mary Gerold-Tucholsky, 14. 10. [19]18, in: Tucholsky, Briefe. Auswahl 1913 bis 1935, S. 75.

ren Worten: „Es ist eine Ausgabe fürs Volk, gereinigt [...]. Schade."[66] Tucholskys Bedauern über diese Konzession korrespondiert mit seiner Enttäuschung angesichts der insgesamt „mangelnde[n] finanzielle[n] Ausstattung", die es ihm nicht erlaube, „hochkarätige Zeichner für den *Ulk* zu beschäftigen, so daß das Blatt auch nicht annähernd an das zeichnerische Niveau des *Simplicissimus* heranreichen könne".[67] Wenn es also nach Tucholskys Meinung dem *Ulk* an Prägnanz und Qualität in der bildnerischen Gestaltung auch gebricht, so sorgen doch nicht selten die Karikaturen sowie das „Leitgedicht" von Theobald Tiger für Aufregung. Daß die erste von Tucholsky verantwortete Nummer eine erstaunliche Langzeitwirkung hat, darauf haben erst kürzlich Antja Bonitz und Ingeborg Meyer-Voth hingewiesen. 1920 publiziert Gustav Stresemann einen Artikel über die *wirklichen Ursachen des Antisemitismus*, in dem er Bezug nimmt auf das Titelbild des *Ulk* vom 13. Dezember 1918, das „einen Agrarier [zeigt], daneben in Deutschland einmarschierende Franzosen mit der Unterschrift ‚Der (der Agrarier) würde aufatmen, wenn der (der Franzose) einzieht', wobei zwischen den Zeilen zu lesen ist, daß für den Fall des französischen Einmarschs die Kartoffelpreise steigen würden. Und da soll man sich wundern, wenn angesichts einer solch niedrigen Unterstellung die Landwirtschaft empört den ‚Juden' in den Städten die Ablieferung der Lebensmittel verweigert".[68] Es würde hier zu weit führen, die verschlungenen Argumentationsstränge nachzuzeichnen, die ausgehen von der allseits bekannten Tatsache, daß das *Berliner Tageblatt* „in jüdischem Besitz ist, dessen Mitarbeiter größtenteils Juden sind, und das sich bei jeder Gelegenheit zum lauten Vertreter jüdischer Interessen aufwirft".[69] Eben deshalb hätte man besondere Sorgfalt walten lassen müssen, um latente antisemitische Stimmungen nicht noch zu befördern. Die Pointe: Der *Ulk*, der illustrierte Satire-Ableger, provoziere durch seine provokante Verletzung der deutschen Art geradezu den „Haß gegen das Judentum".[70] Tucholskys Skep-

---

[66] Kurt Tucholsky, Brief an Hans Erich Blaich, 14. 12. [19]18, in: Tucholsky, Briefe. Auswahl 1913 bis 1935, S. 76.

[67] Antje Bonitz, Ingeborg Meyer-Voth, Gustav Stresemann „auf der Tigerjagd" oder: Die wirklichen Ursachen des Antisemitismus – Zu einem Brief Kurt Tucholskys im Nachlaß Stresemann, in: Tucholsky Blätter, H. 20, 9. Jg. (1998), S. 11.

[68] Gustav Stresemann, Die wirklichen Ursachen des Antisemitismus, zit. nach Bonitz, Meyer-Voth, Gustav Stresemann „auf der Tigerjagd", S. 3.

[69] Ebd.

[70] Ebd., S. 4.

sis, sogleich bei Übernahme der Chefredaktion geäußert[71], wächst sich aus zur Abneigung, weiterhin für den *Ulk* einzustehen. Im April 1920 verläßt er seinen Posten. Theodor Wolff gegenüber erklärt er sich so: „Ich habe Sie gebeten, gehen zu dürfen, weil ich in taktischer Beziehung über Satire und Angriff anders denke als Sie. Es ist viel weniger die Divergenz zwischen Ihnen und mir in politischer Beziehung als in rein literarischer und satirisch-strategischer, die mir meine Stellung als unhaltbar aufzeigte."[72] Die Nachfolger, Josef Wiener-Braunberg und kurz darauf Hans Flemming, haben es schwer; die Meßlatte liegt sehr hoch. Heute läßt sich nicht mehr rekonstruieren, wie der Zeichner Walter Herzberg zum *Ulk* kam. Seine erste Zeichnung erscheint am 14. Oktober 1927, und damit beginnt eine Zusammenarbeit, die erst mit dem Jahr 1932 endet, als der *Ulk*, nach einem kurzen, aber sehr erfolgreichen Interregnum von Hermann Sinsheimer als Herausgeber, auf den Umfang von einer Seite reduziert wird. Sinsheimers Maxime lautete: „Alles ist gut und erlaubt, wenn es Qualität hat."[73] Herzbergs Titelblätter sind so gut, wie es schon der erste Auftritt des Achtundzwanzigjährigen erhoffen ließ: „Die Zeichnung beißt nicht, aber sie enttarnt. Herzberg ist nicht plakativ, sondern hintergründig."[74] Sein Handwerk hatte Herzberg früh – nach dem Notabitur 1916 – in der Zeichenklasse von Alfred Thon an der Berliner Kunstakademie erlernt, um es dann später auf der Breslauer Kunstakademie in der Meisterklasse Otto Muellers ausreifen zu lassen. Allein eine künstlerische Karriere ist ihm nicht beschieden. Sein Talent ist exorbitant, die Zeitläufte allerdings verlangen ihre Tribut. „Nach einem glücklosen Versuch, sich mit einem Kunst- und Antiquitätengeschäft in Baden-Baden eine materielle Basis zu schaffen, kehrt er 1927 wieder nach Berlin zurück."[75] Die Mitarbeit am *Ulk*, an den *Lustigen Blättern*, der *Ente* und an der „heute unbekannten Monatszeitschrift" *Neue Revue* bestätigen den erfolgreichen Karika-

---

[71] „Berlin ist über wie je. – Und das ist wirklich nicht die rechte Stimmung, um Ulk zu machen. [...] es macht keinen Spaß. Ich kann nun auch gar keine Satire machen: schließlich bin ich ja nicht Herr Daumier – aber ich kann keine halbe machen. Es ist so etwas wie ein coitus interruptus" (Tucholsky, Brief an Hans Erich Blaich, 14. 12. [19]18, S. 76).

[72] Kurt Tucholsky, Brief an Theodor Wolff, 29. 2. [19]20, in: Tucholsky, Briefe. Auswahl 1913 bis 1935, S. 101.

[73] Barbara Schieb, Walter Herzbergs Zeichnungen in Berliner Zeitschriften 1927 – 1933, in: B.S. (Hrsg.), Walter Herzberg. Künstler, Karikaturist, Humanist 1898 bis 1943, Hamburg 1998, S. 43.

[74] Ebd., S. 41.

[75] Hans Loew, Walter Herzberg – Ein Leben der Linie gewidmet, in: Schieb (Hrsg.), Walter Herzberg, S. 26.

turisten. Erst mit der Flucht nach Paris endete diese fruchtbare Arbeit. Fehleinschätzungen über die Lage im faschistischen Deutschland lassen ihn 1935 zurückkehren – eine Rückkehr, die mit seinem Tod und dem seiner Frau in Auschwitz endet.

Wenn auch Tucholsky resigniert, der Zuspruch für den *Ulk* riß also nicht ab, bis zum bitteren Ende im Gefolge der Machtergreifung Hitlers. Während der Zeit der Weimarer Republik ist besonders im linken Lager eine große Unübersichtlichkeit bei den satirischen Zeit- und Flugschriften festzustellen. Nicht alle publizistischen Blätter erfreuen sich eines langen Lebens; es ist der revolutionären Aufbruchsstimmung geschuldet, daß jede Gruppierung, jeder politischer Zusammenschluß eine Plattform sucht, über die man sich sozialkritisch äußert. „Der Satiriker der zwanziger Jahre sah sich einer Galerie morbider, reaktionärer, verspießter, pseudorevolutionärer oder gefährlich-naiver Zeitgenossen gegenüber. Da half nur eins: Anprangern, Namhaftmachen und Dokumentieren der Gefahr."[76] Reinhard Hippen[77] rechnet in seiner kleinen Schrift *Kabarett der spitzen Feder* zu den Streitzeitschriften kommunistischer bis linksbürgerlicher Provenienz folgende Periodika: *Der Knüppel, Eulenspiegel, Roter Pfeffer* und *Lachen links* (ab 1927 *Der wahre Jacob*), *Der Scharfrichter* oder das *Glossarium*. Angesichts der allgemeinen Krisenlage in Staat und Gesellschaft dringen die satirisch-bösen, heiter-ironischen Stimmen vielstimmig in die Öffentlichkeit. An die Zeitungskiosken bieten sich an: *Die Pille, Die Weltbrille, Die Ente, Das Stachelschwein* und der *Kreuz- und Querschnitt*. Die Riege der Mitarbeiter reicht von Erich Mühsam, Klabund, Egon Erwin Kisch, Erich Weinert bis zu Walter Mehring, Roda Roda und Erich Kästner, Kurt Tucholsky nicht zu vergessen. Die verschiedenen Pres-

Karl Holtz: Lächerlichkeit tötet! In: Lachen Links, Nr. 1, 1. Jg. (1924).

---

[76] Ruth Greuner, Nachwort, in: Signale der Zeit. Streifzug durch satirische Zeitschriften der Weimarer Republik, hrsg. von Wolfgang u. Schütte, Berlin o.J. [1972], S. 253.

[77] Reinhard Hippen, Kabarett der spitzen Feder. Streitzeitschriften, Zürich 1986.

seerzeugnisse erscheinen nicht nur in Berlin, sie verteilen sich über die ganze Republik. In Leipzig beispielsweise hat *Der Drache* seinen Erscheinungsort – ab 1924 mit lokalen Stützpunkten in Dresden und Chemnitz. Nicht diese Tatsache ist bedeutend, vielmehr diejenige, daß auch jenseits der Berliner Metropole kaustische Prosa und beißende Satire namhafter Großstadtschriftsteller veröffentlicht wird, wenngleich der Herausgeber Hans Reimann mehrfach Anfragen erhält, was denn in Gottes Namen ihn in Leipzig halte. „So viel Verstand und Witz in der Provinz zu verpuffen! Sie vergeuden Ihre Jahre! Nehmen Sie sofort auf meine Kosten ein Billett nach Berlin und geben Sie dort den Drachen heraus!" schimpft Roda Roda. Bei den Beiträgern trifft der Leser auf die längst bekannten Namen Max Herrmann-Neiße, Walter Mehring, Egon Erwin Kisch und Erich Kästner. Aber auch ein noch heute Unbekannter ist unter ihnen: Wabo, das ist Walter Bock, der, so viel weiß man, in Berlin als Journalist lebt und politische Lyrik für den *Drachen* schreibt, die in ihren besten Momenten an Tucholskys Verse gemahnen.

> Bitte einsteigen in mein Karussell!
> Bitte beeilen! Die neue Fahrt beginnt.
> Mann, Frau, Kind,
> Machen Sie schnell.
> Das best-renommierte Institut,
> Mein Fleisch und Blut,
> Scheut keine Kosten.
> Ich bin auf dem Posten,
> Hab mein schönes Einkommen dabei.
> Jeder Erwachsene ein Kind frei.
> Wer nichts hat, kriegt geborgt;
> Unerhörte Musiken!
> Hören Sie das Glücksschwein quieken?
> Pferdchen mit Schellen
> Und Kirche und Königsthron
> Und Prostitution.
> Rein in die Hochzeitskutsche,
> Je ein Herr mit Dame!
> Auch gediegene Putsche
> Führ ich zur Reklame.
> Bei mir können Sie alles kriegen!
> (Unsereins will auch leben,
> Da hat man für jeden das richtige Vergnügen.)
> Juden – bitte Eingang hierneben!
> Karossen und Schiffe stehn schon parat,
> Und hinterdrauf sind immer Tritte
> Für das unbemittelte Proletariat.

Immer rein, meine Herrschaften! Eintreten bitte!
Da ist noch Platz: auf dem Schwein!
Ich hab keine Kosten gespart
Abfahrt!
Tod, Sie sammeln nachher die Billette ein!⁷⁸

Die publizistische Sensation ist die Mitarbeit von Joseph Roth, der ab 1923 wöchentlich seine kleinen Meisterwerke essayistischer Prosa nach Leipzig schickt. Ein scharfer Blick auf die vermeintlichen Alltäglichkeiten, die Banalitäten des Lebens – und doch erscheint unter ihm schon die kommende Katastrophe. „Abenddämmerung über Deutschland ... Joseph Roth gehörte zu denen, die auf den Schoß zeigten, aus dem zehn Jahre später der Teufel kroch."⁷⁹ *Der Drache* nimmt nur sehr vereinzelt Illustrationen auf, doch wenn er sie den Texten und Gedichten an- und einpaßt, stammen sie von Max Schwimmer, einem damals aufstrebenden jungen Maler und Graphiker. Bevor er für den *Drachen* arbeitet, hatte er, gemeinsam mit Hans Bauer, dem späteren Herausgeber des *Drachen*, die wenig erfolgreiche satirische Wochenschrift *Die Pille* mitgegründet.

Titelkopf vom 17.3.1925.

Auch die nationalistische bis präfaschistische Leserschaft verlangt nach publizistischer Satire; als „völkisch-satirische Witzblätter" hat Hippen den *roten Adler* und *Die Leuchtkugeln* verzeichnet. Ab 1928 meldet sich die berüchtigte Brennessel mit ihrer 1. Nummer, seitdem ist sie Ort antisemitischer Hetze und Propaganda. Dieses Blatt erscheint im parteieigenen Eher Verlag München. So konträr, ja gespalten die Meinungen zur ersten Republik auf deutschem Boden, so gegensätzlich die satirischen Kommentare. Nicht selten ersetzen gegenseitige Schuldzuweisungen, Haßausbrüche und Ehrverletzungen jede argumentative Anstrengung.

Jede Satire lebt von Zuspitzung und führt bestenfalls zur Polarisierung! Diese Freiheit muß die Satire ganz offensichtlich für sich beanspruchen, zumal in Zeiten verschärfter gesellschaftlicher Konflikte. Allerdings sollten die Verfechter derart pointierter Satire sich nicht täuschen: Deren Wirkung

---

⁷⁸ Wabo, Der liebe Gott und sein Karussell, in: Damals in den zwanziger Jahren. Ein Streifzug durch die satirische Wochenschrift „Der Drache", hrsg. von Wolfgang U. Schütte, Berlin/DDR o.J. [1968], S. 88.

⁷⁹ Hans Bauer, Damals in den zwanziger Jahren, in: Damals in den zwanziger Jahren, S. 24.

scheint über die Bestärkung der Lagermentalitäten von links und von rechts nicht hinauszugehen. Gesellschaftlich relevante Aufklärungsarbeit braucht mehr. Vielleicht bedürfte es eines Vademecums, einer Handlungsanleitung, um die junge Weimarer Republik am Leben zu erhalten. Statt dessen steuert die Geschichte von Weimar auf die Katastrophe zu. Ihr Ende im Nationalsozialismus fordert von den republikanischen Zeitgenossen Rechenschaft über ihre Haltung. Die unablässige Kritik, selbst jene, die satirisch sich geriert und deshalb dem Lachen aufklärerische Impulse zuschreibt, scheint desavouiert. Wer wollte im Angesicht des siegreichen deutschen Faschismus da noch Walter Benjamin zustimmen, der noch immer, d.h. im Pariser Exil, also nach seiner Flucht aus Deutschland, daran festhält, „daß es fürs Denken gar keine bessere Chancen gibt als das Lachen"?[80] Es sind Max Horkheimer und Theodor W. Adorno, die unter ganz anderen theoretischen Prämissen und mit der Erfahrung der Vertreibung in ihrer *Dialektik der Aufklärung* tabula rasa machen. In dem berühmten Abschnitt zur „Kulturindustrie" heißt es da: „Gelacht wird darüber, daß es nichts zu lachen gibt. Allemal begleitet Lachen, das versöhnte wie das schreckliche, den Augenblick, da eine Furcht vergeht."[81] Trotz der der Gewinnung von Erkenntnis abträglichen Entlastung bleibt Lachen der Katharsis verhaftet und ermöglicht darin gerade Momente des Glücks, die jedoch unter dem Vorsitz der alles beherrschenden Kulturindustrie falsches Glück versprechen. Lachen wird falsches Lachen, und „das Teuflische des falschen Lachens liegt eben darin, daß es selbst das Beste, Versöhnung, zwingend parodiert".[82] Versöhnung, mithin Befreiung des Subjekts von den Unbilden seiner eigenen Wirklichkeit, indem diese im Lachen verarbeitet werden, findet nicht statt; das lachende Individuum verlacht sich selbst. Gleichwohl bleibt zu fragen, ob nicht, zumal in den finsteren Zeiten des Faschismus, dem Lachen, auch dem Verlachen, Heilkräfte zuwachsen, die punktuellen Schutz versprechen vor der katastrophischen Realität. Wer lacht, bewahrt Distanz – selbst auf die Gefahr hin, nach einem kurzen Auflachen Opfer der eigenen Arglosigkeit zu werden. Nur wer zuletzt lacht, lacht bekanntlich am besten!

---

[80] Walter Benjamin, Der Autor als Produzent, in: W. B., Gesammelte Schriften, Bd. II.2, Frankfurt a. M. 1977, S. 699.
[81] Horkheimer, Max, Theodor W. Adorno, Dialektik der Aufklärung. Philosophische Fragmente, Frankfurt a. M. 1997, in: Th. W. A., Gesammelte Schriften, hrsg. von Rolf Tiedemann, Bd. 3), S. 162.
[82] Ebd., S. 163.

Dokumentation

Karl Arnold, *Der Münchner* (1923), in: Simplicissimus, Nr. 36, 28. Jg., 12. Dezember 1923.

Karl Arnold, *Innere Politik* (1923)

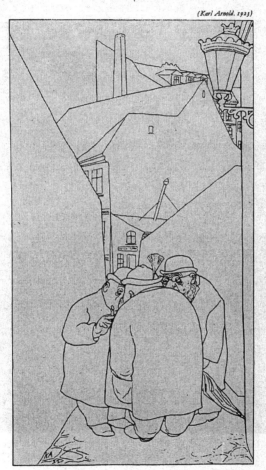

»Solang die Juden am Rhein stehn, sag' i, gibt's koa Ruh' im Land!« –
»Geh, hör' auf, dös san do die Franzosen.« –
»Sooo – da geh amal in a Hitler-Versammlung, der sagt dir's nacha scho', wer die san!«

Karl Arnold, *Sachlichkeit* (1928): „*Edgar – wie kommt diese Vase in unser Milieu?*"

Karl Arnold, *Literatur am Hakenkreus-Stammtisch*: „*Der Oswald Spengler ist sicher auch ein Jude – bei der Sympathie fürs Morgenland.*" – „*Heinrich Heine kommt als Fremdstämmiger nicht in meinen Bücherschrank!*" – „*Leid tät es mir um Goethe, er wird neuerdings stark angezweifelt und ist immerhin in Frankfurt geboren –.*" In: Simplicissimus, 35. Jg., Nr. 35, 24. November 1930

Karl Arnold, *Laßt uns Denkmäler bauen!* In: Simplicissimus, 37. Jg., Nr. 9, 29. Mai 1932.

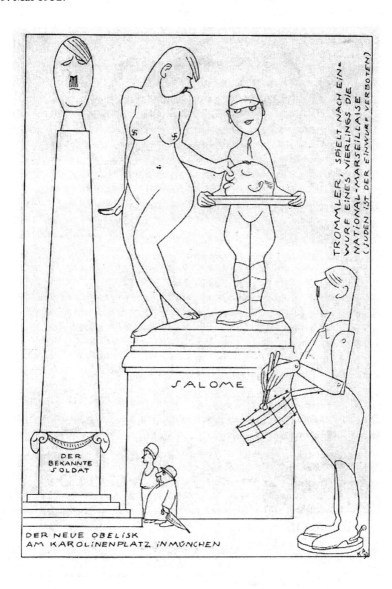

Olaf Gulbransson, *Aufstieg der Begabten: Man sollte ihnen die Regierungsbildung nicht verweigern – irgend 'ne Bildung muß der Mensch schließlich haben!* Simplicissimus-Karikatur von 1930.

Zeitschriften und Magazine

Der Drache, Sondernummer zur Leipziger Messe, 1. November 1920.

Wabo (d.i. Walter Bock), *Die neue Zeit mit der Ehrlichkeit*, in: *Der Drache* [vor 1922]

> I
> Diplomaten, die vertraten ihre schöne Kunst,
> Engagiert bis an die Ohren,
> Ganz geheim und verschworen.
> Und die Massen hatten aber nicht 'n blassen Dunst,
>   Hatten schon den ganzen Krieg verlorn,
>   Wußten nischt von nischt und noch viel weniger.
>   Überall saß irgend son Beschöniger
>   Und belog sie, hinten so wie vorn.
>   Geheimnis ohne Maß und Ziel.
>   Ein übles Spiel.
>   Und zum Schluß nach dem Stuß zur Belehrung
>   Die Bescherung!
> Da kam die neue Zeit
> Mit Ehrlichkeit,
> Und nu wissen wir alle, was los ist.
> Der *Matin* und die *Voß* und die *Daily News*,
> Die melden alle denselben Schmus,
> Der groß ist.
> Und Rathenau und Havenstein,
> Die treffen ab und zu mit ein,
> Unter hinterher der Stinnes.
> Und alles tut geheimnisvoll.
> Weil keiner weiß, was keiner soll,
> Sind alle gleichen Sinnes,
> Und ich weiß nicht und du weißt nicht
> Im Spree- und im Pleiße-Athen.
> Allen andern wird's ebenso aufgetischt.
> Wenn sich wirklich mal Völker verstehn
>   Dann blühn schon an der Seine
>   Ganz ungeniert und legitim
>   Die schönsten Bündnispläne.
> Tja, das ist noch von dem alten Regime
> Und läßt sich nicht völlig umgehn.
> Übersteigt das Gekläff deiner Kräfte,
>   Na denn chassé-croisè!
> Und Schatz nu mach Kasse.

Das Gehört nun mal so mit zum Geschäfte.

II
In der Nähe, in der Ehe, mach ichs ebenso,
Engagiert bis an die Ohren,
Ganz geheim und verschworen.
Aber lügen und betrügen macht doch nicht recht froh.
Da ichs mit der Ehe immer ehrlich meint,
Trotz der Seitensprünge rechts und links im Dunkeln,
Fing ich also leise an zu munkeln,
Und die gute Gattin saß versteint:
Du Wüstling ohne Maß und Ziel!
Solch Doppelspiel!
Gott sei Dank, daß du schlank mich belehrt hast
Und dich bekehrt hast.
Nu kam die neue Zeit
Mit der Ehrlichkeit.
Und da hab ich denn alles gestanden:
Auch die Kleine, die ich meine und die mich auch gemeint
Und die sich fast die Augen nach mir ausgeweint,
Als wir uns nicht gleich fanden.
Und meine brave Ehefrau,
Die nimmt so etwas sehr genau
Und muß es untersuchen.
Sie fährt zu der Kleinen von dunnemals
Zur Vermeidung jedlichen Eheskandals.
Ja Kuchen!
Und die weiß nischt und die weiß nischt.
Man macht keine ernsteren Schritte.
Und da hat man denn die Kleine nur aufgetischt:
Oh bitte!
Wer sagt denn das, wir wären intim?
Ich hab doch bloß ein Kind von ihm,
Und mehr ist doch nicht geschehn.
Und das war noch das alte Regime.
Es ließ sich nicht grade umgehn
Und es gehört mal so mit zum Betriebe. –
Na adjöh, Schatz, mach Kasse,
Und chassé-croisé.
Je die Liebe, die Liebe, die Liebe!

Max Schwimmer, in: *Der Drache* [um 1920]: „*Schwarz!*" – „*Das gannsde een andern weis machen.*" – „*Wo mr noch e Schdich n Rod griejn.*"

Max Schwimmer, *Des Bürgers Stellungnahme zu Ludendorff*, in: *Der Drache* [um 1924]

Zeitschriften und Magazine 159

Simplicissimus, 29. Jg., Nr. 1, 1. April 1924, Titelzeichnung von Th. Th. Heine, *Der erste April. Hitlers Einzug in Berlin.*

Der Knüppel. Satirische Arbeiterzeitung, Nr. 7, 3. Jg. (1925), Titelblatt: George Grosz.

Ulk, Nr. 48, 59. Jg., 28. November 1930, Titelblatt: Walter Herzberg, *Das schielende deutsche* Antlitz 1930.

Der Querschnitt, Heft 9, V. Jg. (1925), 3. von 4 Photoseiten (Tiefdruck) zwischen den Seiten 776 und 777.

Photo Reville, London
Die berühmte englische Soubrette José Collins in einem Abendmantel (Wert 3500 Guineas) der Firma Reville

Photo Reville, London
Die amerikanische Kabarettkünstlerin Marion Ford in einem wohlfeileren Kostüm

Der Querschnitt, Heft 2, X. Jg. (1930), Umschlagbild nach einer Zeichnung von Th. Th. Heine.

Die Weltbühne, 27. Jg., 24. März 1931.

Die Weltbühne

Der Schaubühne XXVII. Jahr

Wochenschrift für Politik · Kunst · Wirtschaft

Begründet von Siegfried Jacobsohn

Unter Mitarbeit von Kurt Tucholsky
geleitet von Carl v. Ossietzky

Inhalt:

Carl v. Ossietzky	Egal legal
Friedrich Wolf	Die Machtprobe
Michael Smilg-Benario	Das Jahr der Entscheidung
Johannes Bückler	Der Rote Handel droht
Walter Mehring	Heinrich Mann
Kaspar Hauser	Memoiren aus der Kaiserzeit
Walther Rode	Gerichtliches Nachspiel
Celsus	Ufa verbietet die Konkurrenz
Adolf Behne	Für und gegen Schinkel
Erich Kästner	Die Ballade vom Nachahmungstrieb

Bemerkungen — Antworten

Erscheint jeden Dienstag

XXVII. Jahrgang 24. März 1931 Nummer 12

Versandort Potsdam

Verlag der Weltbühne
Charlottenburg · Kantstrasse 152

Die Brennessel, 3. Jg., Folge 15, 12. April 1933, Titelbild von Mjölnir.

Garvens, *Im Konzentrationslager (Die Inhaftierten werden zu nutzbringender Arbeit im Zeichen ihrer Symbole angehalten)*, in: Kladderadatsch, Nr. 18, 30. April 1933.

Zeitschriften und Magazine 167

Garvens, *Der Edelkommunist im Konzentrationslager*, in: Kladderadatsch, Nr. 20, 14. Mai 1933.

IV. Ausblicke
Satire im Exil

Während der nationalsozialistischen Diktatur fristet die Satire ein Schattendasein. Um überhaupt in die nun vom faschistischen Regime kontrollierte Öffentlichkeit zu gelangen, hat sie sich ihrer ungezügelten Angriffslust gegen jedes und jedermann im eigenen Lande zu entledigen. Die Machthaber kastrieren die Satire zu einem ihnen genehmen Mittel der Verächtlichmachung der wirklichen und vermeintlichen Gegner. Erlaubt ist, was ins propagandistische Kalkül paßt: Schmunzeln, Amüsement und harmlose Witzeleien. Es darf bezweifelt werden, daß die Satire mit dieser Zurichtung noch als Satire bezeichnet werden kann. Denn indem sie ihrer Unabhängigkeit verlustig geht, verkommt sie zur willfährigen Propaganda der Herrschenden. Die Satire im Exil hat es da auf den ersten Blick besser. Die Vertreibung aus Deutschland bestätigt ihre grundsätzliche Widerborstigkeit und legitimiert mithin ihren Anspruch auf radikale Kritik. Sie konterkariert damit die von der nationalsozialistischen Politik gegängelte Satire, die ‚Biß' einzig da entwickelt, wo sie Feinde im In- und Ausland ausmacht. Nur noch zynisch zu nennen ist sie, sobald sie auf Kosten oder zu Lasten jener sich äußert, die als Verfolgte, Verstoßene und Geächtete Deutschland verlassen müssen oder gar zu den Opfern des Terrors im Lande gehören. Der *Kladderadatsch* hält sich an denen schadlos, die sich nicht mehr wehren können.[1]

Daß dieser Schamlosigkeit von den Exulanten entgegengearbeitet wird, wird kaum überraschen. In den wenigen publizistischen Medien, die jetzt noch zur Verfügung stehen, wird um eine angemessene Sprache und entsprechende Bilder bzw. Zeichnungen sich ernsthaft bemüht. Im Exil sieht sich die Satire allerdings mit einem überaus gravierenden, generelleren Problem konfrontiert, das in der Geschichte selbst begründet liegt. Denn mit der sich abzeichnenden Festigung des Nationalsozialismus in Deutschland und der durch militärische Übergriffe der deutschen Armee in Europa exportierten Faschisierung beim Beginn des Zweiten Weltkriegs sieht sich die Satire des Exils konfrontiert mit einer derart grausamen, brutalisierten Realität, daß jede Form satirischen Kommentars unangemessen zu werden scheint. „Schwer,

---

[1] Vgl. dazu z.B. „Im Konzentrationslager" (Kladderadatsch, Nr. 18, 30. April 1933) oder „Der Edelkommunist im Konzentrationslager" (Kladderadatsch, Nr. 20, 14. Mai 1933), wieder abgedruckt in: Heinrich-Jost, Ingrid (Hrsg.), Kladderadatsch. Die Geschichte eines Witzblattes von 1848 bis ins Dritte Reich, Köln 1982, S. 161 bzw. 162.

eine Satire zu schreiben. Nicht bloß, weil der Zustand, der ihrer mehr bedürfte als je einer, allen Spottes spottet. Das Mittel der Ironie selber ist in Widerspruch zur Wahrheit geraten."[2] Diesen Adornoschen Rigorismus sollte man aus der Erfahrung der faschistischen Katastrophe abzuleiten versuchen. Er umkreist ein ernst zu nehmendes Problem: die Zurücksetzung der Satire als Form kritischer Darstellung auf dem Hintergrund der fortschreitenden Brutalisierung der Geschichte. Des Philosophen berühmtes Wort, daß nach Auschwitz Lyrik zu schreiben barbarisch sei, ließe sich hier anschließen und variieren: Satire mutiert zur Lüge und hat zu verstummen in dem Moment, da die Welt der faschistischen Diktatur anheimfällt. Satire, die jetzt dennoch weiter sich produziert, wirkt bestenfalls regressiv, weil sie angesichts der vom Faschismus entmenschlichten Gesellschaft versagen muß. Jede Evokation des Lachens durch satirische Behandlung kommt deshalb einem Sakrileg vor der Geschichte gleich. Kann man dagegen mit dem aus Deutschland vertriebenen Heinrich Mann (wie in seinem Erinnerungsbuch *Ein Zeitalter wird besichtigt*) dennoch behaupten: „Wer genug geweint hat, lacht." Dieser Satz liest sich wie eine Paraphrase aus Benjamins *Karl Kraus*-Essay, wo es heißt, daß dem Satiriker kaum günstigere Verhältnisse begegnen als „mitten in einem Geschlecht, das sich anschickt, Tanks zu besteigen und Gasmasken überzuziehen, einer Menschheit, der die Tränen ausgegangen sind, aber nicht das Gelächter".[3] Ein großes Fragezeichen bleibt! Sicher, der kathartischen Funktion des Lachens nach erlittenem, unfaßbarem Leid soll nicht widersprochen werden. Lachen als Akt der Erleichterung lebt, besonders in Zeiten des Faschismus, zunehmend vom Erschrecken vor dem Objekt, das das Lachen provoziert, und vom Unbehagen über die eigene Naivität, die einen lachen läßt. Für die Exulanten gilt, daß „jene bürgerliche Ordnung, in der das Verbrechen als Normverstoß vorkam, zerbrochen [war]. Unrecht war Alltag; und die Nachrichten aus Deutschland, dann aus dem besetzten Europa – von Guernica, von Lidice – hatten nahegelegt, das ‚die Welt aus den Fugen' [Brecht] war. In dieser Welt waren die Konventionen, die bürgerliche Moralität oder gar Sittsamkeit dem Lachen auferlegt hatten, obsolet geworden."[4] Gleichwohl ist Sorgfalt angeraten beim satirischen Schreiben, denn jeder Anflug von leichtfertiger, weil bloß spaßiger Überhöhung der katastrophi-

---

[2] Theodor W. Adorno, Juvenals Irrtum, in: Th.W.A., Minima Moralia. Reflexionen aus dem beschädigten Leben, Frankfurt a. M. 1982, S. 280.

[3] Walter Benjamin, Karl Kraus, in: W.B., Gesammelte Schriften, Bd. II.1: Aufsätze, Essays, Vorträge, hrsg. von Rolf Tiedemann und Hermann Schweppenhäuser, Frankfurt a. M. 1977, S. 355.

[4] Stephan Braese, Das teure Experiment. Satire und NS-Faschismus, Opladen 1996, S. 237.

schen Wirklichkeit intendiert Verrat an der Wirklichkeit selbst. Der Eskamotierung von Geschichte muß auch die Satire gegensteuern. Gefordert ist daher eine eher rationale, historisch verbürgte Haltung. Eine eindeutig antifaschistische Stoßrichtung verspricht Halt, indem sie ihre humoristische Leichtigkeit – man könnte auch sagen: Unschuld – verliert. Einige, die bislang der Satire frönten, entsagen ihr jetzt ganz – aus Angst, nicht den rechten Ton zu treffen. Deshalb nur nebenbei gefragt: Bedarf es eines größeren historischen Abstands oder direkter, persönlicher Betroffenheit, um überhaupt die Jahre des faschistischen Terrors Revue (sic!) passieren zu lassen und fast heiter-ironisch zu verarbeiten? Lassen wir es dahin gestellt sein. Vielleicht gewährt die, wenn auch nicht unproblematische Fortführung der Satire von Weimar als dezidiert antifaschistische Satire im Exil einen gewissen Schutz vor unangemessener Verkleinerung der Geschichte. Denn die Verlängerung ins Exil gelingt zumeist nur in den Fällen, die wegen ihren Aufrichtigkeit vor der geschichtlichen Wahrheit als exemplarisch für wahrhaftige Satire gelten können.

Lieselotte Maas hat in ihrer grundlegenden Darstellung der deutschen Exilpresse von 1933 bis 1945 darauf hingewiesen, daß zwei unterschiedliche Fälle der publizistischen Satire im Exil zu beobachten sind: Neugründung oder Fortsetzung bei Beachtung der je spezifischen Bedingungen in den Niederlassungsländern. Das bekannteste, wenn auch nicht das gelungenste Beispiel ist sicherlich der *Simplicus* (dann *Simpl*), der unter der Leitung von Chefredakteur Heinz Pol in Prag während der Jahre 1934 und 1935 erscheint und anknüpft an den einst berühmten *Simplicissimus*, der inzwischen ja längst gleichgeschaltet war. Eine gewisse Sonderstellung dieser satirischen Zeitschrift ist sofort auszumachen: Sie wendet sich nicht nur an die Emigration, sondern auch an die großen Teile des deutschsprachigen Prager Publikums allgemein. Dabei verspricht das Mittel der Satire breiten Zuspruch. „In der Tat ging es dem *Simplicus* zunächst einmal darum, möglichst viele Leser zu erreichen. Deshalb kamen in dem Kampfblatt, ganz unabhängig von den eigentlich politischen Zielen, Unterhaltung und Amüsement nie zu kurz."[5] Die Gratwanderung zwischen seriösem Journalismus und humoristischer Kommentierung verlangt also Augenmaß, denn jede Form der Verharmlosung würde das Anliegen einer satirischen Wochenschrift, aufklärerisch bis agitatorisch zu wirken, in den Hintergrund treten lassen. Zielpunkt des *Simplicus* ist und bleibt Hitlerdeutschland. Es scheint, daß gerade die pointierte

---

[5] Lieselotte Maas, Handbuch der deutschen Exilpresse 1933 – 1945, hrsg. von Eberhard Lämmert, Bd. 4: Die Zeitungen des deutschen Exils in Europa von 1933 bis 1939 in Einzeldarstellungen, München u. Wien 1990, S. 81f.

Mischung der journalistischen Genres eine ernsthafte Auseinandersetzung mit dem Faschismus zeitigt. „Immer wieder und auf unterschiedliche Weise kreisten Zeichnungen und Karikaturen, Witze, Gedichte und Erzählungen um die Aktionen, Akteure und Opfer des Dritten Reichs: Reichstagsbrandprozeß und Röhm-Erschießungen, Germanen-Kult und Konzentrationslager, Widerstandskämpfer und bedrängte Juden, devote Kleinbürger und heldenhafte Proletarier, Nazigrößen und opportunistische Künstler."[6]

Widmen wir uns einem zweiten Exempel für die (fast) bruchlose Fortführung[7] eines Presseerzeugnisses, das seinen legendären Ruf in der Weimarer Republik und durch einen Künstler, durch John Heartfield, begründete: die *AIZ*. Wenngleich diese Illustrierte auch noch nach dem 30. Januar 1933, dem Tag der Bestellung Hitlers zum Reichskanzler, weiter erscheint, so sind ihre Tage doch gezählt. Daß die verbleibende Zeit genutzt wird zur Agitation für eine antifaschistische Politik, die beispielsweise mit der letzten Nummer vom 5. März 1933 die Einheitsfront der Arbeiter, Bauern und Angestellten[8] propagiert, zeigt auf der einen Seite den Willen zum Widerstand, kann aber auf der anderen nicht darüber hinweg täuschen, daß der aufhaltsame Aufstieg Adolf Hitlers ohne jede ernsthafte Gefährdung vonstatten geht. Die Konsequenz heißt Exil. In Prag kann die *AIZ* (ab 1936 *Volks-Illustrierte* [*VI*] genannt) dann ihre Aufklärungsarbeit fortsetzen. Und es ist wieder einmal Heartfield, der mit seinen Photomontagen Maßstäbe setzt! Noch heute gelten seine Entwürfe als Ikonen des antifaschistischen Kampfes.

AIZ vom 5. April 1936, Fotomontage von John Heartfield: „Und auf Hitlers Friedensangebot folgen alsbald seine Friedenstauben."

---

[6] Ebd., S. 82.
[7] Vgl. dazu die DDR-offizielle Darstellung von Heinz Willmann, Geschichte der Arbeiter-Illustrierten Zeitung 1921 – 1938, Berlin/DDR 1974, S. 229ff.
[8] Vgl. dazu Peter Gorsen, „Das Auge des Arbeiters" – Anfänge der proletarischen Bildpresse, in: Ästhetik und Kommunikation. Beiträge zur politischen Erziehung, H. 10, 3. Jg. (1973), S. 9.

Und damals? „Das beachtliche allgemeine Niveau der Illustrierten und der oft künstlerische Rang von Fotos, Montage und Layout verschafften der *AIZ* Anerkennung weit über das eigene Lager hinaus."[9]

Maas erwähnt in dem schon zitierten Handbuch zur Exilpresse eine beachtenswerte Neugründung: *Der Kater*. Als Herausgeber firmiert ein gewisser Ernst Birnbaum. Wiewohl nur eine Ausgabe 1933 in Paris erscheint, ist sie doch wichtig genug, sie hier kurz zu beschreiben. Folgt man Maas, so ist die Radikalität, mit der *Der Kater* auftritt, einzigartig. Was große Teile der politischen Emigration nur widerwillig und im Laufe der Zeit sich eingestehen müssen, gesteht diese Zeitschrift sofort ein: die umfassende Niederlage, die mit dem Ende der Weimarer Republik eingetreten ist. Daraus resultiere Skepsis gegenüber jeder Form einer insbesondere von der kommunistischen Partei vertretenen Kontinuitätsthese. *Der Kater* erhebt Einspruch gegen den unermüdlichen Versuch der Kommunisten, die Machtübergabe an die deutschen Faschisten als temporäres Zurückweichen der Arbeiterschaft zu interpretieren, denn – ob im Exil oder im illegalen Untergrundkampf im Dritten Reich – der Kampf ginge ja schließlich ohne Unterbrechung weiter! *Der Kater* hält dagegen: „[...] die Opfer des braunen Terrors in Deutschland und die ins Ausland emigrierten Antifaschisten (haben) keinerlei Vertrauen mehr zu den Niederlagenstrategien [sic!] von 1933."[10] Diese Einschätzung liest sich um so interessanter, weil sie eine Auffassung konterkariert, die lange als Erklärungsmuster für politische Mißerfolge herhalten mußte. Rosa Luxemburg hatte darauf hingewiesen, daß es gerade und augenscheinlich Niederlagen seien, die eine Sache beförderten! „Wo wären wir heute ohne jene ‚Niederlagen', aus denen wir historische Erfahrung, Erkenntnis, Macht, Idealismus geschöpft haben! [...] Die Revolutionen haben uns bis jetzt lauter Niederlagen gebracht, aber diese unvermeidlichen Niederlagen häufen gerade Bürgschaft auf Bürgschaft des künftigen Endsieges."[11] Die Vorkämpferin des Sozialismus wendet ihren Blick jedoch nicht nur zurück, sie läßt ihn in die Zukunft schweifen: „Entweder Triumph des Imperialismus und Untergang jeglicher Kultur, wie im alten Rom, Entvölkerung, Verödung, Degeneration, ein großer Friedhof; oder Sieg des Sozialismus, d.h. der bewußten Kampfaktion des internationalen Proletariats gegen den Imperialismus und seine Me-

---

[9] Maas, Handbuch der deutschen Exilpresse 1933 – 1945, Bd. 4, S. 96.
[10] Zitiert nach Maas, Handbuch der Exilpresse, Bd. 4, S. 72.
[11] Rosa Luxemburg, Die Ordnung herrscht in Berlin, in: R.L., Gesammelte Werke, Berlin/DDR 1974, S. 537.

thode: den Krieg. Dies ist das Dilemma der Weltgeschichte."[12] Ob die Geschichte jemals Luxemburgs Geschichtsoptimismus bestätigen wird? Erschreckend realistisch-prophetisch klingt ihre Schlußfolgerung für uns mit unserem Wissen um die Katastrophe vom Ende der Weimarer Republik, das sie nicht erleben durfte (vielleicht sollte man trotz des Mordes an ihr sagen: nicht erleben mußte). Die Niederlage, die mit dem Sieg des Nationalsozialismus statthat, verlangt ungeheurere Anstrengungen unter den Emigranten, um nicht gänzlich zu resignieren. „Der Faschismus an der Macht" markiere, so Fritz Sternberg, eine neue Stufe der Kapital-Herrschaft, die eine Verschärfung der Klassenverhältnisse nach sich ziehe – das jedenfalls ist die Sicht der Zeitgenossen, die durch eigene Anschauung über den qualitativen Sprung, den historischen Bruch in der Geschichtsentwicklung belehrt werden. Diese Erfahrung hinterläßt deutliche Spuren in den Reihen der Ausgestoßenen und Vertriebenen; und es ist Kurt Tucholsky, der für viele ernüchtert feststellt: „Man muß die Lage so sehn wie sie ist: unsere Sache hat verloren."[13] Als Konsequenz fordert er „Selbstkritik" und „Selbsteinkehr".[14] Ein Beispiel dafür, wie der neuen Lage gegenüber sich zu verhalten gelte, liefert *der Kater*. Durchaus nicht unproblematisch ist dabei der Ansatz, „den Nationalsozialismus mit den Mitteln von Witz und Karikatur zu bekämpfen. Denn schon die einzige Ausgabe, die von der Zeitschrift erschien, verrät einiges von der grundsätzlichen Schwierigkeit, dem Grauen des Nazi-Terrors satirisch zu begegnen. Angesichts der realen Vorgänge in Deutschland erscheinen die Illustrationen des *Katers* oft unangemessen, seine Witze zumeist eher peinlich".[15] Hat es da ein anderes Medium, das Kabarett, leichter, das durch den unmittelbaren Kontakt zum Publikum sehr schnell auf mögliche Irritationen im Publikum reagieren kann?

---

[12] Rosa Luxemburg, Die Krise der Sozialdemokratie, Gesammelte Werke, Bd. 4, S. 62.
[13] Kurt Tucholsky, Brief an Walter Hasenclever, 11. April 1933, in: K.T., Briefe, Auswahl 1913 bis 1935, hrsg. von Roland Links, Berlin/DDR 1983, S. 298.
[14] Kurt Tucholsky, Brief an Arnold Zweig, 15. Dezember 1935, in: Briefe, S. 574.
[15] Maas, Handbuch der Exilpresse, Bd. 4, S. 72. Dort findet sich auch ein von Maas angeführter Beleg für die Unangemessenheit des Humors: „Der jüdische Rechtsanwalt Dr. Herbert Levi erhielt am Montag abend den Besuch dreier Herren in SA-Uniform. Die Beerdigung findet Donnerstag statt" (ebd.). Nicht besser ergeht es einer weiteren satirischen Zeitschrift, die vom Schutzverband Deutscher Schriftsteller herausgegeben wird: „Die Saar-Ente" erscheint nur einmal und zwar unmittelbar vor der Saar-Wahl. Ihre Witze und Karikaturen sollen vor der Rückkehr des Saarlandes ins deutsche Reich Hitlers warnen. Ohne Erfolg!

Das literarische Kabarett in der Endphase der Weimarer Republik legt nicht selten die Lunte ans Pulverfaß. Die zündenden Chansons und Sketches löcken wider den Stachel und scheuen vor Polemik und karikierende Überzeichnung nicht zurück. An der Scheide zwischen Republik und Diktatur erwächst dem Kabarett nun eine besonders brisante Rolle zu: die direkte politische Anklage. In dieser Wendezeit beginnt die Geschichte der *Pfeffermühle*: „Es fing ganz harmlos und beinahe zufällig an [...]", erinnert sich Erika Mann, als in München wenige Monate vor Hitlers Wahl zum Reichskanzler die Idee zur Gründung eines Kabaretts entsteht. Daß die eigentlich von Magnus Henning, einem Freund und Komponist aus dem Baltikum, stammende Anregung bei ihr auf spontane Zustimmung stößt, hat persönliche Gründe. Anfang des Jahres 1932 hatte Erika Mann nämlich am eigenen Leib die zunehmende politische Bedrohung der Republik durch Hitlers Politik miterleben müssen. Als Rezitatorin war sie von Constanze Hallgarten in den Münchner Unions-Saal zu einer Kundgebung deutscher und internationaler pazifistischer Organisationen, die auf der Genfer Abrüstungskonferenz im März Einfluß nehmen wollten, hinzugebeten worden.[16] Die Veranstaltung wurde für die bis dahin an Fragen der Politik wenig interessierte Erika Mann zu einem einschneidenden Erlebnis – nicht nur, weil es ihr erster Auftritt auf der politischen Bühne war, sondern insbesondere deshalb, weil durch die massiven Störungen der SA der bis dahin leichtlebigen Schriftsteller-Tochter die Einsicht gleichsam eingebleut wurde, daß Engagement für das Gemeinwesen und Verantwortungsgefühl vor der Geschichte dringend angezeigt seien. Was nichts anderes bedeutete, als gegen die Nationalsozialisten öffentlich Stellung zu beziehen. Vorbei ist es damit mit dem bequemen, aber auch fatalen und irrigen Glauben, „daß Politik Sache der Politiker wäre".[17] Als dann also Erika und ihr Bruder Klaus Mann mit Freunden in einer Schwabinger Kneipe über die desolate Situation des Münchner Kulturlebens debattieren, schlägt Henning vor, die *Bonbonniere*, ein altes, heruntergekommenes Vergnügungslokal in München, zu übernehmen und dort gastierende dritt- und viertklassige Kabaretts durch ein eigenes, intelligenteres Unterhaltungsprogramm abzulösen. Erika Mann ist begeistert. Umtriebigkeit und Auftreten, das die Freunde als überzeugend und verhandlungssicher beschreiben, helfen ihr, binnen kurzer Zeit ein hochkarätiges Ensemble auf die Beine zu stellen, dessen künstlerischer Mittelpunkt, neben Erika Mann selbst, Therese Giehse, damals schon ‚die große Giehse', ist. „Sie gehörte dazu, von Anfang

---

[16] Irmela von der Lühe, Erika Mann, Frankfurt a. M. 1993, S.65.
[17] Erika und Klaus Mann, Escape to life, Deutsche Kultur im Exil, München 1991, S. 16.

an, und mit welcher Intensität, welch unbedingtem Einsatz! Der Star der Münchener Kammerspiele – eine schauspielerische Persönlichkeit von starker Vitalität und großem Können – stellte dem noch unbewehrten und übrigens politisch bedenklichen Tingeltangel die ganze Fülle ihrer Erfahrung und ihres Talents zur Verfügung. Ohne sie wäre die *Pfeffermühle*[18] nicht geworden, was sie jahrelang war: das erfolgreichste und wirkungsvollste theatralische Unternehmen der deutsche Emigration."[19] Schon die erste Vorstellung zu Beginn des neuen Jahres, am 1. Januar 1933, erweist sich als Volltreffer: „Große Stimmung, großes Publikum, mit ‚alles da'"![20] Die *Neue Zürcher Zeitung* meldet: „Charme, das ist die Eigenschaft, die man dem jüngsten Münchener Kabarett zuerkennen darf"[21], und der Kritiker Ernst Heimeran beschreibt in den *Münchener Neuesten Nachrichten* eine lokale Besonderheit: „Es gibt in München mehrere Arten von Kabaretts, die alle ihr Publikum haben. Es gibt hinwiederum eine Art von Publikum, dem bisher sein Kabarett fehlte. So entstand die *Pfeffermühle*."[22] Zwei Punkte, die das Projekt insgesamt beflügelten und den Zuspruch evozierten. Worin aber sind weitere Gründe für das sensationelle Debüt zu sehen? Zum einen sicherlich in der Doppelbegabung des Gespanns Giehse/Mann, denn während die Giehse die Regie übernimmt, zeichnet Erika Mann für die Texte verantwortlich und fungiert zudem als erster weiblicher Conférencier auf einer deutschen Bühne. Zum anderen beeindruckt die gelungene Mischung aus literarischem und politischem Kabarett: Das Programm vereinigt Märchen und Balladen, Chansons und Kindergeschichten sowie Bilder und Szenen aus dem scheinbar so harmlosen Alltag, inszeniert und dargeboten in Dialogen, Songs, Tänzen und Clownerien. Nie wird allerdings direkt beim Namen genannt, was tatsächlich gemeint ist. Ob im Märchen *Der Fischer und seine Frau* oder in der *Ge-*

---

[18] Der Name dieses – man wird im Rückblick sagen können – legendären Kabaretts stammt übrigens von keinem Geringeren als Thomas Mann. Die Legende erzählt, daß er den Einfall während eines Abendessens im Familienkreise hatte; als sich seine Tochter Erika einmal mehr beklagte, immer noch keinen passenden Namen für ihr Kabarett-Projekt gefunden zu haben. „Wie wär's denn damit?" soll Thomas Mann, eine Pfeffermühle in der Hand haltend, gefragt haben (zit. bei Helga Keiser-Hayne, Beteiligt euch, es geht um eure Erde. Erika Mann und ihr politisches Kabarett die „Pfeffermühle". 1933 – 1937, München 1990, S. 16).

[19] Klaus Mann, Der Wendepunkt, Ein Lebensbericht, München 1981, S. 322.

[20] Klaus Mann, Tagebucheintrag vom 1.1.1933, in: ders., Tagebücher 1931 – 1933, hrsg. von Joachim Heimannsberg, Peter Laemmle und Wilfried F. Schoeller, München 1989, S.107.

[21] Neue Zürcher Zeitung vom 15.1.1933, zit. nach von der Lühe, Erika Mann, S. 74.

[22] Ebd.

schichte vom Katerlieschen, stets wird mit Unausgesprochenem gespielt. Die Kritik liegt im Dazwischen; und dennoch erhebt sich der Zeigefinger, der stets an die herrschenden Verhältnisse gemahnt. Der künstlerische und finanzielle Erfolg erlaubt es dem Ensemble bald, sich nach einem größeren Veranstaltungsort umzusehen; die *Bonbonniere* ist längst zu klein geworden. Am 1. April soll im ehrwürdigen *Serenissimus* in Schwabing das neue, dritte Programm vorgestellt werden. Doch als am 5. März fast zwei Millionen bayrische Wähler ihre Stimme der NSDAP geben, wird klar: „Es war undenkbar, die Pfeffermühle weiterhin zu betreiben."[23] Am 13. März 1933 verläßt Erika Mann mit einem Teil ihres Ensembles München in Richtung Zürich. Nach einem halben Jahr in der Schweiz gelingt es Erika Mann schließlich, trotz der „staubigen und giftgeschwängerten Luft der Fremdenpolizei und des Arbeitsamtes"[24] die *Pfeffermühle* wieder aufleben zu lassen. Die Exil-Premiere datiert auf den 30. September 1933 im Hotel *Zum Hirschen* und wird wie damals in München ein Erfolg: „Viele Hervorrufe und Blumen"[25], notiert Thomas Mann in seinem Tagebuch. Auch die Beurteilung Klaus Manns nach der zweiten Premiere ist positiv: „Smoking. Mit Eltern – Golo zum ‚Hirschen'. Pfeffermühlen-Premiere. Sehr großer Abend. Gedrängte Fülle. Spannung. Stärkste Wirkung des Programms, künstlerisch wie moralisch."[26] Wegen der Reglementierungen der Schweizer Aufenthalts- und Einwanderungsbestimmungen muß ein Gebot vor allen anderen strikt befolgt werden: Politisches Kabarett ja, aber niemals als direkte Agitation. „Kein Name – auch nicht der unseres verdorbenen Landes – ist je bei uns gefallen. Wir wirkten in der Parabel, im Gleichnis und Märchen unmiß-

Flugzettel der Nationalen Front

---

[23] Keyser-Hayne, Beteiligt euch, es geht um eure Erde, S. 48.
[24] Ebd., S. 52.
[25] Thomas Mann, Tagebucheintrag vom 30.9.1933, in: ders., Tagebücher 1933 – 1934, hrsg. von Peter de Mendelssohn, Frankfurt a. M. 1980, S. 199.
[26] Klaus Mann, Tagebucheintrag vom 1.1.[1934], S. 9.

verständlich, doch unschuldig dem Buchstaben nach."[27] Bei aller Verschlüsselungstechnik ist das Ziel der Anklage, Hitler, jedoch unüberhörbar. Der Kampf gegen staatlich sanktionierte Lüge, gegen Terror, Heuchelei und Betrug, gegen Mord und Totschlag, kurz: gegen den Nationalsozialismus mit all seinen grausamen und grausamsten Ausformungen, verschärft sich. Denn nicht immer gelingt es, diesen Ungeheuerlichkeiten verbal moderat beizukommen. Die Folge: Die Sprache wird direkter! Doch je unerbittlicher und deutlicher Kritik an den deutschen Verhältnissen unterm Nationalsozialismus geäußert wird, desto unsicherer wird der Exilstatus der Pfeffermühlenmitglieder.[28] Als dann während der Vorstellung vom 16. November 1934 ein antisemitischer Tumult angezettelt wird, der sich in eine üble Schlägerei ausweitet[29], werden die Schweizer Behörden aktiv. Obwohl Zürichs Polizei und der Stadtrat anfangs noch die *Pfeffermühle* unterstützten (Polizeibewachung vor dem Kursaal, Polizeischutz für Erika Mann), verbieten im Dezember fast alle Kantone die Auftritte des Ensembles. „Die Schweiz wird auch immer unangenehmer. Wann endlich wird der Mond urbar?" schreibt Erika Mann an Manfred Georg.[30] Als „Hetzbühne", die alle „Ideale in den Schutz ziehe"[31], wird die *Pfeffermühle* inzwischen beschimpft, weitere Vorstellungen werden verhindert.[32] So geht Erika Mann mit ihrer Truppe auf Reisen durch die Tschechoslowakei, Holland, Luxemburg und Belgien. Die letzten Jahre auf dem alten Kontinent sollten die anstrengendsten werden: Die *Pfeffermühle* gibt innerhalb der drei Jahre 1034 Vorstellungen, „bis der Protest der deutschen Regierung dem ein Ende setzte".[33] Denn in den Nachbarländer des Dritten Reich fürchtet man politische Verwerfungen; gleichsam in vorauseilendem Gehorsam greift die Zensur auch dort ein.

---

[27] Erika Mann, Versuch einer Outline für eine geplante Fernsehsendung, Typoskript, Erika Mann Archiv, Stadtbibliothek München, 1966, zit. nach: Klaus und Erika Mann, Bilder und Dokumente, hrsg. von Ursula Hummel, München 1990, S. 33.

[28] Für die „Pfeffermühle" gearbeitet hat auch Walter Mehring. Nicht nur, daß er Chansons, so „Die alte Vogelscheuche", beisteuert, er springt einmal, im März 1934 während des Baseler Gastspiels, für die erkrankte Giehse ein und trägt bei der Gelegenheit seinen berühmten *Emigrantenchoral* vor.

[29] Vgl dazu Keiser-Hayne, Beteiligt euch, es geht um eure Welt, S. 112.

[30] Erika Mann, Brief vom 14.11.1934 an Manfred Georg, in: Erika Mann, Briefe und Antworten, Bd. I: 1922 – 1950, hrsg. von Anna Zanco-Prestel, München 1988, S. 57.

[31] Zit. nach Erika Mann, Brief an verschiedene Redaktionen in der Schweiz vom 22. November 1934, in: E.M., Briefe und Antworten, S. 58.

[32] Ebd., S. 116.

[33] Erika und Klaus Mann, Escape to life, S. 11.

Trotz ständiger Änderungen im Programm, trotz geschickten Balancierens auf des Messers Schneide muß sich Erika Mann eingestehen, daß Europa allmählich „deutsch wird".[34] Im Sommer 1936 beginnt sie deshalb, ein New York-Gastspiel vorzubereiten. Nach der Anlandung in Amerika und den ersten Veranstaltungen zeigt sich, daß der Wandel von der *Pfeffermühle* zur *peppermill* sich schwieriger gestaltet als erwartet. Die Texte verlangen nach Übersetzung und verlieren damit unweigerlich ihren ursprünglichen Sprachcharme bzw. -witz. Finanziers müssen gefunden und ein passender Spielort ausgesucht werden. Doch das wohl Problematischste: das amerikanische Publikum für eine ganz neue und ihnen bis dahin unbekannte Art von Kabarett empfänglich zu machen. Der erste Auftritt ist die Probe aufs Exempel! Sponsoren sind Vicki Baum, Alfred A. Knopf (Thomas Manns amerikanischer Verleger), Max Reinhardt, Maurice Wertheim und Emil Ludwig, um nur einige der Wichtigsten zu nennen. Alle, bis auf Knopf, sind deutsche Exulanten. In Manhattan, im 17. Stockwerk des Chanin-Building, Ecke Lexington Avenue, 42. Straße, liegt der Theatersaal, in dem am 5. Januar 1937 die USA-Premiere steigt. Doch welch ein Debakel! Der Funke springt nicht über. Die „herrliche Giehse" verfügt nicht in dem Maße über die englische Sprache, „um frei zu spielen"[35] und die Sprachbarriere zu überbrücken. Die Texte, ihr Humor, aber auch das in ihnen mitschwingende Schwermütige wirken ungelenk und fremd. Noch fremder die ganze Veranstaltung, da die auf der Bühne verhandelten Themen für Amerikaner zu weit weg sind. Ganz zu schweigen davon, daß die meisten von ihnen auch die Kunstform des literarischen Kabaretts bislang nicht kennen: „man war etwas betreten, daß da keine rechten girls mitwirkten."[36] Nach wenigen Vorstellungen ist das Projekt *peppermill* endgültig gescheitert. Therese Giehse kehrt ans *Züricher Schauspielhaus* zurück, dort im Schweizer Exil wird sie eine bedeutende Brecht-Interpretin. Der Musiker Magnus Henning reist gar wieder nach München und landet schließlich in der Wehrmachtsbetreuung. Sybille Schloss bleibt zwar in Amerika, betritt aber nie wieder eine Bühne. Lotte Goslar dagegen macht als Schauspielerin Karriere in Hollywood. Und Erika Mann? „Es war ja eine der merkwürdigen Erfahrungen der Emigration, daß man – älter wie man wurde – immerzu aufs Neue vor der Berufswahl stand ... und nun wollte ich ... ‚Lecturer' werden."[37] Sie orientiert sich neu, ohne jedoch

---

[34] Keiser-Hayne, Beteiligt euch, es geht um eure Welt, S. 129.
[35] Ebd., S. 133.
[36] Erika Mann, Brief an Katia Mann vom 1. Februar 1937, in: E.M., Briefe und Antworten, S. 110.

ihren Kampf gegen den Faschismus aufzugeben. Sie setzt ihre Arbeit als politische Publizistin fort und begeistert durch ihre Vorträge in Amerika ein vornehmlich intellektuelles Publikum.

Es scheint, daß England – vielleicht wegen seines gerühmten britischen Humors – ein besonders nahrhafter Boden für exilierte Satire ist. Die Aktivitäten auf diesem Gebiet sind jedenfalls zahlreich und vielfältigst. Da ist zum Beispiel die Kleinkunstbühne *Das Laterndl*, gegründet von vertriebenen Wiener Schauspielerautoren/Autorenschauspielern: Albert Fuchs, Martin Miller und Rudolf Spitz. Der Name sollte Assoziationen wecken an die *Fackel* von Karl Kraus. Überliefert haben sich Manuskripte von Hugo F. Koenigsgarten und Jura Soyfer[38], die für dieses literarische Kabarett geschrieben haben. Eindrucksvoll – nicht nur in der Erinnerung von Rudolf Spitz – die boshafte Verspottung Hitlers[39] im 2. Programm vom Februar 1940: „Ohne jeden Versuch zu unternehmen, den unnachahmlichen Adolf Hitler oder die noch unnachahmlichere Parodie Martin Millers *Der Führer spricht* nachahmen zu wollen, möchte ich Sie doch mit einigen Worten dieser Hitler-Rede Martin Millers bekannt machen: ‚Als im Jahre 1492 der Spanier Christoph Columbus, gestützt auf die Erfahrungen deutscher Gelehrter und unterstützt von deutschen Apparaten und Instrumenten, seine bekanntgewordene Fahrt über den weiten Ozean unternahm, konnte kein Zweifel darüber bestehen, daß bei einem Gelingen dieses gewiß gewagten Unternehmens Deutschland teilhaben müßte an den Errungenschaften, die diese Entdeckungsfahrt zeitigen sollte.' Im weiteren Verlauf dieser Rede gibt Adolf dann den Amerikanern zu bedenken, daß er die Vereinigten Staaten Nordamerikas großzügigerweise nicht als territoriale, sondern als Forderung ‚maritimer Natur' beansprucht."[40]

---

[37] Erika Mann, Selbstanzeige. Erika Mann in einem Interview mit Fritz J. Raddatz vom 10. Januar 1965, zit nach: E.M., Briefe und Antworten, S. 113.

[38] Von beiden Autoren finden sich in der Sammlung „Theater im Exil" in der Akademie der Künste (jetzt: Stiftung Archiv der Akademie der Künste Berlin) mehrere Manuskripte: „Wiener Ringelspiel" und „Fünfmal Luftschutz" von Koenigsgarten, das „Dachauer Lied" und das „Lied des einfachen Menschen" von Soyfer. Der Verbleib eines Manuskripts von Rudolf Spitz „Die Wacht am Rhein" ist ungeklärt.

[39] Siehe dazu das Photo von Martin Miller in der Maske Hitlers, in: Theater im Exil 1933 – 1945, hrsg. von Walter Huder, Berlin 1973 (Katalog zur gleichnamigen Ausstellung), S. 101.

[40] Rudolf Spitz, „Das Laterndl" und seine Autoren, in: Lothar Schirmer (Hrsg.), Theater im Exil 1933 – 1945. Ein Symposium der Akademie der Künste, Berlin 1979, S. 130.

Satire im Exil

Breiten Raum in der englischen Öffentlichkeit kann allerdings und erstaunlicherweise die deutsche emigrierte Pressesatire beanspruchen. Auf dem Feld des Journalismus wäre deshalb sogar fast von einer gewissen Kontinuität bei der Fortsetzung der publizistischen Profession zu sprechen. So unterschiedliche Künstler wie John Heartfield und Walter Trier sind dafür Beleg. Heartfields Berühmtheit als Fotomonteur eilt ihm sozusagen voraus und öffnet ihm Tür und Tor zu den Zeitungsredaktionen. Der anfängliche Erfolg bei der *Picture Post* und den *Reynold News*, einer Gewerkschaftszeitung, hält nicht lange vor, Heartfield wird „ins Abseits gedrängt".[41] Walter Trier hingegen, ehemals Graphiker für die Berliner illustrierten Magazine *Uhu* und *Die Dame*, weltweit bekannt jedoch als Illustrator der Kästner-Kinderromane, allen voran *Emil und die Detektive*, reüssiert in Großbritannien als Zeichner für die Titelblätter der von Stefan Lorant ins Leben gerufenen Monatszeitschrift *Lilliput*. „12 Jahre lang – von 1937 bis 1949 – variierte er in über 150 Umschlägen immer wieder neu das Motiv eines jungen Paares mit Hund."[42] Darüber hinaus arbeitet er für weitere Exilpresseorgane. Anläßlich einer Ausstellung, die Triers satirische Zeichnungen für *Die Zeitung* zeigt, benennt der britische Karikaturist David Low den Trierschen Ansatzpunkt: Vor die Wahl gestellt, Hitler als Ungeheuer oder als Narren zu zeigen, habe dieser die zweite Möglichkeit der Kritik vorgezogen. Denn „Darstellungen von ihm [Hitler – die Verf.] als Tod, auf einem weißen Pferd über den Himmel galoppierend, oder als Gorilla mit langen haarigen und bluttriefenden Armen kommen ihm entgegen. [...] Tödlich ist es für ihn, als Narr bloßgestellt zu werden".[43] Die Gefährlichkeit der so karikierten Nationalsozialisten tritt in den Hintergrund. Triers Skizzen wirken durch ihren humorigen Gestus verharmlosend, der manchmal durch die Kommentierung die nötige Schärfe je-

Lilliput, January 1943, Walter Trier: „Zwischen Bomben".

---

[41] Karl-Ludwig Hofmann, Zur Geschichte der deutschen antifaschistischen Pressesatire, in: Neue Gesellschaft für Bildende Kunst Berlin (Hrsg.), Kunst im Exil in Großbritannien 1933 – 1945, Berlin 1986, S. 66.
[42] Ebd., S. 69.
[43] David Low, zit. nach Hofmann, Zur Geschichte der deutschen antifaschistischen Pressesatire, S. 71.

doch zurückgewinnt: Unter einer Zeichnung des faschistischen Triumvirats findet sich folgende Erläuterung: „*The Aryan Type*, means a man who is ‚blond as Hitler, slim as Göring, tall as Goebbels.' Aryan nonsense is by now almost too stale for a joke."[44]

Arischer Unsinn, zu abgestanden für einen Scherz? Der englische Leser scheint sehr wohl die derberen Töne zu verstehen; ein Beispiel aus den eigenen Reihen zeigt das länder- und mentalitätsgeschichtlich übergreifende Einverständnis, wenn es gilt, sich durch befreiendes Lachen der bedrohlichen Wirklichkeit zu erwehren. *Struwwelhitler. A Nazi Story Book by Doktor Schrecklichkeit* zieht Berechtigung gerade aus der Treffsicherheit, mit der ein klassisches deutsches Kinderbuch, *Der Struwwelpeter* von Heinrich Hoffmann, zur satirischen Beschreibung des faschistischen Deutschland herangezogen wird. Die über alle Grenzen bekannten Bildergeschichten eignen sich aufs Beste für eine Adaption![45] Robert und Philip Spence, die beiden Autoren, verstehen es, die berühmten Figuren des Hans Guck-in-die-Luft, Zappel-Philipp oder Suppen-Kaspar dem nationalsozialistischen Personal überzustülpen. Das Büchlein erscheint in London, ohne Eindruck des Erscheinungsjahres. Da ist jedoch die *Geschichte von dem schwarzen Buben* mit dem „großen Nikolas", der jetzt Stalins Gesichtszüge trägt. Stalin-Nikolas nun steckt die Führungsriege des Dritten Reichs ins Tintenfaß, die anschließend rot eingefärbt daher marschiert – eine direkte Anspielung auf den Hitler-Stalin-Pakt von 1939. Überhaupt sind die historischen Bezüge überdeutlich, und gerade daraus speist sich die überzeugende Anstelligkeit der Heinrich Hoffmannschen Kinderfiguren und Reime für die Darstellung faschistischer Politik.

Die deutschen Exulanten sind natürlich daran interessiert, aus der unmittelbar erlebten Erfahrung, d.h. authentisch, Kunde zu geben von der nationalsozialistischen Wirklichkeit. Bruno Adler[46], vormaliger Dozent für Literatur-

---

[44] Zit nach: „Da bin ich wieder!" Walter Trier – Die Berliner Jahre, Berlin 1999, S. 12 (Katalogheft, Außenamt Museumspädagogik, Staatliche Museen zu Berlin preußischer Kulturbesitz).

[45] Vgl. dazu: „Seit seinem Erscheinen 1845 wird das Bilderbuch des Frankfurter Arztes Heinrich Hoffmann (1809 – 1894) von Parodien, Persiflagen, Um- und Nachdichtungen begleitet. Auch die Achtundsechziger funktionieren es für ihre Zwecke um. 1969 erscheint im Verlag Rütten & Loening München „›Der Struwwelpeter neu frisiert‹, des Kabarettisten Eckart und Rainer Hachfeld" (Protest! Literatur um 1968, Marbacher Kataloge 51, hrsg. von Ulrich Ott und Friedrich Pfäfflin, Marbach 1998, S. 554).

[46] Unter dem Pseudonym Urban Roedl veröffentlicht Bruno Adler (1888 – 1968) einschlägige Studien über Matthias Claudius und Adalbert Stifter.

Satire im Exil 183

und Kunstgeschichte am Weimarer Bauhaus, der 1933 nach Prag und 1936 nach London emigrieren mußte, ist es zu verdanken, daß die British Broadcasting Corporation, die ehrwürdige Tante BBC, eine der (später berühmtesten) Satire-Figuren im geistigen Kampf gegen Hitler durch den Äther schickt: *Frau Wernicke*. Im September 1938 hatte die BBC Sendungen in deutscher Sprache, vor allem Nachrichten und politische Kommentare, gestartet, um als „Stimme der Wahrheit"[47] der Nazi-Propaganda entgegenzuwirken und, wie Thomas Mann es ausdrückt, das deutsche Volk vom falschen Wege abzubringen.[48] Daß diese Form der Gegenpropaganda wegen des Themas Nazi-Deutschland, über das man aufklären will, eher sachlich-nüchtern ausfällt, auch um jeder Kritik der Oberflächlichkeit zu entgehen, leuchtet ein. Der Zuspruch hält sich in Grenzen: Derartige Sendungen gelten kaum als hörerorientiert. Im *Deutschen Dienst* der BBC wird deshalb im Jahre 1940 eine Unterabteilung, für die Walter Rilla verantwortlich zeichnet, gegründet mit dem Ziel, für eine gewisse Auflockerung des reinen Informationsprogramms zu sorgen.[49] Man startet mit einem Feature, das eine Serie eröffnet, *Vormarsch der Freiheit*, die das Zeitgeschehen auf populäre Art zu thematisieren versucht und ab dem 9. November 1940 dann wöchentlich gesendet wird. In der Rückschau allerdings billigt einer der Verantwortlichen, Carl Brinitzer, dieser Radio-Wochenschau letztlich nur zu, „pathetisches Geschwafel"[50] verbreitet zu haben. Diese späte Geringschätzung zeigt, daß es nicht einfach war, den Nachrichtenblock mit publikumswirksamen, -attraktiven Elementen zu verbinden, den Hörer also so anzusprechen, daß die Sendungen mit besonderer Aufmerksamkeit und einer heimlichen, weil im faschistischen Deutschland verbotenen Freude verfolgt werden können. Nun gar die Waffe der Satire einzusetzen und richtig, d.h. schlagkräftig zu führen, verlangt besonderes Geschick. Mit drei Sendefolgen, *Kurt und Willi*, *Briefe des Gefreiten Adolf Hirnschal* und *Frau Wernicke* scheint der Londoner Sender den Vorstellungen der Emigranten vor Ort entsprochen wie – sofern man das bestimmt sagen kann – den Geschmack des deutschen Publikums im

---

[47] Uwe Naumann, Frau Wernicke im Ätherkrieg, in: Bruno Adler, Frau Wernicke, Kommentare einer „Volksjenossin", hrsg. und mit einem Nachwort versehen von Uwe Naumann, Mannheim 1990, S. 158.
[48] Vgl. dazu Thomas Mann, Deutsche Hörer! Fünfundfünfzig Radiosendungen nach Deutschland, Stockholmer Gesamtausgabe. Reden und Aufsätze. Band II, Frankfurt 1965, S. 182.
[49] Carl Brinitzer, Hier spricht London, Von einem der dabei war, Hamburg 1969, S. 107.
[50] Ebd., S. 112.

Reich getroffen zu haben, wobei „Frau Wernicke" aus der „großen Frankfurter Allee" in Berlin eine Besonderheit darstellt.

Adlers für *Frau Wernicke* geschriebene Reden sind eigentlich Monologe; doch dank der Kunstfertigkeit des Autors verwandeln sie sich ständig in imaginierte Dialoge mit ihren Hörern. Dabei herrscht ein gleichsam verdeckter aufklärerischer Gestus vor, der eher beiläufig die ganze Ironie ihrer munteren Plauderei offenbart: „Aber Elseken, wat machste denn da mit deine Strickerei?! Du darfst doch nich imma nach links machen, damit verbumfiedelst du dir ja allens, det wird ja sonst janz unmodern – rechts is richtich, verjiß det nich."[51] *Frau Wernickes* vermeintliches Gequatsche vermengt Wichtiges und Unwichtiges; scheinbar jeden Klatsch nimmt sie auf, denn nichts entgeht ihren Augen und Ohren. Und immer gelingt es, das Doppelbödige des Berliner Alltagsgeredes zum Ausdruck zu bringen. Diese Figur könnte ‚dem Zille sein Milliöh' entsprungen sein, so typisch berlinerisch ist sie angelegt. Sie quasselt, krakeelt und philosophiert, ohne ein Blatt vor den Mund zu nehmen, und das tut sie auf eine so warmherzige, wie manchmal kaltschnäuzige Art. Ob im Luftschutzkeller, beim Schlangestehen vorm Kaufmannsladen oder zu Hause mit ihren Freundinnen – *Frau Wernicke* redet, wie ihr der Schnabel gewachsen ist, und attackiert seit dem Sommer 1940 bis Ende Januar 1944 die Großen und Kleinen des Nazi-Regimes, die Funktionäre und die Mitläufer. Indem ihr beißender Spott ausschließlich über die Bonzen aus Partei, Staat und Wirtschaft[52] sich ergießt („Aber wat den Arbeitseinsatz anbelangt, da hat der Jöring schon janz recht. Zehn Stunden det is jar nischt. [...] De Sklaven in de alten Zeiten, die hatten doch ooch keen Achtstundentach? Der is doch ieberhaupt bloß so ne marxistisch-plutokratisch-jüdisch-bolschewistische Erfindung!"[53]), zeigt sich, daß der Autor und mit ihm der Deutsche Dienst der BBC sehr wohl zu unterscheiden wissen zwischen den NS-Größen, ihren Nutznießern und Gefolgsleuten und dem gemeinen Volk.

Frau Wernicke leiht ihre Stimme dem kleinen Mann auf der Straße, sie äußert mehr indirekt denn offen politisierend ihren Unmut und artikuliert damit die offiziell geleugnete Unzufriedenheit breiter Volksschichten. Gerade weil sie scheinbar so unpolitisch und jenseits aller Gesellschaftsanalyse daherredet, redet sie von der Wirklichkeit: Jeder wiedererkennt, was er tagtäg-

---

[51] Frau Wernicke zu Führers Geburtstag, Radiosendung am 19. April 1941, in: Adler, Frau Wernicke, S. 6.
[52] Vgl. dazu Naumann, Frau Wernicke im Ätherkrieg, S. 166.
[53] Frau Wernicke und Sauckel, Radiosendung vom 30. Mai 1942, in: Bruno Adler. Frau Wernicke, S. 64.

lich erlebt! Dieses heimliche Einverständnis macht die Sendungen so brisant. Sie sind ein Beispiel für politische Camouflage, ihre Offensichtlichkeit speist sich nicht aus der direkten Anklage, sondern aus der vermeintlich naiven Zunge einer Berliner Hausfrau. „Ja, wer kommt denn da? Kiek ma, det is niemand Jeringeret als wie unsa lieba Blockwart Dombrowski – sozusajen de Partei in Person! Und wat verschafft mir det zweifelhafte Vajniejen? 'n Anliejen hätten Se [...]. Und da soll ick also de Leute in unsan Block'n bißken uffmuntern. Det is alladings nich janz so eenfach, wie sie sich det in Ihren Blockwartkopp vorstellen."[54] Verblüffend echt der Tonfall dieser Frau! Wenn man bedenkt, daß Bruno Adler, aus Karlsbad gebürtig, selbst also mitnichten ein waschechter Berliner, die Texte verfaßt hat. In Berlin, der Hauptstadt des Dritten Reichs, würde sie sich um Kopf und Kragen geredet haben.

Daß *Frau Wernicke* eine oft gehörte, fiktive BBC-Kommentatorin des deutschen Alltags wurde und nach Schätzungen des englischen Senders im letzten Kriegsjahr einige Millionen Hörer[55] regelmäßig an ihren Sorgen und Gedanken teilhaben ließ, ist sicherlich auch der Kabarettistin Annemarie Haase zu verdanken, die der Wernicke ihr Idiom einhauchte – eine Berlinerin, die zu den Stars der Kabarett-Bühnen der zwanziger Jahre gehörte und die, genau wie Bruno Adler, ins Exil nach England getrieben wurde. Ihre Vortragskunst muß stupend gewesen sein. Erich Kästner hat der Kleinkünstlerin in dem Gedicht *Ankündigung einer Chansonette* ein Denkmal gesetzt:

> Sie kennt das Leben in jeder Fasson.
> Sie kennt es per Du und per Sie.
> Ihre Lieder passen in keinen Salon.
> Höchstens die Melodie.
>
> Sie singt, was sie weiß. Und sie weiß, was sie singt.
> Man merkt das am Gesang.
> Und manches, was sie zum Vortrag bringt,
> behält man jahrelang.
>
> [...]

---

[54] Frau Wernicke über Nazi-Propaganda. Radiosendung vom 4. April 1942, in: Bruno Adler, Frau Wernicke, S. 53f.
[55] Vgl. Robert Lucas, Über den Gefreiten Hirnschal und seine Briefe, in: Literatur und Kritik, H. 128, September 1978, S. 454. Lucas erwähnt dort, daß die deutschsprachigen Sendungen der BBC im letzten Kriegsjahr etwa zehn Millionen Hörer verbuchen konnten.

Sie kennt den Kakao, durch den man uns zieht,
genauso gut wie wir,
und sie weiß zu dem Thema so manches Lied.
Und ein paar davon singt sie hier![56]

Am 29. Januar 1944 schickt Bruno Adler seine Frau Wernicke ins „Ausweichbehelfsheim".[57] Warum sich *Frau Wernicke* damit schon vor Kriegsende von ihren Hörern verabschieden muß, ist heute nicht mehr zu ermitteln. Uwe Naumann vermutet, daß eine schwere Augenoperation von Annemarie Haase das verhältnismäßig frühe Ende der *Frau Wernicke*-Sendung mit verursacht habe.[58] Wie dem auch sei, geben wir ihr zum Abschluß das letzte Wort: „Et kann doch hier ne janze Menge passieren, wenn ick nich ufpasse, nich wahr. Na, in een Punkt da ha' ick keene Sorje: siejen wern wa weiter. Unentwegt. De Feinde wern im Westen landen, und wat wern wir tun? Siejen wern wa. Immer näher wern se kommen – und wir? Siejen wern wa. Und mit det Siejen wird et immerzu weiterjehn, solange bis et – bis et aus is. [...] Ach, wenn ick bloß wieder zurück bin bis dahin! Det wär doch'n Jammer, wenn ick nich dabeisein könnte – wo ick schon solange druff jewartet habe – morjen uff den Tach elf Jahre...[...] lebt alle wohl und uff Wiederhören!"[59]

Im Mai 1945 kapituliert das nationalsozialistische Deutschland; der faschistische Spuk ist zu Ende.

---

[56] Erich Kästner, Ankündigung einer Chansonette, in: E.K., Kästner für Erwachsene, Band I, S. 190f.
[57] Frau Wernicke verabschiedet sich, Radiosendung vom 29. Januar 1944, in: Adler, Frau Wernicke, S. 153.
[58] Vgl. dazu Naumann, Frau Wernicke im Ätherkrieg, Anmerkungen, S. 173.
[59] Frau Wernicke verabschiedet sich, Radiosendung vom 29. Januar 1944, in: Adler, Frau Wernicke, S. 155.

Dokumente

Erika Mann als Conférencier, in: *Die Pfeffermühle*, 1933 (Programmheft).

Therese Giehse als „Jodlerin", in: *Die Pfeffermühle*, Zürich 1933.

Erika Mann, *Der Prinz von Lügenland* (aus dem 3. Exilprogramm, 1935)

(Kostüm: Schwarze Reitstiefel und Reithosen, anliegende kurze Jacke aus glänzendem Silberlamé. Fliegerkappe aus demselben Material, weiße Reitpeitsche. Die Szene spielt mitten im Winter.)

Ich bin der Prinz von Lügenland
Ich lüg, daß sich die Bäume biegen. –
Du Lieber Gott, wie kann ich lügen,
Lüg alle Lügner an die Wand.

Ich lüge so erfindungsreich
Das Blaue herunter von den Himmeln.
Sehr Ihr die Luft von Lügen wimmeln?
Es weht der Wind vom Lügenteich.

Der liebe Sommer naht sich jetzt,
Schon sprießen Knospen an den Bäumen,
Lieb Veilchengelb die Wiesen säumen,
Im Kriege ward kein Mann verletzt.

Ha, Ha, Ihr glaubts, ich merk' es ja.
Ich kanns in Euren Mienen lesen.
Obwohl es lügenhaft gewesen,
Steht es vor Euch wie Wahrheit da.

Lügen ist schön.
Lügen ist gut,
Lügen bringt Glück,
Lügen schafft Mut,
Lügen haben hübsche lange Beine.
Lügen macht reich,
Lügen sind fein,
Wirken wie wahr,
Waschen Dich rein,
Gehen wie Hündlein folgsam an der Leine.

Bei mir daheim im Lügenland
Darf keiner mehr die Wahrheit reden, –
Ein buntes Netz von Lügenfaden

Hält unser großes Reich umspannt.

Bei uns ists hübsch, wir habens gut.
Wir dürfen unsre Feinde morden.
Verleihn uns selbst die höchsten Orden
Voll Lügenglanz und Lügenmut.

Wer einmal lügt, dem glaubt man nicht.
Wer immer lügt, dem wird man glauben.
Zum Schluß läßt sich's die Welt nicht rauben,
Daß er die lautre Wahrheit spricht.

Lügen ist recht,
Lügen ist leicht,
Alles ist gut.
Wenn man's erreicht, –
Lügen sind zu unserm Zweck die Mittel.

Lügen bringt Ruhm
Dem Lügenland,
Lügen sind bunt
Und elegant;
Dumme Wahrheit geht in grauem Kittel.

Ein Prinz bin ich aus Lügenland,
Ich will die Wahrheit überdauern.
Verborgen hinter Lügenmauern,
Halt ich den wahrsten Stürmen stand.

Ich misch das Gift, ich schür den Brand,
Nur so schütz ich mein Reich vor Kriegen.
Wer mir nicht glaubt, den straf ich Lügen,
Ich selbst, der Prinz von Lügenland!

Die Welt hat gern mit mir Geduld,
Und sollt' sie auch zu Grunde gehen.
Mich hört man auf den Trümmern krähen:
Daran sind nur die andern Schuld!

Satire im Exil

Lügen sind sanft,
Lügen sind fein,
Machen Euch still,
Singen euch ein,
Bis zu einem gräßlichen Erwachen.
Laßts nicht geschehn!

Glaubt ihnen nicht,
Scheudert die Wahrheit
Ins Lügengesicht!
Denn die Wahrheit ganz allein kanns machen!

© Verlag Heinrich Ellermann

Der Kater, 1. Jg., Nr. 1, 3. Juni 1933.

Der Simpl, II. Jg., Nr. 5, 20. Jänner 1935, Titel-Zeichung von Beri: „ ... *und so leere ich denn das Glas, meine Damen und Herren, auf das Wohl unseres herrlichen Führers, der heut vor 2 Jahren die deutschen Arbeiter zu unseren Volksgenossen machte!"*

Martin Miller, *Der Führer spricht*, 2. Revue *Blinklichter* im *Laterndl*, London 1940.

Martin Miller, *Der Führer spricht* (1940)

Parteigenossen, Männer und Frauen des deutschen Reichstages!

Als im Jahre 1492 der Spanier Christoph Columbus, gestützt auf die Erfahrungen deutscher Gelehrter und unterstützt von deutschen Apparaten und Instrumenten, seine nunmehr bekannt gewordene Fahrt durch den weiten Ozean unternahm, konnte kein Zweifel darüber bestehen, daß bei einem Gelingen dieses gewiß gewagten Unternehmens Deutschland teilhaben müßte an den Errungenschaften, die diese Entdeckungsfahrt zeitigen sollte. Erlassen Sie es mir, bitte, die Geschichte Amerikas vor Ihnen zu entwickeln, aber lassen Sie mich Ihnen versichern, daß diese Geschichte mich schon zu einem Zeitpunkt, da ich noch als unbekannter Architekt die Werke des Dichters Karl May studierte, beschäftigt hat, von meinem persönlichen Standpunkt und darüber hinaus vom Standpunkt des deutschen Volkes.
(Rufe: »Sieg Heil«)
Nun, die politischen Beziehungen Europas zu Amerika wurden in den Kriegsjahren 1914-18 immer enger und enger, allein wir können uns nicht verhehlen, daß in diesen Jahren der damalige Präsident Woodrow Wilson unter den unheilvollen Einfluß der englischen Diplomatie geriet.
(Rufe: »Pfui«)
Herr Churchill, Herr Duff Cooper, aber nicht minder Herr Benesch haben es verstanden, durch unausgesetzte Hetzereien den etwas weltfremden Herrn zum Eingreifen Amerikas an der Seite der Entente zu veranlassen. Ich konnte ihn nicht vom Gegenteil überzeugen, denn während diese Herren im Weltkrieg in vornehmen Restaurants auf dem Broadway saßen, stand ich vier Jahre lang als einfacher Soldat an der deutschen Front.
(Rufe: »Sieg Heil«, »Wir danken unserm Führer!«)
Seit dem Jahre 1492, also beinahe 450 Jahre, habe ich geschwiegen und geschwiegen und im Interesse des Friedens diese Probleme unberührt gelassen. Aber nun ist meine Geduld zu Ende!

Im Jahre 1920 entschloß ich mich, Politiker zu werden, und ich hatte seither nur ein Ziel vor Augen und habe nur an einem Ziel gearbeitet: das war die friedliche Wiedererstarkung des deutschen Volkes: die Machtergreifung im Jahre 1933, die feierliche Wiederbesetzung der Rheinlandzone, die begeisterte Abstimmung im Saargebiet, für deren objektive Durchführung ich auch heute noch der französischen Regierung über alle Gegensätze hinweg Dank und Anerkennung zolle, den mit der überwältigenden Mehrheit von 99 Prozent Stimmen begrüßten Anschluß Österreichs, die viel umjubelte Befreiung

des Sudetenlandes, das segensreiche Wirken im Protektorat und schließlich die freundschaftliche Aktion für das polnische Volk.
(Rufe: »Heil«)
Ich erkläre ein für allemal, daß damit unsere territorialen Forderungen in Europa nicht befriedigt sind. Aber darüber hinaus stelle ich nunmehr Forderungen maritimer Natur.
(Applaus)
Das amerikanische Volk ist groß, und ein großes Volk will leben. Die Amerikaner brauchen einen Zugang zum Meer. Das habe ich nie bestritten, in keiner Rede, in keiner Zeile meines Buches, und ich erkläre es hier neuerdings und mit allem feierlichen Nachdruck. Aber in diesem Gebiet leben Volksgruppen, abgeschnitten von ihrer ehemaligen Heimat, mit der sie enge Bande volklicher Gefühle verbinden, und wenn ich seit dem Jahre 1923 in jeder Stunde meines Lebens von der Vorsehung die Befreiung des deutschen Volkes erfleht habe, so bin ich doch niemals taub und blind für Gefühle und Empfindungen anderer Völker gewesen. Was dem deutschen recht ist, muß den andern billig sein.

Es leben in Amerika, abgesehen von den Millionen deutscher Volksgenossen, allein in Chicago 324.000 Tschechen, und die fragen sich immer und immer wieder: Warum können wir denn nicht unter das Protektorat kommen, wo wir doch Tschechen sind. Es leben in New York allein 432.000 Polen, von denen ungefähr vierzig von hundert jenem Teil Polens entstammen, der dank unserer Vereinbarung mit der sowjetrussischen Regierung dem Deutschen Reich angegliedert wurde. Alle diese Volksgruppen sehen begreiflicherweise im Großdeutschen Reich ihre Heimat, und sie haben auch berechtigten Anspruch auf den Schutz Deutschlands. Und den wollen wir ihnen auch gewähren, und nicht nur theoretisch, sondern auch praktisch.
(Lärm)
Ich bin Herrn Roosevelt für sein oft bewiesenes Interesse an den inneren Vorgängen Europas sehr dankbar und will ihm diesen Dank abstatten, indem ich das Protektorat über die Vereinigten Staaten von Nordamerika übernehme.
(Applaus, Rufe)
Ich will dieses Amerika in einen blühenden Garten verwandeln und bin mir hiebei meiner historischen und architektonischen Sendung sehr wohl bewußt. Die heute noch belanglose Hafenstadt Neu York soll endlich dem Welthandel erschlossen werden. Ich will ihr äußerlich das Gepräge meines neuen Baustils geben: Sonnen- um Sonnenkratzer soll erstehen, um die dem heutigen Zeitgeist nicht mehr Rechnung tragenden kleinen Bauten ein für allemal abzuschaffen. Und daß hiebei auch die verkehrsstörende Freiheitsstatue zum alten

Eisen geworfen wird, darauf können Sie sich verlassen. Stadtbild und Gangstertum sollen fortan mein Gesicht tragen.
(»Sieg Heil«)
Herr Cordell Hull, Herr Laguardia und darüber hinaus Herr Roosevelt mögen zur Kenntnis nehmen, daß es mein unerschütterlicher Wille ist, endlich den mir von der Vorsehung bestimmten Stuhl im Weißen Haus einzunehmen und es damit zum Braunen Hause zu machen, so oder so!
(Rufe: »Bravo, Sieg Heil«)

© Verlag Kremayr & Scheriau, Wien.

Robert und Philip Spence, *Struwwelhitler. A Nazi Story Book by Doktor Schrecklichkeit*, London o.J. [1941]

Walter Trier, „An Unneutral Attitude," says the caption, „means the refusal of a neutral to make himself a doormat for the German Army." Thus Norway, Denmark, the Low Countries, the Balkan (1942).

Walter Trier, „The Aryan Type", means a man who is „blond as Hitler, slim as Göring, tall as Goebbels." Aryan nonsense is by now almost too stale for a joke (1942).

# Anhang: Texte zur Satire

Kurt Tucholsky, Politische Satire (1919)

> Paul: Wir haben ja das Lächeln, Frau Ko-
> nik . . . das erlösende Lächeln.
> Frau Konik: Man kann doch nicht über
> alles lächeln.
> Paul und Konik (zugleich): Über alles!
> Wer alles!
> Frau Konik: Meint ihr nicht, daß das ein
> bißchen gefährlich ist...?
> Konik: Ja, ... für die, denen es gilt!
>
> Gustav Wied

Der echte Satiriker, dieser Mann, der keinen Spaß versteht, fühlt sich am wohlsten, wenn ihm ein Zensor nahm, zu sagen, was er leidet. Dann sagt ers doch, und wie er es sagt, ohne es zu sagen – das macht schon einen Hauptteil des Vergnügens aus, der von ihm ausstrahlt. Um dieses Reizes willen verzeiht man ihm vielleicht manches, und verzeiht ihm umso lieber, je ungefährlicher er ist, das heißt: je weiter die Erfüllung seiner Forderungen von der Wirklichkeit entfernt liegt.

Das war eine schöne Zeit, als der einzige *Simplicissimus* – der alter Prägung – frech war, wie die Leute damals sagten. Die satirische Opposition lag im Hinterhalt, schoß ein Pfeilchen oder wohl auch einmal ein gutes Fuder Feldsteine aus dem Katapult ab, und wenn sich der Krämer in der Lederhose und der Ritter im starren Visier umsahen, weil sie einen wegbekommen hatten, gluckerte unterirdisches Gelächter durch den Busch: aber zu sehen war keiner.

Das ist vorbei. Die Satire ist heute – 1919 – gefährlich geworden, weil auf die spaßhaften Worte leicht ernste Taten folgen können, und dies umso eher, je volkstümlicher der Satiriker spricht.

Die Zensur ist in Deutschland tot – aber man merkt nichts davon. In den Varietés, auf den Vortragsbrettern der Vereine, in den Theatern, auf der Filmleinwand – wo ist die politische Satire? Noch ist der eingreifende Schutzmann eine Zwangsvorstellung, und daß ein kräftiges Wort und ein guter Witz gegen eine Regierungsmaßnahme aus Thaliens Munde dringt, da sei Gott vor! Denn noch wissen die Deutschen nicht, was das heißt: frei – und noch wissen sie nicht, daß ein gut gezielter Scherz ein besserer Blitzableiter

Texte zur Satire

für einen Volkszorn ist, als ein häßlicher Krawall, den man nicht dämmen kann. Sie verstehen keinen Spaß. Und sie verstehen keine Satire.

Aber kann der Satiriker denn nicht beruhigend wirken? Kann er denn nicht die ‚Übelstände auf allen Seiten' geißeln, kann er denn nicht hinwiederum ‚das Gute durch Zuspruch fördern' – mit einem Wort: kann er nicht positiv sein!

Und wenn einer mit Engelszungen predigte und hätte des Hasses nicht –: er wäre kein Satiriker.

Politische Satire steht immer in der Opposition. Es ist das der Grund, weshalb es bis auf den heutigen Tag kein konservatives Witzblatt von Rang gibt und kein regierungstreues. Nicht etwa, weil die Herren keinen Humor hätten oder keinen Witz. Den hat keine Klasse gepachtet. Aber die kann ihn am wenigsten haben, die auf die Erhaltung des Bestehenden aus ist, die die Autorität und den Respekt mit hehrem Räuspern und hochgezogenen Augenbrauen zu schützen bestrebt ist. Der politische Witz ist ein respektloser Lausejunge.

Es gibt ja nun Satiriker so großen Formats, daß sie ihren Gegner überdauern, ja, der Gegner lebt nur noch, weil der Satiriker lebt. Ich werde nur das Mißtrauen nicht los, daß man den Ehrentitel ‚großer Satiriker' erst dann verleiht, wenn der Mann nicht mehr gefährlich, wenn er tot ist.

Der gestorbene Satiriker hats gut. Denn nichts ist für den Leser süßer als das erbauliche Gefühl der eigenen Überlegenheit, vermischt mit dem amüsanten Bewußtsein, wie gar so dumm der Spießer von anno tuback war. Nun gehört aber zur Masse immer einer mehr, als jeder glaubt – und die Angelegenheit wird gleich weniger witzig, wenns um das Heute geht. Dem Kampf Heines mit den zweiunddreißig Monarchien sieht man schadenfroh und äußerst vergnügt zu – bei Liebknecht wird die Sache gleich ganz anders.

„Ja", sagt Herr Müller, „das ist auch ganz was anders!" Ja, Bauer, das ist ganz was anders – und weils was anders ist, weil der Kampf gegen die Lebenden von Leidenschaften durchschüttelt ist, und weil die nahe Distanz das Auge trübt, und weil es überhaupt für den Kämpfer nicht darauf ankommt, Distanz zu halten, sondern zu kämpfen – deshalb ist der Satiriker ungerecht. Er kann nicht wägen – er muß schlagen. Und verallgemeinert und malt Fratzen an die Wand und sagt einem ganzen Stand die Sünden einzelner nach, weil sie typisch sind, und übertreibt und verkleinert – –

Und trifft, wenn er ein Kerl ist, zutiefst und zuletzt doch das Wahre und ist der Gerechtesten einer.

Jedes Ding hat zwei Seiten – der Satiriker sieht nur eine und will nur eine sehen. Er beschützt die Edlen mit Keulenschlägen und mit dem Pfeil, dem Bogen. Er ist der Landsknecht des Geistes.

Seine Stellung ist vorgeschrieben: er kann nicht anders, Gott helfe ihm. Amen. Er und wir, die nie Zufriedenen, stehen da, wo die Männer stehen, die die Waffen gegen die Waffen erheben, stehen da, wo der Staat ein Moloch geheißen wird und die Priesterreligion ein Reif um die Stirnen. Und sind doch ordnungsliebender und frömmer als unsre Feinde, wollen aber, daß die Menschen glücklich sind – um ihrer selbst willen.

Ein Büchlein, zu dem dies hier die Vorrede ist, das *Fromme Gesänge* heißt und von Theobald Tiger stammt (und das im Verlag Felix Lehmann zu Charlottenburg erscheint), gibt eine Reisebeschreibung der Route 1913 – 1919.

Was der Wochenbetrachter der *Weltbühne* in diesen Jahren besungen hat, wurde einer Durchsicht unterzogen; bei der Sichtung entfernte ich, was für den Tag geschrieben wurde und mit ihm vergangen ist. Weil es aber das Bestreben der *Weltbühne* ist, zwar für den Tag zu wirken, aber doch auch über ihn hinaus, so blieb eine ganze Reihe, vermehrt um anderswo erschienene Gedichte sowie um manche noch unveröffentlichte.

Im Grünen fings an und endete blutigrot. Und wenn sich der Verfasser mit offenen Armen in die Zeit gestürzt hat, so sah er nicht, wie der Historiker in hundert Jahren sehen wird, und wollte auch nicht so sehen. Er war den Dingen so nahe, daß sie ihn schnitten und er sie schlagen konnte. Und sie rissen ihm die Hände auf, und er blutete, und einige sprachen zu ihm: „Bist du gerecht?" Und er hob die blutigen Hände – blutig von seinem Blute – und zuckte die Achseln und lächelte. Denn man kann über alles lächeln ...

Und daß inmitten dem Kampfeslärm und dem Wogen der Schlacht auch ein kleines Gras- und Rasenstück grünt, auf dem ein blaues Blümchen, ebenso sentimental wie ironisch, zart erblüht – das möge den geneigten Leser mit dem grimmigen Katerschnurrbart und dem zornig wedelnden Schweif des obgenannten Tigers freundlich versöhnen.

© Rowohlt Verlag

Kurt Tucholsky, Was darf die Satire? (1919)

> Frau Vockerat: „Aber man muß doch seine Freude haben können an der Kunst."
> Johannes: „Man kann viel mehr haben an der Kunst als seine Freude."
>
> Gerhart Hauptmann

Wenn einer bei uns einen guten politischen Witz macht, dann sitzt halb Deutschland auf dem Sofa und nimmt übel.

Satire scheint eine durchaus negative Sache. Sie sagt: „Nein!" Eine Satire, die zur Zeichnung einer Kriegsanleihe auffordert, ist keine. Die Satire beißt, lacht, pfeift und trommelt die große, bunte Landsknechtstrommel gegen alles, was stockt und träge ist.

Satire ist eine durchaus positive Sache. Nirgends verrät sich der Charakterlose schneller als hier, nirgends zeigt sich fixer, was ein gewissenloser Hanswurst ist, einer, der heute den angreift und morgen den.

Der Satiriker ist ein gekränkter Idealist: er will die Welt gut haben, sie ist schlecht, und nun rennt er gegen das Schlechte an.

Die Satire eines charaktervollen Künstlers, der um des Guten willen kämpft, verdient also nicht diese bürgerliche Nichtachtung und das empörte Fauchen, mit dem hierzulande diese Kunst abgetan wird.

Vor allem macht der Deutsche einen Fehler: er verwechselt das Dargestellte mit dem Darstellenden. Wenn ich die Folgen der Trunksucht aufzeigen will, also dieses Laster bekämpfe, so kann ich das nicht mit frommen Bibelsprüchen, sondern ich werde es am wirksamsten durch die packende Darstellung eines Mannes tun, der hoffnungslos betrunken ist. Ich hebe den Vorhang auf, der schonend über die Fäulnis gebreitet war, und sage: „Seht!"—In Deutschland nennt man dergleichen ‚Kraßheit'. Aber Trunksucht ist ein böses Ding, sie schädigt das Volk, und nur schonungslose Wahrheit kann da helfen. Und so ist das damals mit dem Weberelend gewesen, und mit der Prostitution ist es noch heute so.

Der Einfluß Krähwinkels hat die deutsche Satire in ihren so dürftigen Grenzen gehalten. Große Themen scheiden nahezu völlig aus. Der einzige *Simplicissimus* hat damals, als er noch die große, rote Bulldogge rechtens im Wappen führte, an all die deutschen Heiligtümer zu rühren gewagt: an den prügelnden Unteroffizier, an den stockfleckigen Bürokraten, an den Rohrstockpauker und an das Straßenmädchen, an den fettherzigen Unternehmer und an den näselnden Offizier. Nun kann man gewiß über all diese Themen denken wie man mag, und es ist jedem unbenommen, einen Angriff für ungerechtfertigt und einen anderen für übertrieben zu halten, aber die Berechtigung eines ehrlichen Mannes, die Zeit zu peitschen, darf nicht mit dicken Worten zunichte gemacht werden.

Übertreibt die Satire? Die Satire muß übertreiben und ist ihrem tiefsten Wesen nach ungerecht. Sie bläst die Wahrheit auf, damit sie deutlicher wird, und sie kann gar nicht anders arbeiten als nach dem Bibelwort: Es leiden die Gerechten mit den Ungerechten.

Aber nun sitzt zutiefst im Deutschen die leidige Angewohnheit, nicht in Individuen, sondern in Ständen, in Korporationen zu denken und aufzutreten, und wehe, wenn du einer dieser zu nahe trittst. Warum sind unsere Witzblätter, unsere Lustspiele, unsere Komödien und unsere Filme so mager? Weil keiner wagt, dem dicken Kraken an den Leib zu gehen, der das ganze Land bedrückt und dahockt: fett, faul und lebenstötend.

Nicht einmal dem Landesfeind gegenüber hat sich die deutsche Satire herausgetraut. Wir sollten gewiß nicht den schcußlichen unter den französischen Kriegskarikaturen nacheifern, aber welche Kraft lag in denen, welch elementare Wut, welcher Wurf und welche Wirkung! Freilich: sie scheuten vor gar nichts zurück. Daneben hingen unsere bescheidenen Rechentafeln über U-Boot-Zahlen, taten niemandem etwas zuleide und wurden von keinem Menschen gelesen.

Wir sollten nicht so kleinlich sein. Wir alle – alle Volksschullehrer und Kaufleute und Professoren und Redakteure und Musiker und Ärzte und Beamte und Frauen und Volksbeauftragte – wir alle haben Fehler und komische Seiten und kleine und große Schwächen. Und wir müssen nun nicht immer gleich aufbegehren (‚Schlächtermeister, wahret eure heiligsten Güter!'), wenn einer wirklich einmal einen guten Witz über uns reißt. Boshaft kann er sein, aber ehrlich soll er sein. Das ist kein rechter Mann und kein rechter Stand, der nicht einen ordentlichen Puff vertragen kann. Er mag sich mit denselben Mitteln dagegen wehren, er mag widerschlagen – aber er wende nicht verletzt, empört, gekränkt das Haupt. Es wehte bei uns im öffentlichen Leben ein reinerer Wind, wenn nicht alle übel nähmen.

So aber schwillt ständischer Dünkel zum Größenwahn an. Der deutsche Satiriker tanzt zwischen Berufsständen, Klassen, Konfessionen und Lokaleinrichtungen einen ständigen Eiertanz. Das ist gewiß recht graziös, aber auf die Dauer etwas ermüdend. Die echte Satire ist blutreinigend: und wer gesundes Blut hat, der hat auch einen reinen Teint.

Was darf die Satire?
Alles.

© Rowohlt Verlag

Alfred Kerr: Quer durch die Zeitsatire (16.5.[19]31)[1]

[Die verbindenden Worte, die ich sprechen soll, sind eine Art Tagesglossen, weil die berührten Dinge zum Tag gehören.][2] Der Gang durch die Zeitsatire ist ein Gang durch die Gegenwart. Nicht der politische Wert der Anschauungen wird heute geprüft – sondern mehr der künstlerische Wert im Ausdruck einer politischen Anschauung. (Natürlich können nicht alle heute tätigen Zeitsatiriker vertreten sein – hoffentlich mehrt das nicht die heute schon allgemein vorhandene Zwietracht.)

Vor hundert Jahren wurde die Zeitsatire von wenigen Menschen gemacht (z.Z. Heines, Börnes); sie war individuell – heut demokratisiert, d. h. sie wird massenhaft erzeugt, in Zeitschriften, Zeitungen. Damals gab es in polit. Hinsicht nur 2 Themen: das Erringen einer Verfassung, also Beteiligung des Volks an der Regierung (heut bis zu einem gewissen Grad erreicht) – 2. war damals das Thema Einigung Deutschland; (das ist offiziell-politisch heute seit 1871 durchgesetzt ... aber in Wirklichkeit ist ein Unterschied zwischen der polit. Einigung und der inneren Einheit – leider!)

Damals gab es im Grunde nur 2 Parteien. Rechts: die monarchisch-absolutistische (die keine Verfassung, sondern unbeschränktes Königtum wollte; die auch Vielstaaterei und Kleinstaaterei aus eigensüchtigen Gründen der Herrschenden wollte). Die 2. Partei stand links und wollte das Gegenteil: also deutsche Einheit und Volksbeteiligung an der Macht, d.h. am eigenen Schicksal. – – Dazwischen gab es damals bloss in geringem Umfang soziale Satire. Bei Heinrich Heine war die Satire politisch und sozial. Beispiel für das Soziale: „Der Nachtwind durch die Luken pfeift, und auf dem Dachstubenlager, zwei arme Seelen gebettet sind, sie schauen so blass und mager." Usw. Das Weberlied. Freiligrath: Die schlesischen Weber (Rübezahl). Uhland ist mehr politisch: „Wenn heut ein Geist herniederstiege ..." Es war also damals ziemlich einfach. Heute ist auch die Zeitsatire mechanisiert. Ganz Deutschland ist eine Fabrik für Zeitsatire. Mit der Entwicklung der Presse spriesst Zeitsatire empor wie Gras – wie etwas Ungenanntes, allgemeines,

---

[1] Bei diesem Text handelt es sich um ein bislang unbekanntes und unveröffentlichtes Manuskript aus dem Alfred Kerr-Archiv der Akademie der Künste, Berlin; es diente Alfred Kerr als Vorwurf für seine Sendung „Berliner Funkstunde". Kerr sprach zumeist nach dem Manuskript, fügte jedoch Beispiele ein, die heute nicht mehr zu rekonstruieren sind: Die Kerrschen Auslassungszeichen [...] bei den gesprochenen Beispielen markieren die Passagen, die er entweder aus dem Gedächtnis oder aus einem vorbereiteten Zitatenfundus rezitierte.

[2] Von Kerr im Manuskript gestrichen.

nicht mehr wie ein paar seltene benannte Pflanzen. Das kommt daher, daß wir heut mehr Gegenstände für die Satire haben, als Satiriker vor 100 Jahren. Die Themen wimmeln heut. Natürlich die traurige Erscheinung des Weltkriegs mit seinen schaurigen Folgen. Da gibt's was zu dichten: weil es so viel zu wünschen gibt. Denn Satire ist ja nur der besondere Ausdruck für Wünsche. Satire ist ja die Feststellung von etwas Fehlendem, oder: der Hinweis auf etwas zu Aenderndes. Im letzten Grunde: die humorige Verbindung einer Sehnsucht mit einer Anklage. So könnte man „Satire" definieren. Das Goethewort „Von allen Geistern die verneinen, ist mir der Schalk am wenigsten zur Last" bleibt zu ergänzen: die Satire fällt zur Last und auf die Nerven, wenn sie persönlich und moralisierend, d.h. kleinlich wird, wenn sie aus Geltungsbedürfnis mehr gegen die Personen als gegen Institutionen gerichtet ist: oder wenn sie durch Klobigkeit wirkt, ohne durch Reiz zu entschädigen.

Der Unterschied zwischen damals und heut besteht aber nicht nur in der veränderten Weltlage. Sondern auch in der Form, worin sich Satire heut ausdrückt. Sie ist zwar manchmal liedhaft gehalten – aber meistens ist sie nicht vom Lied beeinflusst, sondern vom Bänkelsang (zumal seit Wedekind); sie ist heute nicht immer für das Buch geschrieben, sondern halb für das Kabarett, das Brettl, als Brettlsang (wofür man piekfein sagt „das Chansong oder wenn man noch origineller ist: der song." Uäh). Ich wollte sagen: die heutige Zeitsatire ist im Gegensatz zu der vor 100 Jahren von Heine, Uhland, Freiligrath mit Bewusstsein mehr salopp; sie rückt etwas näher an den Verfasser der Jobsiade, an einem Harfenspieler, wie es Heine, auch Uhland war. Trotzdem ist die Einstellung der heutigen Satire immer noch im verborgenen Kern pathetisch – auch wenn die Aussenschale komisch erscheint. Als mitlebender Beobachter glaub ich, dass alles Politische und Soziale möglichst unpathetisch zu betrachten ist, weil das alles nur Fragen der Verteilung, Fragen des Ordnens, vielleicht Transportfragen sind. Aber der Satiriker, solange er ein Dichter ist, hat natürlich ein Recht zum (evtl. komischen) Pathos.

Obgleich Satire heut massenhaft vorliegt, ist es schwer, hier Proben herauszuheben. Besonders vor einer aus allen Parteien zusammengesetzten Hörerschaft. Da ist die Los[un]g: wasch mir den Pelz ... [aber mach ihn nicht nass[3]] Ich mache mir darüber keine Illusionen. Man will möglichst unparteiisch sein – das ist aber schon deshalb kaum möglich, weil die Satire auf der linken Seite weit stärker blüht, auch weit entwickelter ist als auf der rechten: rein ästhetisch g[e]sehn. Rechtsgerichtete wie Jünger oder Schauwecker wirken ja nicht dichtungssatirisch. [Ueberdies soll ja Politisches hier eigent-

---

[3] Handschriftlicher Einschub von Kerr; er nimmt hier eine später gestrichene Passage aus dem Manuskript auf.

lich ausgeschlossen sein – Zeitsatire ist aber etwas Politisches oder Soziales.] Damit nun nicht bald die einen Hörer toben, bald die andren Hörer toben, kann aus dem vielen Vorhandenen also nur Weniges als Probe geboten werden: Der Berichterstatter tätigt ein Amt, nicht eine Meinung (obschon er sie hat – und niemals verhehlt). Es kommt hinaus auf die Übersicht über einen Kampf (über einen lebenswichtigen) – auf eine Feststellung (durch Proben) in Deutschlands kritischer Zeit. – – In der Satire, die für die heutige Stimmung kennzeichnend ist, erkennt man leider als Merkmal den Pessimismus. Und es ist sehr lehrreich zu sehn, wie sich hier die Stimmen ganz von rechts und die ganz von links in der Zeitsatire berühren; wie nahe sie einander kommen. Wenn ein nat.soz. Blatt auf 20000 Selbstmorde in Deutschland während eines Jahres hinweist oder ein kommunistisches die wirtschaftliche Mißstimmung malt: so geht das mit verschiedenen Mitteln auf dasselbe Ziel los. Mit verschiedenen Mitteln ... und natürlich mit verschiedener Begründung. Z. B. ein kommunistisch. Blatt (Eulenspiegel) spottet über die verdammt harte Notwendigkeit des Sparens mit folgender ulkig ausgedachter Verordnung:
Dasselbe drückt eine nat.soz. Satire folgendermassen in Versen aus. [...] usw.
[...]
Und W. Mehring, ein privater Satiriker, weder ausgesprochener Kommunist (noch weniger Nat. Soz.) äußert sich im Bänkelton zum selben Thema:
[...]
Ein noch kaum bekannter Zeitsatiriker, Dr. Wehner (nicht zu verwechseln mit dem vorzüglichen Weinert). Wehner, der mit dem Klagewort Weh zeichnet, nimmt folgende Massenstellung zum Kapitalismus: (wieder in andrer Art):
[...]
Ein durch besondere Begabung hervorstechender Zeitsatiriker ist bekanntlich Kurt Tucholsky (Peter Panter, Theoblad Tiger usw.), er weiss den Liedton zu treffen, ohne romantisch zu werden. Er sieht etwa Kinder der schweren Zeit, wie sie in Reih und Glied in der Straßenbahn sitzen. Als das, was wir alle sind: Fahrgäste. Hier dämmert das gleichmachende Gewimmel; der Betrieb; die menschl. Mechanisiertheit. –
[...]
Wenn gegen diesen Zeitsatiriker (Peter Panther) ein Anderer satirisch wird, hier ein Anonymus, und ihm vorwirft, daß er zwar Manches scharf satirisiere, aber stets ein Auge zudrücke, wenn sich's um Sowjet-Russland handelt – da gibt es ein Duett (oder ein Duell? nein ein Duett) für und gegen den Bolschewismus. Wenn die Zeitsatiriker heut manchmal schwanken, ob Gefühl

Texte zur Satire 211

noch zulässig ist, oder nur kalte Schnauze, so wird doch manchmal (wenn der Ausdruck nicht zu gewagt ist) die kalte Schnauze durchbrochen.
[...]
Bei dem jüngeren Zeitsatiriker Erich Kästner wird sozusagen die kalte Schnauze etwas warm, wenn sie Voraussagen macht, die nur ganz entfernt wie Drohungen klingen. Dahinter steckt natürlich doch ein Empfinden, Gefühl – neben der standesgemässen und beruflichen Angst vor dem Sentimental = Scheinen. Dass man einem bloss keine Weichheit nachsagen kann! (Und dieser Standpunkt läßt sich heute verstehen).
[...]
Noch eine Voraussage von Kästner. Er sieht: den nächsten Krieg. (Allerdings sieht er ihn nach dem Weltkrieg.) Ein andrer, ein früh heimgegangener wertvoller Kerl namens Alfred Lichtenstein, ein Dichter, hat aber vor dem Weltkrieg den Weltkrieg seherisch geahnt. 1913 schrieb er im Pan unter dem Titel „Prophezeiung": „Einmal kommt – ich habe Zeichen – Sterbesturm aus fernem Norden. Überall stinkt es nach Leichen. Es beginnt das große Morden." So 1913. Im Jahr 1914 ist er blutjung in Frankreich gefallen. Also Kästner sagt:
[...]
Ein Nat. Soz. und ein Linker, beide sind einig in der Zeitsatire gegen gewisse Asphalterscheinungen; Dinge des Geschmacks. Miss Germany wird an einem „Gala"-Abend in einem Berliner Hotel gewählt. „Welt = Schönheitskonkurrenz".
Der Nat. Soz. Eichacker sagt:
[...]
Mehr private Geschmackssatire tätigt Peter Panther in dem Gedicht vom Smoking (der übrigens in England dinner-jacket heißt):
[...]
  Es folgt zum Schluß eine linksgerichtete Zeitsatire, *Stempellied*, durch Musik nicht gesänftigt, sondern betont. Die Worte von D. Weber. Die Musik von Eisler; ich finde beides wundervoll: es ist im Volkston und auch für gestuftere Ohren. Sie hören wenigstens den Anfang:
[...]
  Soviel für heut. Aus den Proben (wenn auch in einer notgedrungnen Auswahl) bekommt man einen Grundbegriff von der augenblicklich herrschenden Stimmung. Erzeugt wird Zeitsatire, wie gesagt, massenhaft. So ist es in allen großen geschichtlichen Krisen. In der Lutherzeit, oder zwischen Luther und dem 30-jährigen Krieg, wurde die deutsche Welt fast verschüttet unter massenhaft Flugschriften und Zeitdramen. (Ich habe diese Dramen früher mal durchgeackert) – so wird die jetzige Krisenzeit halb verschüttet unter zeitsati-

rischen Gedichten (abgesehen von den oft schwächlichen Zeitstücken). Die ordnende Hand in den deutschen Wirren (das sind Weltwirren) hat es nicht leicht. „Auf dem Bock der deutschen Fuhre, das ist keine Sinekure." Wir sind heut ein Teil des Ganzen. Aber vielleicht wegen unserer stiefmütterlichen Lage: Weg-weisend für die Zukunft. Ein Zeitgedicht in dem Gedichtband *Caprichos* sucht das (unter dem Titel *Aufschwung*[4]) so auszudrücken:

[...]

> Keenen Sechser in der Tasche, bloss en Stempelschein
> Durch die Löcher der Kleedasche kiekt die Sonne rein.
> Mensch, so stehste vor der Umwelt
> jänzlich ohne was,
> Wenn dein Leichnam plötzlich umfällt,
> wird keen Ooge nass.
> Keene Molle schmeisst der Olle, wenn er dir so sieht,
> Ja die Lage sieht sehr flau aus.
> Bestenfalls im Leichenschauhaus
> Kriegste noch Kredit.
> Stellste dir zum Stempeln an
> wird das Elend nicht behoben.
> Wer hat dir, du armer Mann,
> abjebaut so hoch da droben?[5]

© S. Fischer Verlag

---

[4] Kerr meint seinen eigenen Gedichtband „Caprichos", der 1926 im S. Fischer Verlag erschien; das erwähnte Gedicht findet sich auf der Seite 217.

[5] Es ist nicht mehr zu rekonstruieren, warum dieses Gedicht hier am Ende des Manuskripts erscheint, nachdem Kerr es offensichtlich zuvor bereits hat einspielen lassen.

Georg Lukàcs, *Zur Frage der Satire* (1932, Auszug)

1. Ausgangspunkte der Theorie der Satire

Die Satire ist ein Stiefkind der bürgerlichen Literaturtheorie in Deutschland gewesen. Obwohl die bürgerlich-revolutionäre Literatur gerade auf dem Gebiete der Satire unvergängliche Spitzenleistungen hervorgebracht hat (Swift, Voltaire etc.), findet die Satire, als die Literaturtheorie in der klassischen Philosophie Deutschlands systematisiert wurde, selbst bei den bedeutendsten Denkern nur Verlegenheitslösungen. [...]

Entsprechend der allgemeinen philosophischen Höhe dieser Epoche wird die Frage schon beim subjektiven Idealisten Schiller *gesellschaftlich-geschichtlich* gestellt. In seiner großen Abhandlung „Ueber naive und sentimentalische Dichtung" (1795) wird die Satire als eine der wesentlichen Formen gefaßt, die entstehen, wenn der Dichter mit der „Natur" entzweit, die naive Verbundenheit mit der „Natur" verloren hat[6]. „Satirisch ist der Dichter", sagt deshalb Schiller, „wenn er die Entfernung von der Natur und den Widerspruch der Wirklichkeit mit dem Ideal ... zu seinem Gegenstande macht." Schiller fühlt selbst, daß diese seine Bestimmung, infolge ihres philosophischen Ausgangspunktes, infolge der Fassung des Widerspruches als eines solchen zwischen „Wirklichkeit" (objektives Prinzip) und „Ideal" (subjektives Prinzip), sehr große Möglichkeiten für subjektiv-willkürliche Auslegungen birgt. Und er versucht durch weitere Konkretisierung diese Willkür aufzuheben oder wenigstens zu mildern. Er führt weiter aus: „Bei der Darstellung empörender Wirklichkeit kommt dabei alles darauf an, daß das Notwendige der Grund sei, auf welchem der Dichter oder der Erzähler das Wirkliche aufträgt, daß er unser Gemüt für Ideen zu stimmen wisse." D. h. Schiller fordert, daß der Satiriker der entarteten Wirklichkeit seiner Gegenwart die Wirklichkeit, wie sie sein soll, wie sie der „Natur" entspricht, gegenüberstelle und von diesem Kontrast aus die satirische Wirkung erziele.
[...]

---

[6] Es ist vielleicht unnötig, besonders darauf hinzuweisen, daß „Natur" hier, im Sinne Rousseaus, einen bestimmten primitiven Gesellschaftszustand – z. B. den der homerischen Gedichte – bezeichnet. Allerdings ist die ursprüngliche Auffassung Rousseaus bei Schiller subjektiv-idealistisch verdünnt und mystifiziert: die Beziehung der Zivilisation zur „Natur" verliert ihren Zusammenhang mit der Frage des Privateigentums etc. „Natur" bedeutet aber trotzdem auch bei Schiller einen Gesellschaftszustand (und eine Beschaffenheit der menschlichen Natur).

Hegel macht methodologisch einen großen Schritt vorwärts Schiller gegenüber, indem er seine verschwommene und abstrakt-allgemeine Geschichtsauffassung konkreter und objektiver macht. Die Satire ist bei Hegel nicht mehr bloß eine allgemeine Geschichtsstufe in der Entwicklung der schöpferischen Methode, sondern ganz konkret: die Auflösung der klassischen Kunst, der „hervorbrechende Gegensatz der endlichen Subjektivität und der entarteten Äußerlichkeit"; eine spezifische Kunstform der römischen Literatur (Ästhetik II., 115). Und er charakterisiert nun die Satire folgendermaßen: „Es gehören feste Grundsätze dazu, mit welchen die Gegenwart in Widerspruch steht, eine Weisheit, die abstrakt bleibt, eine Tugend, die in starrer Energie nur an sich selbst festhält, und sich mit der Wirklichkeit wohl in Kontrast bringen, die echte poetische Auflösung jedoch des Falschen und Widerwärtigen und die echte Versöhnung nicht zustande bringen kann" (ebd. 118).

Bei dieser Bestimmung der Satire sind zwei Gesichtspunkte bemerkenswert. Erstens, daß Hegel zwar bestimmte, konkrete geschichtliche Bedingungen für die Entstehung der Satire feststellt, diese jedoch ins Altertum, nach Rom zurückverlegt; er streicht also die gesamte satirische Literatur der aufstrebenden bürgerlichen Klasse von Renaissance und Reformation (Macchiavelli, Rabelais, Ulrich von Hutten etc.) bis zur Französischen Revolution einfach aus der Ästhetik aus. Zweitens, was nur die andere Seite derselben Tendenz ist, betrachtet er die Satire als eine *unvollkommene* Kunstgattung. Die Unvollkommenheit der Satire liegt nach Hegel, wie wir gesehen haben, in der mangelhaften „Versöhnung". [...]

Es ist kein Zufall, daß gerade das Problem der Satire die Schranken der bürgerlichen Ästhetik so schroff hervortreten läßt, viel schroffer, als dies bei den meisten anderen Literaturfragen der Fall ist. Denn in der Formfrage der Satire kommt die Beziehung zum Klasseninhalt *unmittelbarer* zum Ausdruck als in den meisten Formproblemen der Literatur. Die Satire ist eine ganz offen kämpferische literarische Ausdrucksweise. Es wird in ihr nicht bloß das, *wofür* und *wogegen* gekämpft wird, sowie der Kampf selbst gestaltet, sondern die *Gestaltungsform selbst* ist von vornherein unmittelbar die des *offenen Kampfes*. Darum ist es bei der theoretischen Behandlung der meisten anderen Formen, in denen die Beziehung zwischen Klasseninhalt und Form vielfach und kompliziert *vermittelt* wird, verhältnismäßig leichter, diese Vermittlung um- oder wegzudeuten und den Klasseninhalt durch eine „reine" Form „versöhnen" zu lassen. Eine Behandlung der Formfrage der Satire ist nicht möglich – wie wir es bei Schiller, Hegel und Vischer gesehen haben –, ohne zur Frage der offenen *Kampfform* vom Standpunkt der Ästhetik Stellung zu nehmen.
[...]

2. Der unmittelbare Kontrast von Erscheinung und Wesen

[...]
Die Frage der Tiefe, der Treffsicherheit etc. der Satire ist im Gegenteil eine *inhaltliche* Frage: eben die Frage, ob und wie weit das betreffende System durch die oben skizzierte Art der Charakteristik *wirklich* charakterisiert, *wirklich* getroffen ist. Man vergleiche z. B. die klassische Satire Voltaires „L'ingénu" (deutsch zumeist als „Der Harmlose" übersetzt) etwa mit Mark Twains „Ein Yankee am Hofe des Königs Arthus". Beide gehen von einem formell ähnlichen, in der Satire übrigens sehr häufig angewandten Einfall aus; indem sie einen Menschen in eine räumlich, zeitlich, sozial, geschichtlich weit entfernte Umgebung versetzen, erhalten sie die Handhabe dazu, das geschilderte Gesellschaftsmilieu (eventuell *auch* die Verhältnisse jenes Menschen, der in dieses Milieu versetzt wird) durch die satirischen Kontraste, die durch die unmittelbare Berührung zweier unmittelbar beziehungsloser Welten entstehen, zu durchleuchten.
[...]
Da die Satire Zufall, Möglichkeit und Notwendigkeit, Erscheinung und Wesen *anders* verknüpft, als die Wirklichkeit selbst, da sie die *realen* Vermittlungen ausschaltet, schafft sie ein Weltbild, dessen Evidenz formal von der sinnlichen Durchschlagskraft des gestalteten Kontrastes, inhaltlich von der *Richtigkeit* der Verknüpfung der Kategorien abhängt, d. h. davon, ob jener gestaltete Zufall wirklich richtig, dem Wesen nach richtig (also: inhaltlich richtig) den satirisch geschilderten Gesellschaftszustand abbildet. Es entsteht also ein Wirklichkeitseindruck, der Eindruck der Abbildung der Wirklichkeit; was ihn jedoch auslöst, ist seiner Struktur nach von der abgebildeten Wirklichkeit qualitativ verschieden.
[...]

3. Der heilige Haß

[...]
 Der Satiriker bekämpft stets einen Gesellschaftszustand, eine gesellschaftliche Entwicklungstendenz, konkreter (wenn auch bei den Schriftstellern selbst nicht bewußterweise): er bekämpft eine Klasse, eine Klassengesellschaft. Der Kampf muß – wir wiederholen bereits Ausgeführtes – sich gegen zentrale Gebrechen, zentrale Mißstände einer Gesellschaftsordnung richten, wenn die Satire eine wirkliche Höhe erreichen, wenn in der satirisch dargestellten Erscheinung wirklich das Wesen dieser Klasse, dieser Gesellschaft gestaltet werden soll. Es ist klar, daß es hier nur zwei Möglichkeiten

geben kann: entweder wird eine Klasse von der anderen aus kritisiert, d. h. die Gebrechen, die Mißstände usw. sind integrale Bestandteile des Systems, mit denen die eine Klasse ihre Interessen den anderen Klassen gegenüber durchsetzt. Oder es handelt sich um die Selbstkritik einer Klasse. (Über diese zweite Form, die, wie wir sehen werden, notwendig die weitaus seltenere und weitaus seltener zur Vollendung gedeihende ist, werden wir später sprechen.) Wenn wir nun die erste Möglichkeit näher betrachten, so zeigt sich sofort, daß es absolut falsch, abstrakt-formal, „soziologisch" wäre, bei der Feststellung der satirischen Kritik der einen Klasse durch die andere stehen zu bleiben.
[...]
Zur Entstehung von wirklichen Satiren muß also diese Kritik noch eine besondere Nuance erhalten: die der Empörung, der Verachtung, eines *Hasses,* der aus Leidenschaft, Tiefe und Einsicht hellsichtig wird und hellsichtig in den geringsten Symptomen, in bloßen Möglichkeiten und Zufälligkeiten eines Gesellschaftssystems seine Krankheit, seine Todeswürdigkeit erblickt und gestaltet. Dieser *heilige Haß* der revolutionären Klasse ist stets ein wirksames Vehikel der wirklichen, der radikalen, bis zur Wurzel gehenden Revolution gewesen. Die Unhaltbarkeit eines Gesellschaftszustandes, die Notwendigkeit seiner gründlichen Vernichtung und Ersetzung durch eine grundlegend neue Gesellschaftsform reflektiert sich gerade in den entwickeltsten und fortgeschrittensten Köpfen der aufstrebenden Klasse, in der Form eines solchen klaren, alle Schwächen und Gebrechen mit Adlerblick erspähenden, durch nichts abschwächbaren oder versöhnbaren Hasses (Marat, Lenin). [...]

Daß der Haß, die Verachtung, die Empörung, und zwar nur gegen einen Gegenstand, der diesen Haß, diese Verachtung, diese Empörung *verdient,* der unentbehrliche ideologische Ausgangspunkt der Satire ist, zeigt gerade die bürgerliche Entwicklung am schlagendsten. Die bürgerliche Satire ist in den verschiedenen Ländern in verschiedenster Weise aus der revolutionären Empörung, aus dem heiligen Haß geboren und ist mit dem Absterben des revolutionären Charakters der Klasse theoretisch wie praktisch erloschen. Die proletarisch-revolutionäre Literatur steht – außerhalb der Sowjetunion – noch am Anfang ihrer Entwicklung. Sie hat in der Satire auch nur Ansätze produziert. Ihr fehlt es noch vor allem an Tiefe und Kühnheit der Weltanschauung, die den im Proletariat stets lebendigen Haß gegen die kapitalistische Gesellschaft zur lebendigen, sinnlichen Gestaltung bringen kann und bringen wird.
[...]

© Luchterhand Verlag

Erich Kästner: Eine kleine Sonntagspredigt. Vom Sinn und Wesen der Satire (4.8.1947)[7]

Über dem geläufigen Satze, daß es schwer sei, *keine* Satire zu schreiben, sollte nicht vergessen werden, daß das Gegenteil, nämlich das Schreiben von Satiren, auch nicht ganz einfach ist. Das Schwierigste an der Sache wird immer die Vorausberechnung der Wirkung bleiben. Zwischen dem Satiriker und dem Publikum herrscht seit alters Hochspannung. Sie beruht im Grunde auf einem ebenso einseitigen, wie resoluten Mißverständnis, das der fingierte Sprecher eines Vierzeilers von mir, eben ein satirischer Schriftsteller, folgendermaßen formuliert:

> Ich mag nicht länger drüber schweigen,
> weil ihr es immer noch nicht wißt:
> Es hat keinen Sinn, mir die Zähne zu zeigen, –
> ich bin gar kein Dentist!

Wie gesagt, die Verfasser von Satiren pflegen mißverstanden zu werden. Seit sie am Werke sind – und das heißt, seit geschrieben wird –, glauben die Leser und Hörer, diese Autoren würfen ihrer Zeit die Schaufenster aus den gleichen Motiven ein wie die Gassenjungen dem Bäcker. Sie vermuten hinter den Angriffen eine böse, krankhafte Lust und brandmarken sie, wenn sie es vorübergehend zum Reichspropagandaminister bringen, mit dem Participium praesentis „zersetzend". Solche Leser sind aus Herzensgrund gegen das Zersetzen und Zerstören. Sie sind für das Positive und Aufbauende. *Wie* aufbauend sie wirken, kann man, falls sie es vorübergehend zum Reichspropagandaminister bringen, später bequem und mit bloßem Auge feststellen.

In der Mittelschule lernt man auf lateinisch, daß die Welt betrogen werden wolle. In der eigenen Muttersprache lernt man's erst im weiteren Verlauf, – aber gelernt wird's auf alle Fälle, in *der* Schulstunde fehlt keiner. Die umschreibende Redensart, daß die Menschen sich und einander in die Augen *Sand* streuen, trifft die Sache nicht ganz. Man streut sich auf der Welt keineswegs Sand in die Augen. So plump ist man nicht. Nein, man streut einander Zucker in die Augen. Klaren Zucker, raffinierten Zucker, sehr raffinierten sogar, und wenn auch das nicht hilft, schmeißt man mit Würfelzucker! Der

---

[7] Wiewohl kein zeitgenössischer Text, so doch der Text eines Zeitgenossen. Kästners „Sonntagspredigt" nimmt zudem explizit Bezug auf die späten zwanziger bzw. frühen dreißiger Jahre.

Mensch braucht den süßen Betrug fürs Herz. Er *braucht* die Phrasen, weich wie Daunenkissen, sonst kann sein Gewissen nicht ruhig schlafen.

Als ich vor rund fünfundzwanzig Jahren nach bestem Wissen und Gewissen zu schreiben begann, kamen immer wieder Beschwerdebriefe. Mit immer wieder dem gleichen Inhalt. Wo, wurde resigniert oder auch böse gefragt, wo bleibt denn nun bei Ihnen das Positive? Ich antwortete schließlich mit einem Gedicht und zitiere ein paar Strophen, weil sie zum Thema gehören und heute nicht weniger am Platze sind als damals:

> Und immer wieder schickt ihr mir Briefe,
> in denen ihr, dick unterstrichen, schreibt:
> „Herr Kästner, wo bleibt das Positive?"
> Ja, weiß der Teufel, wo das bleibt.
>
> Noch immer räumt ihr dem Guten und Schönen
> den leeren Platz überm Sofa ein.
> Ihr wollt euch noch immer nicht dran gewöhnen,
> gescheit und trotzdem tapfer zu sein.
>
> Die Spezies Mensch ging aus dem Leime
> und mit ihr Haus und Staat und Welt.
> Ihr wünscht, daß ich's hübsch zusammenreime,
> und denkt, daß es dann zusammenhält?
>
> Ich will nicht schwindeln. Ich werde nicht schwindeln.
> Die Zeit ist schwarz. Ich mach euch nichts weis.
> Es gibt genug Lieferanten von Windeln,
> und manche liefern zum Selbstkostenpreis ...

Dem Satiriker ist es verhaßt, erwachsenen Menschen Zucker in die Augen und auf die Windeln zu streuen. Dann schon lieber Pfeffer! Es ist ihm ein Herzensbedürfnis, an den Fehlern, Schwächen und Lastern der Menschen und ihrer eingetragenen Vereine – also an der Gesellschaft, dem Staat, den Parteien, der Kirche, den Armeen, den Berufsverbänden, den Fußballklubs und so weiter – Kritik zu üben. Ihn plagt die Leidenschaft, wenn irgend möglich das Falsche beim richtigen Namen zu nennen. Seine Methode lautet: Übertriebene Darstellung negativer Tatsachen mit mehr oder weniger künstlerischen Mitteln zu einem mehr oder weniger außerkünstlerischen Zweck. Und zwar nur im Hinblick auf den Menschen und dessen Verbände, von der Ein-Ehe bis zum Weltstaat. Andere, anders verursachte Mißstände – etwa eine Überschwemmung, eine schlechte Ernte, ein Präriebrand – reizen den Satiriker nicht zum Widerspruch. Es sei denn, er brächte solche Katastrophen mit einem anthropomorph vorgestellten Gott oder einer Mehrzahl vermenschlichter Götter in kausale Zusammenhänge.

Der satirische Schriftsteller ist, wie gesagt, nur in den Mitteln eine Art Künstler. Hinsichtlich des *Zwecks,* den er verfolgt, ist er etwas ganz anderes. Er stellt die Dummheit, die Bosheit, die Trägheit und verwandte Eigenschaften an den Pranger. Er hält den Menschen einen Spiegel, meist einen Zerrspiegel, vor, um sie durch Anschauung zur Einsicht zu bringen. Er begreift schwer, daß man sich über ihn ärgert. Er will ja doch, daß man sich über *sich* ärgert! Er will, daß man sich schämt. Daß man gescheiter wird. Vernünftiger. Denn er glaubt, zumindest in seinen glücklicheren Stunden, Sokrates und alle folgenden Moralisten und Aufklärer könnten recht behalten: daß nämlich der Mensch durch Einsicht zu bessern sei.

Lange bevor die „Umerziehung der Deutschen" aufs Tapet kam, begannen die Satiriker an der „Umerziehung des Menschengeschlechts" zu arbeiten. Die Satire gehört, von ihrem Zweck her beurteilt, nicht zur Literatur, sondern in die Pädagogik! Die satirischen Schriftsteller sind Lehrer. Pauker. Fortbildungsschulmeister. Nur – die Erwachsenen gehören zur Kategorie der Schwererziehbaren. Sie fühlen sich in der Welt ihrer Gemeinheiten, Lügen, Phrasen und längst verstorbenen Konventionen „unheimlich" wohl und nehmen Rettungsversuche außerordentlich übel. Denn sie sind ja längst aus der Schule und wollen endlich ihre unverdiente Ruhe haben. Rüttelt man sie weiter, speien sie Gift und Galle. Da erklären sie dann, gefährlichen Blicks, die Satiriker seien ordinäres Pack, beschmutzten ihr eigenes Nest, glaubten nicht an das Hohe, Edle, Ideale, Nationale, Soziale und die übrigen heiligsten Güter, und eines Tages werde man's ihnen schon heimzahlen! Die Poesie sei zum Vergolden da. Mit dem schönen Schein gelte es den Feierabend zu tapezieren. Unbequem sei bereits das Leben, die Kunst sei gefälligst bequem!

Es ist ein ziemlich offenes Geheimnis, daß die Satiriker gerade in Deutschland besonders schwer dran sind. Die hiesige Empfindlichkeit grenzt ans Pathologische. Der Weg des satirischen Schriftstellers ist mit Hühneraugen gepflastert. Im Handumdrehen schreien ganze Berufsverbände, Generationen, Geschlechter, Gehaltsklassen, Ministerien, Landsmannschaften, Gesellschaftsschichten, Parteien und Haarfarben auf. Das Wort „Ehre" wird zu oft gebraucht, der Verstand zu wenig und die Selbstironie – nie.

Das wird und kann die Satiriker nicht davon abhalten, ihre Pflicht zu erfüllen. „Sie können nicht schweigen, weil sie Schulmeister sind", hab ich in einem Vorwort geschrieben, „– und Schulmeister müssen schulmeistern. Ja, und im verstecktesten Winkel ihres Herzens blüht schüchtern und trotz allem Unfug der Welt die törichte, unsinnige Hoffnung, daß die Menschen vielleicht doch ein wenig, ein ganz klein wenig besser werden könnten, wenn man sie oft genug beschimpft, bittet, beleidigt und auslacht. Satiriker sind Idealisten."

Zum Schluß der Predigt sei diesen beklagenswerten Idealisten ein Spruch auf ihren mühseligen Weg mitgegeben:

> Vergeßt in keinem Falle,
> auch dann nicht, wenn vieles mißlingt:
> Die Gescheiten werden nicht alle!
> (So unwahrscheinlich das klingt.)

© Carl Hanser Verlag

Bibliographie:

Die folgenden Literaturhinweise verstehen sich als Auswahl; zudem sind hier nicht alle Quellen aus den Fußnoten noch einmal verzeichnet.

Adler, Bruno: Frau Wernicke. Kommentare einer »Volksjenossin«, hrsg. und mit e. Nachwort vers. von Uwe Naumann, Mannheim 1990.
Adorno, Theodor W.: Ästhetische Theorie, hrsg. von Gretel Adorno und Rolf Tiedemann, Frankfurt a. M. 1973.
Adorno, Theodor W.: Minima Moralia. Reflexionen aus dem beschädigten Leben, Frankfurt a. M. 1982.
Ästhetik und Kommunikation. Beiträge zur politischen Erziehung, H. 10, 3. Jg. (1973).
Arnold, Karl: Drunter, drüber, mittenmang. Karikaturen aus dem Simplicissimus. Mit einem Vorwort von Kurt Kesten, Dortmund 1979.
Archiv für Bildende Kunst am Germanischen Nationalmuseum Nürnberg (Hrsg.): Olaf Gulbransson. Werke und Dokumente, München 1980.

Bachtin, Michail: Literatur und Karneval. Zur Romantheorie und Lachkultur, München 1969.
Baacke, Rolf-Peter (Hrsg.): Berlin im »Querschnitt«, Berlin 1990 (= Berliner Texte, Bd. 8).
Benjamin, Walter: Gesammelte Schriften. Unter Mitarbeit von Theodor W. Adorno und Gershom Scholem hrsg. von Rolf Tiedemann und Hermann Schweppenhäuser, Bd. II.1 + II.2: Aufsätze, Essays, Vorträge, hrsg. von Rolf Tiedemann und Hermann Schweppenhäuser, Frankfurt a. M. 1977; Bd. III: Kritiken und Rezensionen, hrsg. von Hella Tiedemann-Bartels, Frankfurt a. M. 1972.
Bemmann, Helga: Daddeldu, ahoi! Leben und Werk des Dichters, Malers und Artisten Joachim Ringelnatz, Berlin/DDR 1980.
Bergius, Hanne: Das Lachen Dadas, Gießen 1989.
Bobrowsky, Manfred, Wolfgang R. Langenbucher (Hrsgg.): Wege zur Kommunikationsgeschichte, München 1987 (= Schriftenreihe der Deutschen Gesellschaft für Publizistik- und Kommunikationswissenschaft, Bd. 13).
Borew, Jurij: Über das Komische, Berlin/DDR 1960.
Braese, Stephan: Das teure Experiment. Satire und NS-Faschismus, Opladen 1996.
Burkert, Hans-Norbert, Klaus Matußek, Wolfgang Wippermann: „Machtergreifung" Berlin 1933, Stätten der Geschichte Berlins, Bd. 2, Berlin 1982.

Claßen, Ludger: Satirisches Erzählen im 20. Jahrhundert. Heinrich Mann, Bertolt Brecht, Martin Walser, F. C. Delius, München o.J. [1989].

„Da bin ich wieder!" Walter Trier – Die Berliner Jahre, Berlin 1999.

Damals in den zwanziger Jahren. Ein Streifzug durch die satirische Wochenschrift „Der Drache", hrsg. von Wolfgang U. Schütte, Berlin/DDR o.J. [1968].

Das Beste aus dem Simplicissimus. Eingel. von Golo Mann, ausgewählt u. komment. von Christian Schütze, o.O., o.J.

Das große Simplicissimus Album, hrsg. von Herbert Reinoß unter Verwendung einer Auswahl von Rolf Hochhuth, Gütersloh o.J.

Das Komische. Hrsg. von Wolfgang Preisendanz und Rainer Warning, München 1976 (= POETIK UND HERMENEUTIK, Arbeitsergebnisse einer Forschungsgruppe VII).

„Das war ein Vorspiel nur ..." Bücherverbrennung Deutschland 1933. Voraussetzungen und Folgen, hrsg. von Hermann Haarmann, Walter Huder und Klaus Siebenhaar, Berlin und Wien 1983 (= Akademie-Katalog 137).

Der Querschnitt. ›Das Magazin der aktuellen Ewigkeitswerte‹ 1924 – 1933, zusammengest. und hrsg. von Christian Ferber, Berlin 1981.

Dückers, Alexander: George Grosz. Das druckgraphische Werk, Frankfurt a. M., Berlin und Wien 1979.

Einstein, Carl: Werke, Bd. 2: 1919 – 1928, hrsg. von Hermann Haarmann und Klaus Siebenhaar, Berlin 1996.

Enderle, Luiselotte: Erich Kästner in Selbstzeugnissen und Bilddokumenten, o.O. [Reinbek bei Hamburg] 1966 (= rowohlts monographien, hrsg. von Kurt Kusenberg, Bd. 120).

Exilforschung. Ein internationales Jahrbuch, hrsg. im Auftrag der Gesellschaft für Exilforschung, München 1983ff. [bislang 16 Bde.].

Facsimile. Querschnitt durch den Kladderadatsch, hrsg. von Liesel Hartenstein, München, Bern und Wien 1995.

George Grosz. Berlin – New York, hrsg. von Klaus-Peter Schuster, Berlin 1994 (Ausstellungskatalog).

Georgen, Jeanpaul: »Soldaten-Lieder« und »Zeichnende Hand«. Propagandafilme von John Heartfield und George Grosz im Auftrage des Auswärtigen Amtes 1917/18, in: Kintop 3, Jahrbuch zur Erforschung des frühen Films, hrsg. von Frank Kessler, Sabine Lenk, Martin Loiperdinger, Basel und Frankfurt a. M., S. 129 – 142.

Gombrich, Ernst H., Julian Hochberg, Max Black: Kunst, Wahrnehmung, Wirklichkeit, Frankfurt a. M. 1982.
Grosz, George: Briefe 1913 – 1959, hrsg. von Herbert Knust, Reinbek bei Hamburg 1979.
Grosz, George: Eintrittsbillett zu meinem Gehirnzirkus. Erinnerungen, Schriften, Briefe, hrsg. und m. e. Nachwort von Renate Hartleb, Leipzig und Weimar 1988.
Grosz, George: Heimatliche Gestalten. Zeichnungen, hrsg. von Hans Sahl, Frankfurt a. M. und Hamburg 1966.
Günther, Herbert: Joachim Ringelnatz in Selbstzeugnissen und Bilddokumenten, Reinbek bei Hamburg 1964.

Haarmann, Hermann, Erhard Schütz, Klaus Siebenhaar, Bernd Sösemann: Berliner Profile, Berlin 1993.
Haas, Hans-Egon und Gustav-Adolf Mohrlüder (Hrsgg.): Ironie als literarisches Phänomen, Köln 1973 (= Neue Wissenschaftliche Bibliothek 57).
Heartfield, John: Der Schnitt entlang der Zeit. Selbstzeugnisse, Erinnerungen, Interpretationen. Eine Dokumentation, hrsg. und kom. von Roland März, Dresden 1981.
Hegel, Georg Friedrich Wilhelm: Vorlesungen über die Ästhetik I – III, in: G.F.W.H., Werke in zwanzig Bänden, Bde. 13, 14, 15, hrsg. von Eva Moldenhauer und Karl Markus Michel, Frankfurt a. M. 1970
Hellberg, Frank: Walter Mehring. Schriftsteller zwischen Kabarett und Avantgarde, Bonn 1983 (= Abhandlungen zur Kunst-, Musik- und Literaturwissenschaft, Bd. 337).
Herzfelde, Wieland: Der Malik-Verlag 1916 – 1947, hrsg. von der Deutschen Akademie der Künste zu Berlin, Berlin und Weimar 1967.
Hippen, Reinhard: Es liegt in der Luft. Kabarett im Dritten Reich, Zürich 1988.
Hippen, Reinhard: Kabarett der spitzen Feder. Streitzeitschriften, Zürich 1986.
Hippen, Reinhard: Satire gegen Hitler. Kabarett im Exil, Zürich 1986.
Horkheimer, Max und Theodor W. Adorno: Dialektik der Aufklärung. Philosophische Fragmente, in: Th.W.A.: Gesammelte Schriften, hrsg. von Rolf Tiedemann, Bd. 3, Frankfurt a. M. 1997.
Hummel, Ursula (Hrsg.): Klaus und Erika Mann, Bilder und Dokumente, München 1990.

Jäger, Christian und Erhard Schütz (Hrsgg.): Glänzender Aspalt. Berlin im Feuilleton der Weimarer Republik, Berlin 1994 (= Berliner Texte. Neue Folge, Bd. 10).
Jahrbuch zur Literatur der Weimarer Republik, Bd. 1 (1995), hrsg. von Sabina Becker.
John Heartfield. Dokumentation, hrsg. von der Arbeitsgruppe Heartfield, Neue Gesellschaft für bildende Kunst, Berlin 1969.
John Heartfield, hrsg. von der Akademie der Künste zu Berlin, der Landesregierung Nordrhein-Westfalen und dem Landschaftsverband Rheinland, Köln 1991 (Ausstellungskatalog).
John Heartfield. Leben und Werk, dargestellt von seinem Bruder Wieland Herzfelde, Dresden 1971.

Kaes, Anton (Hrsg.): Weimarer Republik. Manifeste und Dokumente zur deutschen Literatur 1918 – 1933, Stuttgart 1983.
Kästner, Erich: „Interview mit dem Weihnachtsmann". Kindergeschichten für Erwachsene, München 1998.
Kästner, Erich: Literarische Publizistik 1923 – 1933, hrsg. von Alfred Klein, Zürich 1989 (2 Bde.).
Kästner, Erich: Werke, hrsg. von Franz Josef Görtz, München u. Wien 1998 (9 Bde.).
Kästner für Erwachsene, hrsg. von Rudolf Walter Leonhardt, Frankfurt a. M. 1966.
Keel, Daniel: Das Ringelnatz Lesebuch, Zürich 1984.
Keiser-Hayne, Helga: Beteiligt euch, es geht um eure Erde. Erika Mann und ihr politisches Kabarett die „Pfeffermühle" 1933 – 1937, München 1990.
Kladderadatsch. Die Geschichte einer Berliner Witzblattes von 1848 bis ins Dritte Reich, hrsg. von Ingrid Heinrich-Jost, Köln 1982.
Kleinkunststücke. Eine Kabarett-Bibliothek in fünf Bänden, hrsg. von Volker Kühn, Bd. 2: Hoppla, wir beben. Kabarett einer gewissen Republik 1918 – 1933, Berlin 1988.
Koch, Ernestine: Albert Langen. Ein Verleger in München, München 1969.
Koch, Ursula E.: Der Teufel in Berlin. Von der Märzrevolution bis zu Bismarcks Entlassung. Illustrierte politische Witzblätter einer Metropole 1848 – 1890, Köln 1991.

Lethen, Helmut: Verhaltenslehren der Kälte. Lebensversuche zwischen den Kriegen, Frankfurt a. M. 1994.
Lucas, Robert: Teure Amalie, vielgeliebtes Weib! Die Briefe des Gefreiten Adolf Hirnschal an seine Frau in Zwieselsdorf, Frankfurt a. M. 1984.

Bibliographie

Lucas, Robert: Über den Gefreiten Hirnschal und seine Briefe, in: Literatur und Kritik, H. 128, 1978.
Lukács, Georg: Zur Frage der Satire, in: Internationale Literatur, 2. Jg. 1932, H 4/5; Wiederabdruck in: G.L.: Essays über Realismus, Werke, Bd. 4, Neuwied und Berlin 1971, S. 83 – 107.

Maas, Lieselotte: Handbuch der deutschen Exilpresse 1933 – 1945, hrsg. von Eberhard Lämmert, Bd. 4: Die Zeitungen des deutschen Exils in Europa von 1933 bis 1939 in Einzeldarstellungen, München u. Wien 1990.
Madrasch-Groschopp, Ursula: Die Weltbühne. Porträt einer Zeitschrift, Berlin/DDR 1983.
Mann, Erika und Klaus: Escape to Life. Deutsche Kultur im Exil, München 1991.
Materialität der Kommunikation, hrsg. von Hans Ulrich Gumbrecht und K. Ludwig Pfeiffer, Frankfurt a. M. 1988.
Mehring, Walter: Chronik der Lustbarkeiten. Die Gedichte, Lieder und Chansons 1918 – 1933, Walter Mehring Werke, hrsg. von Christoph Buchwald, Düsseldorf 1981.
Mehring, Walter: Verrufene Malerei. Berlin Dada. Erinnerungen eines Zeitgenossen und 14 Essais zur Kunst, Walter Mehring Werke, hrsg. von Christoph Buchwald, Düsseldorf 1983.
Mehring, Walter: Wir müssen weiter. Fragmente aus dem Exil, Walter Mehring Werke, hrsg. von Christoph Buchwald, Düsseldorf 1979.
Mendelssohn, Peter de: Zeitungsstadt Berlin. Menschen und Mächte in der Geschichte der deutschen Presse, Frankfurt a. M., Berlin, Wien 1982.
Mommsen, Hans: Der Nationalsozialismus und die deutsche Gesellschaft. Ausgewählte Aufsätze. Zum 60. Geburtstag hrsg. von Lutz Niethammer und Bernd Weisbrod, Reinbek bei Hamburg 1991.
Münch, Richard: Dialektik der Kommunikationsgesellschaft, Frankfurt a. M. 1991.

Naumann, Uwe: Zwischen Tränen und Gelächter. Satirische Faschismuskritik 1933 bis 1945, Köln 1983.
Neubert, Werner: Die Wandlungen des Juvenal. Satire zwischen gestern und morgen, Berlin/DDR 1966.
Neue Gesellschaft für Bildende Kunst Berlin (Hrsg.): Kunst im Exil in Großbritannien 1933 – 1945, Berlin 1986 (= Ausstellungskatalog).
Neugebauer von der Schulenburg, Rosamunde, Gräfin: George Grosz. Macht und Ohnmacht satirischer Kunst. Die Graphikfolgen „Gott mit uns", „Ecce homo" und „Hintergrund", Berlin 1993.

Nicolai, Friedrich: „Kritik ist überall, zumal in Deutschland, nötig." Satiren und Schriften zur Literatur, hrsg. und m. Nachwort, Anmerkungen sowie Register versehen von Wolfgang Albrecht, Leipzig und Weimar 1987.

Oschilewski, Walther G.: Zeitungen in Berlin. Im Spiegel der Jahrhunderte, Berlin 1975.

Otto, Rainer, Walter Rösler: Kabarettgeschichte. Abriß des deutschsprachigen Kabaretts, Berlin/DDR 1981.

Pass auf! Hier kommt Grosz. Bilder, Rhythmen und Gesänge 1915 – 1918. Hrsg. von Wieland Herzfelde und Hans Marquard, Leipzig 1981.

Plessner, Helmuth: Gesammelte Schriften, hrsg. von Günter Dux, Odo Marquard und Elisabeth Stöcker, Bd. VII: Ausdruck und menschliche Natur. Frankfurt a. M. 1982.

Plessner, Helmuth: Zwischen Philosophie und Gesellschaft. Ausgewählte Abhandlungen und Vorträge, Bern 1953.

Ringelnatz, Joachim: Als Mariner im Krieg, Reinbek bei Hamburg 1965.

Ringelnatz, Joachim: Und auf einmal steht es neben Dir. Gesammelte Gedichte, Berlin 1959.

Riha, Karl: Kritik, Satire, Parodie. Gesammelte Aufsätze, Opladen 1992.

Rosenkranz, Karl: Ästhetik des Häßlichen, hrsg. und m. e. Nachwort von Dieter Kliche, Leipzig (2. überarb. Aufl.) 1996.

Sarkowicz, Hans, Franz Josef Görtz: Erich Kästner. Eine Biographie, München 1999.

Schall und Rauch (Reprint einer Programmzeitschriften-Folge des gleichnamigen Max-Reinhardt-Karabetts in Berlin, 1919 – 1921, 13 Hefte plus Beiheft: Kurt Wafner, Einfach klassisch! und noch mehr), Berlin/DDR 1985.

Schall und Rauch. Erlaubtes und Verbotenes. Spieltexte des ersten Max-Reinhardt-Karabetts (Berlin 1901/02), hrsg. von Peter Sprengel, Berlin 1991.

Schirmer, Lothar (Hrsg.): Theater im Exil 1933 – 1945. Ein Symposium der Akademie der Künste, Berlin 1979.

Schrader, Bärbel, Jürgen Schebera: Kunstmetropole Berlin 1918 – 1933, Berlin u. Weimar 1987.

Schulz, Klaus: Kladderadatsch. Ein bürgerliches Witzblatt von der Märzrevolution bis zum Nationalsozialismus 1848 – 1944, Bochum 1975.

Schulz, Klaus-Peter: Kurt Tucholsky mit Selbstzeugnissen und Bilddokumenten, Hamburg 1959.
Siebenhaar, Klaus: „Bismarck in der Badewanne". Anmerkungen zu einer Legende: Die Berliner Zeitschrift Querschnitt (1921 – 1936), in: Medien & Zeit. Forum für historische Kommunikationsforschung, 7. Jg. (1992), H. 1, S. 35 – 38.
Signale der Zeit. Streifzug durch satirische Zeitschriften der Weimarer Republik, hrsg. von Wolfgang U. Schütte, mit e. Nachwort von Ruth Greuner, Berlin o.J. (Lizenzausgabe des Verlags Der Morgen, Berlin/DDR 1972 mit dem Originaltitel „Bis fünf nach zwölfe, kleine Maus").
Simplicissimus 1896 – 1914, hrsg. und eingel. von Richard Christ, Berlin/DDR 1972.
Simplicissimus. Ein Rückblick auf die satirische Zeitschrift, Auswahl und Text von Eugen Roth, Hannover 1954.
Simplicissimus. Eine satirische Zeitschrift, München 1896 – 1944, München 1978 (=Ausstellungskatalog).
Sinsheimer, Hermann: Gelebt im Paradies, München 1953.
Sloterdijk, Peter: Kritik der zynischen Vernunft, 2 Bde., Frankfurt a. M. 1993.
Spies, Werner: Panoptikum des Häßlichen. George Grosz und die deutsche Physiognomie, in: Frankfurter Allgemeine Zeitung, 24. Juli 1993 (Tiefdruckbeilage).
Sternberg, Fritz: Der Faschismus an der Macht, Amsterdam 1935.
Stompor, Stephan: Künstler im Exil in Oper, Konzert, Operette, Tanztheater, Schauspiel, Kabarett, Rundfunk, Film, Musik- und Theaterwissenschaft sowie Ausbildung in 62 Ländern, 2 Bde., Frankfurt a. M. 1994.
Struwwelhilter. Eine englische Struwwelpeter-Parodie aus dem Jahre 1941 von Robert und Philip Spence. Mit e. Vorwort von Karl Riha, Köln (3. Aufl.) 1993.

Tauscher, Rolf: Literarische Satire des Exils gegen Nationalsozialismus und Hitlerdeutschland. Von F. G. Alexan bis Paul Westheim, Hamburg 1992.
Tauscher, Rolf: Satire gegen Weltkriegsgefahr. Friedrich George Alexan. „Mit uns die Sintflut". Paris 1935 – ein unbekanntes Beispiel aus dem antifaschistischen Exil, in: Krieg und Literatur. Internationale Beiträge zur Erforschung der Kriegs- und Antikriegsliteratur, Vol. II, Nr. 3 (1990), S. 99 – 115.
Theater im Exil 1933 – 1945, hrsg. von Walter Huder, Berlin 1973 (= Katalog der Akademie der Künste Berlin).

Tucholsky-Blätter, hrsg. von Wolfgang Hering und Jürgen Westmann, Berlin.
Tucholsky, Kurt: Briefe. Auswahl 1913 bis 1935, hrsg. von Roland Links, Berlin/DDR 1983.
Tucholsky, Kurt: Deutschland, Deutschland über alles, Reinbek bei Hamburg 1990.
Tucholsky, Kurt: Gesammelte Werke, hrsg. von Mary Gerold-Tucholsky und Fritz J. Raddatz, Reinbek b. Hamburg 1975.

Uhu. Das Magazin der 20er Jahre, zusammengest. und hrsg. von Christian Ferber, Frankfurt a. M. und Berlin 1979.

Veigl, Hans (Hrsg.): Weit von wo. Kabarett im Exil, Wien 1994.
Vischer, Friedrich Theodor: Über das Erhabene und Komische und andere Texte zur Ästhetik. Einleitung von Willi Oelmüller, Frankfurt a. M. 1967.

Waldenfelds, Bernhard: In den Netzen der Lebenswelt, Frankfurt a. M. 1985.
Wegner, Manfred (Hrsg.): „Die Zeit fährt Auto" Erich Kästner zum 100. Geburtstag, Berlin und München 1999 (= Ausstellungskatalog, Deutsches Historisches Museum, Münchner Stadtmuseum).
Willmann, Heinz: Geschichte der Arbeiter-Illustrierten Zeitung 1921 – 1938, Berlin (2. Aufl.) 1974.

Abbildungsnachweise

Ein Großteil der Abbildungen basiert auf historischen Vorlagen, die deutliche Spuren der Zeit tragen; die Druckqualität entspricht deshalb nicht immer dem heutigen Standard. Um einen authentischen Eindruck zu geben, sind sie trotzdem diesem Handbuch beigegeben, selbst wenn z.b. Schriftzüge und Bildlegenden nicht immer zu entziffern sind. Abbildungen ohne Nachweis stammen aus dem Privatarchiv der Verfasser.

Titelblatt: *George Grosz: Straße in Berlin*, in: George Grosz Berlin – New York, hrsg. von Peter-Klaus Schuster, Berlin 1994: ars Nicolai, S. 427.

S. 29 *Erich Ohser: Karikatur*, in: e.o. plauen. Leben und Schaffen 1903 – 1944, Konstanz 1993: Südverlag GmbH, S. 15.

S. 35 *George Grosz: Parasiten*, in: Das Kunstblatt, hrsg. von Paul Westheim, 5/1921 (Beilage zu H. I).

S. 37 *Garvens: Der Bauchredner und seine Puppen*, in: „Das war ein Vorspiel nur ..." Bücherverbrennung Deutschland 1933. Voraussetzungen und Folgen, hrsg. von Hermann Haarmann, Walter Huder und Klaus Siebenhaar, Berlin und Wien 1983: Medusa Verlag, S. 363.

S. 42 *George Grosz: Selbstporträt*, in: Pass auf! Hier kommt Grosz. Bilder, Rhythmen und Gesänge 1915-1918, hrsg. von Wieland Herzfelde und Hans Marquard, Leipzig 1981: Verlag Philipp Reclam jun., S. 6.

S. 48 *Ludwig Meidner: Portrait Carl Einstein*, in: Thema – Stil – Gestalt 1917 – 1932. 15 Jahr Literatur und Kunst im Spiegel eines Verlages. Katalog zur Ausstellung anläßlich des 75jährigen Bestehens des Gustav Kiepenheuer Verlages, Leipzig und Weimar 1984: Gustav Kiepenheuer Verlag, S. 396.

S. 55 *George Grosz: Heartfield-Karikatur*, in: John Heartfield. Leben und Werk, dargestellt von seinem Bruder Wieland Herzfelde, Dresden 1962 und 1971: VEB Verlag der Kunst, S. 29.

S. 58 *George Grosz: Werbezettel*, Carl Einstein Archiv, Stiftung Archiv Akademie der Künste Berlin.

S. 60, 61 *Jedermann sein eigner Fussball, Die Pleite*, in: Sammelmappe „Die Pleite" (Reprint), Verlag der Buchhandlung Walther König und Verlag Gaehme, Henke, Köln o.J.

S. 62 *George Grosz: Den macht uns keiner nach*, in: Heimatliche Gestalten. Zeichnungen, hrsg. von Hans Sahl, Frankfurt a. M. und Hamburg 1966: Fischer Bücherei KG, S. 45.
S. 63 *George Grosz: Zuhälter des Todes*, in: Heimatliche Gestalten, S. 54.
S. 64 *George Grosz: Früh um 5 Uhr*, in: G. G.: Das Gesicht der herrschenden Klasse, hrsg. von Julian Gumperz, Berlin 1921: Malik-Verlag, S. 52.
S. 65 *Die Pleite*, in: George Grosz. Berlin – New York, S. 259.
S. 66 *George Grosz: seid untertan der Obrigkeit* und *Maul halten und weiter dienen*, in: George Grosz. Berlin – New York, S. 477, 478.
S. 67 *John Heartfield mit Polizeipräsident Zörgiebel*, in: John Heartfield, hrsg. von der Akademie der Künste zu Berlin, der Landesregierung Nordrheinwestfalen und dem Landschaftsverband Rheinland, Köln 1991: Dumont Buchverlag, Kat.-Nr. 42.
S. 68 – 70 *John Heartfield: Ich kenne nur Paragraphen, Berliner Redensart* und *Tiere sehen dich an*, in: Deutschland, Deutschland über alles. Ein Bilderbuch von Kurt Tucholsky und vielen Fotografen. Montiert von John Heartfield, Reinbek bei Hamburg 1980: Rowohlt Taschenbuch Verlag, S. 163, 176 und 63.
S. 71 *John Heartfield: Millionen stehen hinter mir*, in: John Heartfield, hrsg. von der Akademie der Künste zu Berlin, S. 281.
S. 79 *Erich Ohser: Erich Kästner*, in: e.o. plauen: Leben und Schaffen, S. 7.
S. 89 *Eröffnung des Kabaretts „Schall und Rauch"*, Reprint: Berlin/DDR 1985: Buchverlag Der Morgen.
S. 124 *Th. Th. Heine: Dies ist das Hundevieh*, in: Simplicissimus. Eine satirische Zeitung München 1896 – 1944, München 1977: Ausstellungskatalog, zwischen S. 42 und S. 43.
S. 129 *Karl Arnold: Selbst*, in: Simplicissimus. Ein Rückblick auf die satirische Zeitschrift. Auswahl und Text von Eugen Roth, Hannover 1954: Fackelträger Verlag, S. 70.
S. 144 *Lachen links*, in: Reinhard Hippen: Kabarett der spitzen Feder. Streitzeitschriften, Zürich 1986: pendo-Verlag, S. 105.
S. 146 *Der Drache, Titelkopf*, in: Damals in den zwanziger Jahren. Ein Streifzug durch die satirische Wochenschrift „Der Drache", hrsg. von Wolfgang U. Schütte, Berlin/DDR 1968: Buchverlag Der Morgen, S. 11.

Abbildungsnachweise

S. 155   *Der Drache*, in: „Die Zeit fährt Auto" Erich Kästner zum 100. Geburtstag, hrsg. von Manfred Wegener, Berlin 1999: Katalog DHM GmbH Berlin und München Stadtmuseum, S. 95.

S. 158   *Max Schwimmer*, in: Damals in den Zwanziger Jahren. Ein Streifzug durch die satirische Wochenschrift „Der Drache", hrsg. von Wolfgang U. Schütte, Berlin/DDR 1968: Buchverlag Der Morgen, S. 86 u. 94 (© Ilske Schwimmer, Leipzig).

S. 172   *John Heartfield, Und auf Hitlers Friedensangebot folgen alsbald Friedenstauben*, in: Heinz Willmann: Geschichte 1921 – 1938, Berlin 1975: das europäische buch, S. 310.

S. 177   *Flugzettel der Nationalen Front*, in: Helga Keiser-Hayne: Beteiligt euch, es geht um eure Erde. Erika Mann und ihr politisches Kabarett, die „Pfeffermühle" 1933 – 1937, München 1990: Edition Spangenberg, S. 114.

S. 181   *Walter Trier, Zwischen Bomben*, Lilliput, January 1943, in: „Da bin ich wieder!" – Walter Trier – Die Berliner Jahre, Berlin 1999: Außenamt Museumspädagogik, Staatliche Museen zu Berlin Preußischer Kulturbesitz, Kunstbibliothek, S. 13.

S. 188   *Erika Mann als Conférencier*, in: Reinhard Hippen: Satire gegen Hitler. Kabarett im Exil, Zürich 1986: pseudo Verlag, S. 17.

S. 188   *Therese Giehse als Jodlerin*, in: Uwe Naumann (Hrsg.): „Ruhe gibt es nicht, bis zum Schluß." Klaus Mann (1906 – 1949). Bilder und Dokumente, Reinbek bei Hamburg 1999: Rowohlt Verlag, S. 161.

S. 192   *Der Kater*, 1. Jg., Nr. 1, Privatarchiv Lieselotte Maas, Frankfurt a. M.

S. 191   *Der Simpl*, II. Jg., Nr. 5, Privatarchiv Lieselotte Maas, Frankfurt a. M.

S. 194   *Martin Miller, Der Führer spricht*, in: Theater im Exil 1933 – 1945, hrsg. von Walter Huder, Berlin 1973: Akademie der Künste, S. 101.

S. 198   *Robert und Philip Spence, Struwwelhitler*, in: „Das war ein Vorspiel nur...", S. 249.

S. 199   *Walter Trier, „An Unneutral Attitude"* und *„The Aryan Type"*, in: „Da bin ich wieder!", S. 12.

Personenregister

Adler, Bruno 182, 184 – 186
Adorno, Theodor W. 38, 147, 170
Arnold, Karl 129, 130, 150 – 153,

Bauer, Hans 146
Baum, Vicki 179
Beckmann, Max 140
Beethoven, Ludwig van 81
Benjamin, Walter 17, 28f., 80 –
82, 147, 170
Benn, Gottfried 49, 140
Birnbaum, Ernst 173
Björnson, Dagny 128
Bloch, Jean Richard 140
Bohrmann, Hans 23
Bonitz, Anja 142
Borew, Jurij 27
Börne, Ludwig 10
Braun, Kaspar 124
Brecht, Bertolt 38, 56
Breitscheid, Rudolf 86
Brinitzer, Carl 183
Burkart, Roland 22
Busch, Ernst 91
Busch, Wilhelm 124

Chaplin, Charles 38
Columbus, Christoph 180
Cotta, Johann Friedrich 20

Daumier, Honoré 124
Döblin, Alfred 140
Durieux, Tilla 139

Ebert, Friedrich 114

Ebinger, Blandine 88
Eggebrecht, Axel 136
Einstein, Carl 34, 41, 46 – 51, 58,
59
Einstein, Daniel 49
Einstein, Sophie 49
Engel, Fritz 131
Erkens, Paul 37
Eulenberg, Herbert 95

Fechter, Paul 54
Feyerabend, Paul 17
Flechtheim, Alfred 36, 137
Flemming, Hans 143
Ford, Henry 10f.
Frank, Rudolf 79f.
Freud, Sigmund 49
Fuchs, Albert 180

Garvarnis 124
Garvens 37, 166f.
Georg, Manfred 178
Gerlach, Helmuth von 86
Gide, André 47
Giehse, Therese 175f., 179, 188
Giraudoux, Jean 140
Goebbels, Joseph 141, 182
Goethe, Johann Wolfgang von 21,
77
Göhring, Hermann 182
Gombrich, Ernst H. 33
Goslar, Lotte 179
Graetz, Paul 88
Grimmelshausen, Hans Jakob
Christoffel 123

Gris, Juan 140
Grosz, George [Georg Ehrenfried Groß] 34f., 37, 41 – 46, 50f., 54f., 58, 62 – 66, 80, 89, 129, 140, 160
Gulbransson, Olaf 154
Gumbel, Emil J. 8, 86

Haas, Willy 88
Haase, Annemarie 185
Hallgarten, Constanze 175
Hasenclever, Walter 86, 105
Heartfield, John 34f., 37f., 41f., 44, 46, 50 – 56, 67 – 71, 89, 172, 181
Hegel, Georg Friedrich Wilhelm 19, 20f.
Hegemann, Werner 140
Heimeran, Ernst 176
Heine, Heinrich 10
Heine, Th. Th. 126, 129, 159, 163
Henning, Magnus 175, 179
Herder, Gottfried 31
Herrmann-Neiße, Max 37, 145
Herzberg, Walter 143, 161
Herzfelde, Wieland 41 – 43, 45, 50 – 52
Hesterberg, Trude 89
Hippen, Reinhard 144, 146
Hitler, Adolf 52, 130, 144, 172, 175, 178, 180 – 183
Höch, Hanna 37
Hoexter, John 50
Hoffmann, Heinrich 182

Hofmann, Georg Heinrich Albert 131
Hollaender, Friedrich 88
Horkheimer, Max 147
Hotzel, Curt 136

Jacobsohn, Siegfried 87
Jäger Christian 26
Joachimson, Felix 94

Kahane, Arthur 114
Kalisch, David 131f.
Kandinsky, Wassily 129
Kant, Immanuel 28
Kästner, Emil 74
Kästner, Erich 12, 28f.,73 – 83, 94f., 98 – 101, 144f.,181, 185, 217 – 220
Kästner, Ida Amalia 74
Kerr Alfred 8, 10 – 12, 31, 86, 208 – 212
Kesten, Hermann 74
Kessler, Harry Graf 43
Kisch, Egon Erwin 144f.
Klabund 88, 144
Klee, Paul 129
Kluge, Alexander 91
Knauf, Erich 81
Knopf, Alfred A. 179
Kobus, Kathi 94
Koenigsgarten, Hugo F. 180
Kraus, Karl 30, 35, 170, 180

Langen, Albert 125 – 128
Langhoff, Wolfgang 56

Léger, Fernand 140
Lemon, Mark 124
Leonhard, Rudolf 95
Lessing, Gotthold Ephraim 17
Lethen, Helmut 11
Lhote, André 140
Lichtenberg, Georg Christoph 15
Lorant, Stefan 181
Loriot (Bernhard-Viktor von Bülow 17
Low, David 181
Löwenthal, Leo 25
Ludwig, Emil 179
Lukács, Georg 27, 29, 213 – 216
Luxemburg, Rosa 173f.

Maas, Lieselotte 171f.
Majakowski, Valdimir 140
Mann, Erika 175 – 179, 188 – 191
Mann, Golo 177
Mann, Heinrich 74, 86, 170
Mann, Klaus 140, 175, 177
Mann, Thomas 177, 179, 183
Marguth, Dr. 81
Marquard, Odo 17
Mayhew, Henry 124
Mehring, Walter 12, 29, 37, 88 – 90, 92f., 95, 114 – 118, 144f.
Meidner, Ludwig 48
Meyer-Voth, Ingeborg 142
Miller, Martin 180, 194 – 197
Mjölnir 125, 165
Mueller, Otto 143
Mühsam, Erich 144

Negt, Oskar 91
Neumann, Ernst 54
Nicolai, Friedrich 39
Noske, Gustav 114

Ohser, Erich [e.o. plauen] 29, 79, 81
Orléans, Louis-Philippe Herzog von 124
Orlik, Hans 140
Ossietzky, Carl von 85f.
Ozenfant, Amédée 140

Pape, Walter 93
Paul, Jean 20f.
Pfemfert, Franz 47
Phaedrus 25
Philipon, Charles 124
Picasso, Pablo 140
Piper, Leonharda 94
Piscator, Erwin 41, 44, 55, 90f., 130
Platon 25
Poelzig, Hans 140
Pol, Heinz 171
Pound, Ezra 140
Purrmann, Hans 129

Rathenau, Walter 10f.
Reimann, Hans 90, 145
Reinhardt, Max 37, 53, 88, 179
Riehl, Alois 49
Rilla, Walter 183

Ringelnatz, Joachim [Hans Bötticher] 90, 92, 94 – 96, 119 – 121
Roda Roda 144f.
Rosenkranz, Karl 33
Roth, Joseph 146
Rowohlt, Ernst 47

Scheidemann, Philipp 7
Schiller, Friedrich 18
Schloss, Sybille 179
Schneider, Friedrich 124
Schnog, Karl 90
Schoenberner, Franz 130
Schütz, Erhard 26
Schwarzschild, Leopold 86
Schwimmer, Max 146, 158
Schwind, Moritz von 124
Simmel, Georg 49
Simon-Wolfskehl, Toni 47
Sinsheimer, Hermann 94, 130, 143
Sokrates 25
Soyfer, Jura 180
Spence, Philip 182, 198
Spence, Robert 182, 198
Spitz, Rudolf 180, 198
Spitzweg, Carl 124
Stalin, Josef 182
Steiniger, Ernst 136
Sternberg, Fritz 174
Sternheim, Carl 74, 140
Stresemann, Gustav 142
Szondi, Peter 20

Thamus 25
Theuth 25
Thoma, Ludwig 128
Thon, Alfred 143
Toller, Ernst 86, 92, 130
Tolstoi, Leo 123
Trier, Walter 181, 199
Tucholsky, Kurt 12, 29, 32, 35, 37f., 52 – 55, 68 – 70, 73, 83 – 88, 90, 95, 102 – 113, 141f. 144f., 174, 202 – 207
Twardowski, Hans Heinrich von 88

Uhl, Willo 93

Valetti, Rosa 89

Wabo [Walter Bock] 145, 156f,
Walden, Herwarth 89
Wandt, Heinrich 51
Wangenheim, Gustav von 88
Warncke, Paul 134f.
Wasmuth, Ewald 49
Wassermann, Jakob 54
Wedderkop, Hermann von 36, 137f., 141
Wedekind, Frank 74
Weinert, Erich 90, 144
Weisgeber 129
Wertheim, Maurice 179
Wiener-Braunberg, Josef 143
Wilamowitz-Moellendorf von, Ulrich 49
Wilder, Thornton 140

Personenregister

Wittner, Viktor 141
Wolff, Theodor 141, 143
Wölfflin, Alois 49
Wolzogen, Hans von 94

Zieten, Hans Joachim von 114

Sachregister

Alexanderplatz 26, 90
Amerikanisierung 11
Antisemitismus 37
Architektur 138
Ästhetik 15, 20, 45, 50
Avantgarde 48, 137

BBC (British Broadcasting Corporation) 183 – 185
Berlin 26, 34, 36, 42, 44f., 44 – 47, 50, 54, 56, 74, 82, 85, 87, 89 – 91, 93, 123, 128 – 130, 132 – 134, 145, 181, 184f.
Bürgertum 29, 75, 135

Dadaismus 36, 41, 43 ,46, 51, 55, 90
Drittes Reich 7, 38, 172, 178, 182, 185

Empfindsamkeit 30
Exil 38, 41, 44, 49, 51f., 55, 86, 92, 128, 147, 169, 171 – 173, 177 – 179, 181, 185
Expressionismus 29f., 50

Faschisierung 35, 131, 169
Faschismus 7, 29, 86, 147, 170, 172, 174, 180
Faschisten 55, 84
Fernsehen 22f.
Feuilleton 26, 82
Film 22, 43, 91

Freier Kulturbund 55

Gebrauchslyrik 28, 79
Gotteslästerungsprozeß 46

Hitlerdeutschland 171
Hohn 15, 19, 32

Ironie 20f., 51, 78, 81, 83, 87, 90, 94, 123, 170, 184

Kabarett 10, 13, 36f., 88 – 90, 92, 94f., 139, 144, 174 – 177, 179, 185
Kaiserreich 7, 29
Karikatur 31, 33f., 36, 47, 55, 93, 123 – 126, 129 – 131, 138, 142, 172, 174, 181
Klassenkampf 27, 29, 34
Kleinbürgertum 75
Kommunikation 22 – 26, 30, 38f.
Kommunikationsgeschichte, kommunikationsgeschichtlich 21 – 23
Kommunikationsgesellschaft 24
Kommunikationssituation 25
kommunikationstheoretisch 21
Kommunikationswissenschaft 24
Kommunisten (KPD) 27, 55, 84, 91, 173
Komödie 17, 19
Kritik 20, 27, 31f., 38f., 43, 53, 77, 80, 86, 124f., 169, 177f., 188

Kubismus 36, 48
Kultur 24 – 26, 34, 44, 91, 128, 131, 137, 173
Kulturindustrie 147
Kunst 12f., 19f., 36, 41, 44, 48f., 52, 54f., 78, 91, 131, 137f., 143
Kunstwerk 19, 48

Lachen 17, 147, 170, 182

Magazin 36, 81, 123, 131, 137, 140f., 181
Der Querschnitt 137, 139, 140f., 162, 163
Uhu 181
Majestätsbeleidigung 127
Masse 41, 45, 50, 87
Massenkommunikation 22, 25, 30
Massenpublikum 35
Mechanisierung 10
Melancholie 80, 93
Melancholiker 28, 30
Metropole 26, 43, 51, 89, 145
Mode 36
Moderne 22, 26, 48, 51, 137, 140
Montage 34f., 52 – 54, 173
Moral 34, 42, 45
Moralist 28, 46, 74, 79
Moralität 170

Nationalismus 84, 128, 134
Nationalsozialismus 27, 29, 38, 44, 82, 84, 128f., 135f., 147, 169, 174, 178
Nationalsozialisten 7, 38, 81f., 95, 140f., 175, 181

Neue Sachlichkeit 12, 80
NSDAP 53, 177

Öffentlichkeit 28, 30, 43, 91, 123, 125, 144, 169, 181

Pfeffermühle (peppermill) 175 – 179, 188
Photographie (Fotographie) 36, 43, 138
Photomontage 34f., 51f., 54 – 56, 69, 137, 172
Polemiker 83
Politik 44, 50, 55, 84, 125f., 128, 131, 138, 169, 175, 182
Politisches Theater 41, 44, 90
Presse 13, 22, 31, 41, 89, 123
Presseerzeugnisse 31, 36, 141, 144f., 172
Pressesatire 181
Proletariat 29
Psychoanalyse 46
Publizistik 8, 12, 15, 21f., 26f., 37f., 74, 91

Republik 9, 44, 53, 82, 95f., 147
Revolution 8, 36, 42, 47, 50, 130, 133, 173
Revolutionierung 36
Revue 12, 138, 171
Rundfunk 22

Satire 10, 12, 15f., 18 – 21, 26 – 28, 32, 34 – 38, 46, 53, 73f., 79, 83, 85, 87, 90, 123, 125, 130f., 134, 142f., 145f., 169 – 171, 180, 183

Sachregister

Satiriker 82f.
Schaubühne 87
Scherz 20f., 87, 182
Simplicissimus (Künstlerkneipe) 96
Sozialdemokraten (SPD) 27, 84, 91
Sozialismus 44
Spott 19, 32, 43, 78, 124, 129, 140, 170

Theater 12, 36, 44, 52, 55, 74, 91, 130, 138
Tragödie 18

Verächtlichmachung 19, 31f., 123, 169
Verlag
    Prophyläen Verlag 51
    Malik Verlag 55, 62 – 64, 66
Verspottung 37, 74

Wahrheit 19
Weimarer Republik 7, 9f., 12, 22, 28, 32 – 36, 41, 44, 55, 84, 91, 128, 137f., 138, 144, 147, 172 – 175
Verfassungsordnung 9
Weltkrieg I 7, 30, 34, 41f., 50, 54, 75, 89, 128, 134
Weltkrieg II 92, 169
Witz 32, 34, 37, 88, 90, 123, 131, 139, 145, 172
Witzblatt 124, 132, 141, 146

Zeitschrift 35 – 37, 43, 50, 85, 90, 92, 123 – 130, 132f., 135, 138, 141, 173
Arbeiter-Illustrierte Zeitung (AIZ) 38, 52, 55, 67, 71, 172f.
Charivari 124, 132
Das Leben 81
Das Parlament (1929) 104
Das Stachelschwein 144
Der Bandwurm (1920) 119
Der blutige Ernst 58 – 60
Der Die Das 81
Der Drache 144 – 146, 155f., 158
Der Kater 173f., 192
Der Knüppel 144, 160
Der Scharfrichter 144
Der Simpl 193
Die Brennessel 146, 165
Die Dame 181
Die Ente 143f.
Die große Welt 81
Die Leuchtkugeln 146
Die Pille 144, 146
Die Pleite 61, 65
Die Schaubühne 85
Die Weltbrille 144
Die Wespen 90
Eulenspiegel 144
Illustrierte Halbmonatsschrift 60
Kreuz- und Querschnitt 144
Lachen links (ab 1927 Der wahre Jakob) 144
Lustige Bätter 143
Neue Revue 143f.,

Roter Adler 146
Roter Pfeffer 144
Simplicissimus 44, 94, 123 – 131, 142, 150, 152 – 154, 159, 171
Simplicus 171
Ulk 141 – 144, 161
Weltbühne 38, 81, 84, 87, 164
Zeitungen
   Berliner Tageblatt 81, 141f.
   Die Zeitung 181
   Dresdner Neueste Nachrichten 81
   Leipziger Tageblatt 81
   Neue Leipziger Zeitung 81f.
   Neue Zürcher Zeitung 176
   Plauener Volkszeitung 81
   Prager Tageblatt 81
   Vossische Zeitung 81
Zirkus Schumann 88

Zu den Autoren

Hermann Haarmann, Jg. 1946, Dr. phil., Studium der Theaterwissenschaft, Germanistik und Publizistik, 1974 Promotion (FU Berlin), 1989 Habilitation (Universität GHS Essen), seit 1990 Professor für Kommunikationsgeschichte an der FU Berlin, zugleich Direktor des *Instituts für Kommunikationsgeschichte und angewandte Kulturwissenschaften (IKK)* der FU Berlin, seit 1996 zusätzliche Professur für Kulturtheorie am *Institut für Kultur- und Medienmanagement (IKM)* der Hochschule für Musik „Hanns Eisler", Berlin. Arbeitsgebiete: Exilliteratur/-publizistik, Kommunikationsgeschichte/-theorie, Kulturtheorie der Moderne; Veröffentlichungen zur deutschen Literatur- und Theatergeschichte; Editionen zu Carl Einstein, Alfred Kerr, Erwin Piscator und Alfred Wolfenstein. Im Westdeutschen Verlag erschien zuletzt „Aspekte des Dramas. Eine Einführung in die Theatergeschichte und Dramenanalyse" (zusammen mit Heinz Geiger).

Andrea Klein, Jg. 1970, MA, Studium der Neueren deutschen Philologie an der TU Berlin und Publizistik an der FU Berlin, wissenschaftliche Mitarbeiterin am *Institut für Kommunikationsgeschichte und angewandte Kulturwissenschaften (IKK)* der FU Berlin. Arbeitsgebiete: Politische Publizistik des 19. und 20. Jahrhunderts, Kommunikationsgeschichte/-theorie.

Aus dem Programm Literaturwissenschaft

Walter Nutz
Trivialliteratur und Popularkultur
Vom Heftromanleser zum Fernsehzuschauer. Eine literatursoziologische Analyse unter Einschluß der Trivialliteratur der DDR
1999. 364 S. Br. DM 89,90
ISBN 3-531-12468-4
In diesem Band stellt der Autor, der seit den frühen 60er Jahren empirisch auf dem Gebiet der trivialen Lesestoffe gearbeitet hat, seine Ergebnisse aus der Trivialliteratur- und Popularkulturforschung zusammenfassend dar. Gegenüber germanistischen, primär literaturwissenschaftlich orientierten Arbeiten zeichnet sich diese Studie dadurch aus, daß Leserprofile, aber auch die Produktionsbedingungen genauer beschrieben werden, als dies bisher der Fall war. – Ein gutes Lehrbuch, das sowohl für Literatur- wie auch für Sozial- und Kommunikationswissenschaftler ein Muß ist.

Jürgen Link
Hölderlin-Rousseau: Inventive Rückkehr
1999. 280 S. (Historische Diskursanalyse der Literatur) Br. DM 59,80
ISBN 3-531-13251-2
Mit dieser Studie legt der Dortmunder Literatur- und Diskurstheoretiker die erste umfassende Monographie zur gar nicht zu überschätzenden Bedeutung Rousseaus für Hölderlin vor.

Walter Delabar

WAS TUN?

ROMANE AM ENDE DER WEIMARER REPUBLIK

Westdeutscher Verlag

Walter Delabar
Was tun?
Romane am Ende der Weimarer Republik
1999. 292 S. Br. DM 69,80
ISBN 3-531-13315-2
Integration und Isolation, Vermassung und Vereinzelung, Komplexität und Ambivalenz und nicht zuletzt eine harsche Irritation der Geschlechterrollen sind die widersprüchlichen Erfahrungen, die die Individuen im 20. Jahrhundert machen. Das Kernproblem, das daraus für die einzelnen resultiert, ist zwar ein sehr altes: Es geht um das richtige individuelle Verhalten, um die Vorstellung von einem richtigen Leben und davon, wer sie eigentlich jeweils sind. Aber die Bedingungen sind in dieser Qualität neu. Und aus ihnen werden am Ende der Weimarer Republik völlig neue Konsequenzen gezogen.

Änderungen vorbehalten. Stand: Juli 1999.

WESTDEUTSCHER VERLAG
Abraham-Lincoln-Str. 46 · D - 65189 Wiesbaden
Fax (06 11) 78 78 - 400 · www.westdeutschervlg.de